# LABOR
# EDUCATION

# 大学生
# 劳动教育通论

郑权 高欢 陈美娜 王建波 张宗利 李泽 ◎ 主编

清华大学出版社

北京

## 内 容 简 介

本书注重理论与实践相结合。首先详细分析当前大学生劳动观存在的问题及高校大学生劳动教育现状，系统阐述高校大学生劳动教育的使命；其次，阐述了中国特色社会主义劳动观，明晰劳动观的思想渊源，以及新时代大学生应该具备的正确劳动观；再次，明晰新时代大学劳动教育与创新创业教育、专业实训关系，探索新时代大学生劳动教育实践，同时以作者所在学校部分专业劳动教育实践课程实际开展情况作为实训案例展开说明；最后，阐述大学生与劳动权益，以及人工智能革命下的未来劳动。

本书可作为高等院校各专业劳动教育课程教科书，也可作为社会相关工作者的参考书。

本书封面贴有清华大学出版社防伪标签，无标签者不得销售。
版权所有，侵权必究。举报：010-62782989，beiqinquan@tup.tsinghua.edu.cn

图书在版编目（CIP）数据

大学生劳动教育通论 / 郑权等主编. -- 北京：清华大学出版社，2025.4.
ISBN 978-7-302-68918-8

Ⅰ. G40-015

中国国家版本馆 CIP 数据核字第 20251T439Y 号

责任编辑：胡　月
封面设计：李召霞
责任校对：宋玉莲
责任印制：宋　林
出版发行：清华大学出版社
　　　　　网　　　址：https://www.tup.com.cn，https://www.wqxuetang.com
　　　　　地　　　址：北京清华大学学研大厦 A 座　　　邮　　编：100084
　　　　　社 总 机：010-83470000　　　　　　　　　　邮　　购：010-62786544
　　　　　投稿与读者服务：010-62776969，c-service@tup.tsinghua.edu.cn
　　　　　质 量 反 馈：010-62772015，zhiliang@tup.tsinghua.edu.cn
　　　　　课 件 下 载：https://www.tup.com.cn，010-83470332
印 装 者：三河市龙大印装有限公司
经　　销：全国新华书店
开　　本：185mm×260mm　　　印　张：12.25　　　字　数：270 千字
版　　次：2025 年 4 月第 1 版　　　　　　　　　　印　次：2025 年 4 月第 1 次印刷
定　　价：45.00 元

产品编号：100949-01

# 目 录

## 第一章 新时代大学生劳动教育现状 ........................................ 1
- 第一节 当前大学生劳动观常见的问题 ........................................ 2
- 第二节 高校大学生劳动教育现状 ........................................ 14
- 第三节 高校大学生劳动教育使命 ........................................ 25
- 复习思考 ........................................ 31
- 实践活动 ........................................ 31
- 参考文献 ........................................ 32

## 第二章 新时代中国特色社会主义劳动观 ........................................ 33
- 第一节 社会主义劳动观思想渊源 ........................................ 34
- 第二节 新时代大学生正确的劳动观 ........................................ 57
- 复习思考 ........................................ 66
- 实践活动 ........................................ 66
- 参考文献 ........................................ 67

## 第三章 新时代大学生劳动教育实施 ........................................ 69
- 第一节 国外劳动教育课程授课实施形式与内容 ........................................ 70
- 第二节 国内高校劳动教育课程授课实施形式与内容 ........................................ 76
- 复习思考 ........................................ 89
- 实践活动 ........................................ 89
- 参考文献 ........................................ 90

## 第四章 新时代大学劳动教育与创新创业教育、专业实训的关系 ........................................ 91
- 第一节 大学生劳动教育与创新创业教育的关系 ........................................ 92
- 第二节 大学生劳动教育与专业实训关系 ........................................ 104
- 复习思考 ........................................ 114
- 实践活动 ........................................ 114
- 参考文献 ........................................ 114

## 第五章 新时代大学生与创造性劳动 ........................................ 115
- 第一节 创造性劳动的内涵 ........................................ 116
- 第二节 创造性劳动能力与方法 ........................................ 124

第三节　大学生创造性劳动能力培育································132
　　复习思考····························································139
　　实践活动····························································139
　　参考文献····························································139

第六章　大学生劳动权益与安全保障·········································141
　　第一节　大学生劳动权益内容··········································141
　　第二节　合法劳动意识的培育··········································148
　　第三节　劳动安全保障················································160
　　复习思考····························································171
　　实践活动····························································171
　　参考文献····························································171

第七章　大学生与未来劳动·················································172
　　第一节　人工智能的前世今生··········································173
　　第二节　人工智能与未来劳动··········································178
　　第三节　人工智能与未来劳动者········································181
　　复习思考····························································187
　　实践活动····························································187
　　参考文献····························································188

# 第一章

# 新时代大学生劳动教育现状

## 引导案例

### 劳动教育成为校园必修课

在上海崇明长兴镇潘石村的稻田里,上海交通大学的同学们正认真听取收割稻谷动作要点的介绍。之后,大家戴上手套,双脚分开站立,弯下腰,左手抓住两三束稻子,右手执镰刀割下,每个人都身处"谷雨"之中,稻谷的拍打声回荡在空中。结束田间劳作后,同学们走进农户家中砍柴生火。"在参加劳动实践之前,我并不清楚稻谷的具体生长方式和形态,也不知道它是如何走到餐桌上的。这次社会实践,使我真正把手放在大地之上,切身感受到农业生产劳作的不易。"上海交大安泰经济与管理学院2019级本科生高婕说。

自中共中央、国务院印发《关于全面加强新时代大中小学劳动教育的意见》(简称《意见》)以来,各高校采取多种形式开展劳动教育,促进劳动价值取向、劳动技能水平、劳动精神面貌"三位一体"发展。通过完善培养方案和课程、组织校园活动和实践,高校劳动教育呈现出新的气象。

在对外经贸大学,原保险学院将专业课"劳动与社会保障法"自2020级起纳入通修课程"经管法"课程组"法学类",原政府管理学院将学科基础选修课"劳动与社会保障学"纳入通修课程"经管法"课程组"管理类",再加上原有的公共平台课"劳动经济学""劳动法与社会保障法",共同构成了该校的劳动教育理论课程。该校实践教学与信息化科工作人员介绍,将劳动教育纳入学校人才培养方案后,自2020级本科生开始,设立2个学分的劳动教育必修课,总学时不少于32学时,其中理论课程不少于8学时。

中国劳动关系学院党委书记刘向兵指出,高校开设好劳动教育必修课,是避免"大中小学劳育混同化""大学劳育中小学化"倾向的重要举措。高校通过开设专门的劳育类通识必修课程,帮助学生深刻理解马克思主义劳动观和社会主义劳动关系,掌握相关劳动法律法规,熟悉劳动关系的政策和运行机制,了解社会保障相关的法律法规和政策,由衷认可并尊重普通劳动者,形成共享发展、体面劳动的意识等。

在北京邮电大学,劳动教育的理论学习主要通过教学云平台MOOC(慕课)完成,还包括专题讲座、先进事迹报告会等。而实践课程依照劳动实践形式和内容,分为日常生活劳动(保洁、搬运、集体劳动)、生产劳动(校园绿化美化、数据处理等)、服务型劳动（志愿服务、公益服务）等3大类13个小类，学生可根据时间安排选择适合的劳动任务。北邮为了将劳动素养纳入学生综合素质评价体系，专门开发教学云平台，对实践活动的时长、强度及实践活动成绩进行信息化管理。

"理工类专业的劳动教育更要注重实践，让学生在动动手出出汗的同时，也要动动脑，增强对专业问题的直观判断能力。"北邮教务处实践教学科科长魏东晓介绍，北邮电子信息类专业的电子工艺实习将劳动教育融入专业实践课教学中，让同学们动手在电路板上进行焊接操作、安装、组装套件的同时，渗入劳动教育的理念，培养精益求精的匠人精神。

"高校培养学生的'终端'已经突破校园，延伸进了社会。作为新时代的社会主义建设者和接班人，大学生需要成为能够胜任社会发展新动态新需求的高端劳动者，因此，高校劳动教育需要具备务实、与社会生产实践相结合的特征。"中国教科院副研究员郭元婕说："人类通常的学习是对自然真实习得的一种抽象，但以往被剥离掉的一线生产生活实践其实很重要。强调劳动教育，就是强调在真实完整的场域中解决问题，这也就是劳动教育独特的价值所在。"

资料来源：本科阶段劳动教育课程不少于32学时——让劳动成为校园里的必修课 https://m.gmw.cn/baijia/2022-08/30/35987002.html。

## 第一节　当前大学生劳动观常见的问题

2020年3月20日，中共中央、国务院印发的《关于全面加强新时代大中小学劳动教育的意见》指出，劳动教育是中国特色社会主义教育制度的重要内容，直接决定社会主义建设者和接班人的劳动精神面貌、劳动价值取向和劳动技能水平。长期以来，各地区和学校坚持教育与生产劳动相结合，在实践育人方面取得了一定成效。同时也要看到，近年来一些青少年中出现了不珍惜劳动成果、不想劳动、不会劳动的现象，劳动的独特育人价值在一定程度上被忽视，劳动教育正被淡化、弱化。[①]大学生是国家的宝贵人才资源，关注大学生当前劳动观存在的问题，加强劳动教育，是培养社会主义建设者、接班人的必然要求。

### 一、劳动观的内涵

2013年4月28日，习近平同全国劳模代表座谈时强调："必须牢固树立劳动最光荣、劳动最崇高、劳动最伟大、劳动最美丽的观念。"对于劳动和劳动价值的认识，是培养人才，发展经济与文化的重要基础。

我国古代的学者认为，劳动是劳心与劳力的结合，即脑力劳动与体力劳动的结合。在西方，最早对劳动进行的阐释可以追溯到亚里士多德，其将人类活动划分为理论、实践、创制三类。其中，创制是指人类为了生存必须从事的生活资料的生产行动，也就是

---

① 中共中央、国务院《关于全面加强新时代大中小学劳动教育的意见》——中华人民共和国教育部政府门户网站 http://www.moe.gov.cn/jyb_xxgk/moe_1777/moe_1778/202003/t20200326_435127.html?spm=zm1353-001.0.0.1.guAwSX。

劳动。在生产力较为低下的时代，中西方学者都认为劳动主要指的是体力劳动。但随着生产力的发展，对于劳动的解释也有了新的变化，即劳动是产生交换价值的社会总体形式。

马克思谈及劳动时则表示："劳动首先是人和自然之间的过程，是以自身的活动来引起、调整和控制人和自然之间的物质变换的过程。人自身作为一种自然力与自然物质相对立。为了在对自身生活有用的形式上占有自然物质，人就使他身上的自然力——臂和腿、头和手运动起来。当他通过这种运动作用于他身外的自然并改变自然时，也就同时改变他自身的自然。他使自身的自然中沉睡着的潜力发挥出来，并且使这种力的活动受他自己的控制。"[①]

由此可见，不同时代、国家、视角下，对于劳动的认知有所不同，对于劳动价值的认知也有差异。在新时代的背景下，习近平总书记指出："人民创造历史，劳动开创未来。劳动是推动人类社会进步的根本力量。"对于新时代的大学生来说，对劳动和劳动价值有正确的认知，端正自身的劳动态度，养成良好的劳动习惯，培养扎实的劳动技能，树立正确的劳动观是非常必要的。

## 二、大学生劳动观常见问题

随着经济和科技的不断发展，大学生获取新信息的方式变得更多，更便捷。不同价值论调充斥在复杂多变的网络环境中，对大学生来讲，有效识别正确的劳动观，不被错误的劳动价值观和言论所影响无疑是一项严峻的考验。校园贷、炫富、攀比、浪费等不良现象的发生都提醒着我们需要关注大学生价值观的建立，尤其是对于劳动和劳动价值的判断。消极的劳动态度、不良的劳动习惯、缺乏劳动技能、幻想不劳而获、尊崇"享乐风"、轻视"艰苦奋斗"精神，会成为培养新时代社会主义建设者和接班人的阻碍。大学生的劳动观状况值得我们给予更多的关注。

基于此，我们以黑龙江省的大学生为研究对象，发放新时代大学生劳动教育现状调查问卷，对大学生的劳动观进行调研，共收回 564 份有效问卷。对收回的问卷进行分析后发现，尽管多数大学生具备正确的劳动观，但当前部分大学生的劳动观仍存在着一些常见问题。

### （一）劳动态度消极被动

1. 逃避生活中的必要劳动

劳动是人类存在和发展的基础，更是每个具有劳动能力的人享有的权利和应尽的义务。大学生处在人生的重要阶段，从刚刚成年到即将步入社会，在家庭、校园和社会中都承担着基本劳动的义务。

对高校大学生劳动观进行的调查表明，相当一部分大学生对于劳动的价值是具有正确判断的，能够认识到劳动的重要性。在回答"您对'劳动是人类存在和发展的基础'这一观点的看法是什么？"这一问题时，63.83%的同学选择了非常赞同，35.11%的同学

---

① 中共中央马克思恩格斯列宁斯大林著作编译局. 马克思恩格斯选集（第 2 卷）[M]. 北京：人民出版社，1995：177.

选择了比较赞同，仅有 1.06% 的同学选择了不太赞同和不赞同，如图 1-1 所示。这表明大部分同学是认可劳动的价值及对人类社会发展的重要作用的。尽管大部分大学生对于生活中的必要劳动具有积极的态度，但受网络媒体和社会上一些错误言论的影响，现阶段，仍有一部分同学对于劳动的价值有着错误的判断，对待劳动存在着忽视、误解的情况，对待劳动价值的理解还不够深入。

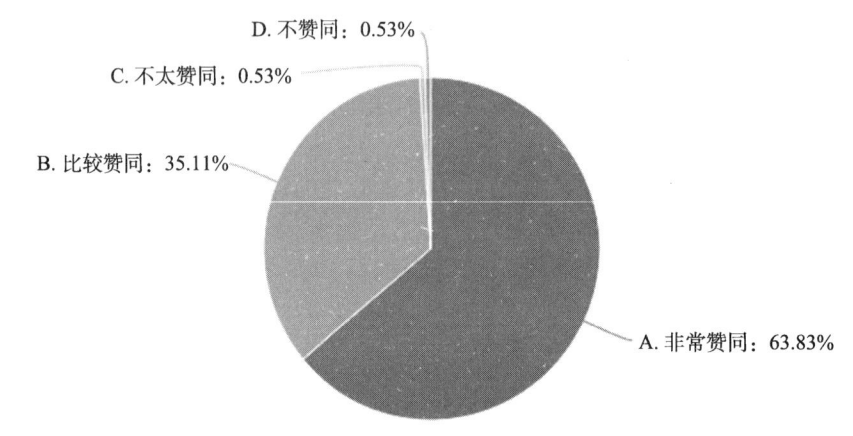

图 1-1　调查问卷：您对"劳动是人类存在和发展的基础"这一观点的看法是什么？

同时，在日常的学习生活中，大部分同学对待必要劳动能够主动承担，但也有部分同学对待劳动不积极、怕吃苦、懒惰懈怠、宁少不多、宁拖不做、期待坐享其成、逃避生活中的必要劳动，包括不愿承担家庭、宿舍、集体的劳动工作，不具有清洁、做饭、收纳整理这类基本的生活技能，对于实习和就业的积极性不高。这种现象在很多国家都普遍存在，2019 年 6 月，日本发布的《儿童与青年白皮书》中将在家闭门不出超过半年的人士定义为"蛰居族"，这一群体对待就业的态度非常消极，不愿意出门寻找工作，更不愿意参与社会劳动。类似的情况还出现在韩国和美国，韩国的年轻无业者达到 30 万人，美国的无业青年则突破 600 万人。致使这些情况发生的原因，一方面是全球经济下行，社会压力与日俱增，就业难度逐渐增加，另一方面是现代科技放大了人与人之间的差异，让不良的劳动价值论断快速传播，导致青年人对待必要劳动选择逃避和拖延，缺乏劳动的动力和信心。

2. 面对劳动主动性较差

劳动习惯可以有效地反映出大学生在日常生活中劳动的主动性，在对劳动的主动性的判断上，主要的参考指标之一就是劳动习惯的建立程度。但目前，部分大学生的劳动意识淡化，对待劳动的主动性较差，往往是在被他人要求的条件下才会选择去参与劳动。

对高校大学生劳动观的调查结果也佐证了这一点。在回答"对于一个良好的劳动习惯，您能坚持多久？"这一问题时，29.26% 的同学选择了几天，25.53% 的同学选择了一个月，6.38% 的同学选择了一年，仅有 38.83% 的同学选择了一直坚持（见图 1-2）。这表明虽然大部分同学会要求自己努力培养良好的劳动习惯，但事实上能够做到的同学占比并不高。一个习惯的养成需要时间，更需要主动的训练，由上述结果也可以看出，部分大学生对待劳动的主动性不强。

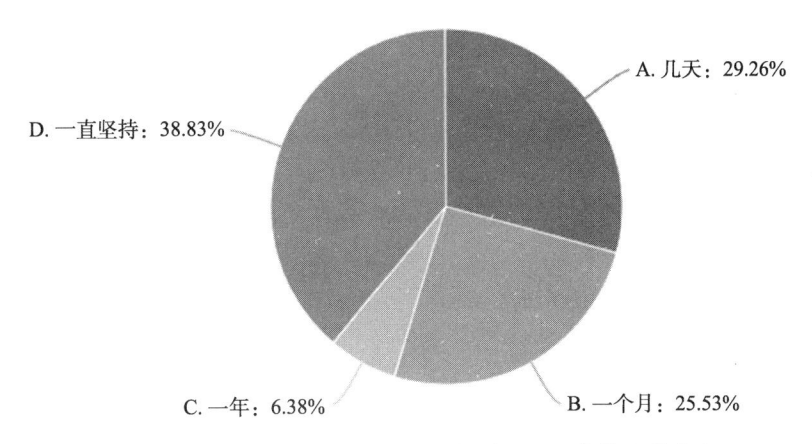

图 1-2　调查问卷：对于一个良好的劳动习惯，您能坚持多久？

在回答"您会在家中主动分担家务吗？"这一问题时，49.46%的同学选择了经常会，48.94%的同学选择了偶尔会，但是仍有 1.60%的同学选择了不会（见图 1-3）。这表明尽管有近半数的同学会主动在家中承担家务，但也有相当一部分同学在面对家务劳动时主动性较差，如果没有家人的要求，则很少会参与家务劳动。作为家庭的一分子，每个人都应该承担起家务劳动的责任。部分同学不能主动地分担家务可以侧面反映出部分大学生积极的劳动意识和劳动习惯仍有待进一步提高。

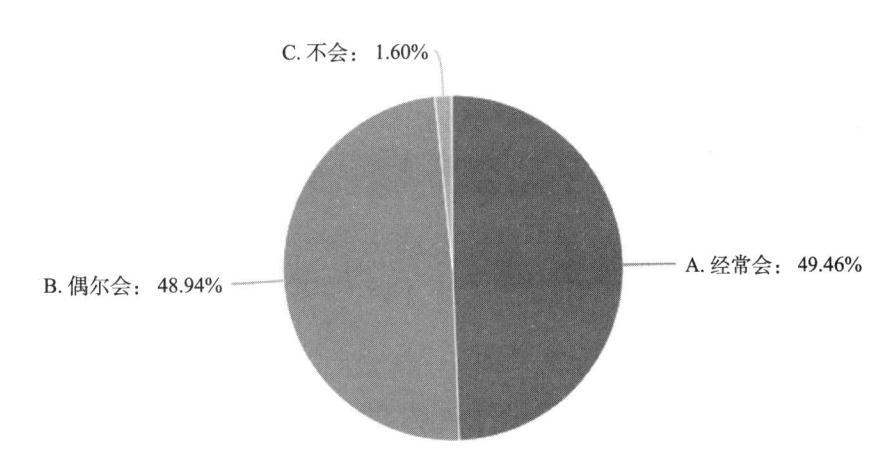

图 1-3　调查问卷：您会在家中主动分担家务吗？

在回答"您所在的宿舍多久进行一次清洁打扫？"这一问题时，67.03%的同学选择了每日或每周轮流打扫，26.06%的同学选择了每人负责自己所在区域的卫生，6.38%的同学选择了在学校检查卫生前做清洁，0.53%的同学选择了不打扫（见图 1-4）。这表明大部分同学能够做到对自己的寝室主动进行打扫，但仍有相当一部分同学打扫卫生的主动性较差，仅仅是为了应付学校的检查或是选择根本不做清洁。宿舍是大学生日常生活的主要环境之一，对于宿舍打扫这一劳动的重视程度可以体现出大学生是否建立了良好的劳动习惯，对于良好环境的保持是否具有主动性。一部分大学生不能主动打扫宿舍卫生也一定程度上表明其劳动的主动性相对较差。

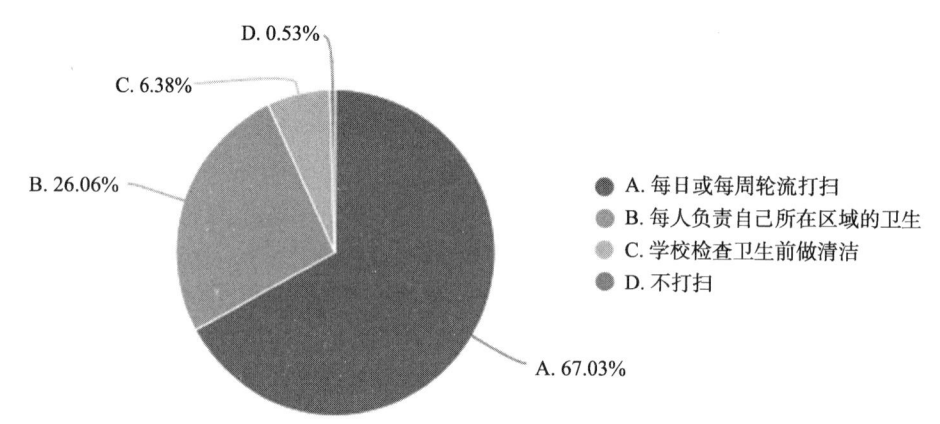

图 1-4　调查问卷：您所在的宿舍多久进行一次清洁打扫？

　　劳动习惯的养成是需要日积月累的，只有具备劳动的主动性，才能够养成良好的劳动习惯。这种良好的习惯不仅有助于大学生锻炼自身的劳动技能，更有助于其建立良好的生活习惯、养成良好的责任感。

　　3. 缺乏创造性劳动的意识

　　创新是引领发展的第一动力，是科技进步的活力源泉。创造性劳动强调的是对于某种产品、思想、理论、方法、技术进行改进，并最终得到物质成果或精神成果的过程。劳动是人类社会生存和发展的基础，劳动的创造性促使人类社会不断地向前发展，人类也在这一过程中不断地进行着创造性劳动。创新的价值是毋庸置疑的。然而，创新需要投入大量的时间和精力，可能要面对很多次的失败和磨难。尽管新时代的大学生学习和接收着最先进的知识和信息，但其创造性劳动的意识还有所不足。

　　这一方面是由于大学生对于创造性劳动和创新的理解还比较片面。大学生通常将创新、创造性活动和科技或学术领域的内容联系起来，却忽略了生活中和工作中处处存在着创新的契机和创造性劳动的需求。另一方面是由于大学生劳动的主动性较差，对于重复性劳动的接受程度比较高，而创造性劳动意识仍有待提升。在对大学生劳动观进行调查的过程中，当回答"在学习和生活中，您会主动创新方式方法去完成劳动任务吗？"这一问题时，52.65%的同学选择了经常会，但也有 43.09%的同学选择了偶尔会，4.26%的同学选择了不会（见图 1-5）。这一调查结果表明有部分大学生在完成生活中的劳动时，不会积极运用创造性思维去改进劳动方式和方法，创造性劳动意识不强。

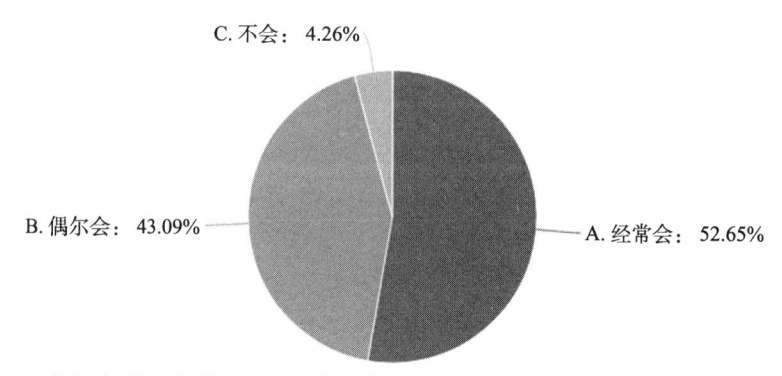

图 1-5　调查问卷：在学习和生活中，您会主动创新方式方法去完成劳动任务吗？

同时，在学习过程中，很多同学也缺乏自主创新意识，对课程内容的学习上，会更多集中于背诵和重复，动手实践的频率较低，在思考探究上花费的时间也相对较少，主动参与创新创业训练和专业实践的比例较低。

## （二）劳动价值取向功利化

### 1. 对体力劳动价值的认识存在偏差

劳动的类型包括体力劳动和脑力劳动，人类在完成某项工作时，体力活动占优势的活动被称为体力活动，脑力活动占优势的活动被称为脑力劳动。关于体力劳动和脑力劳动价值差异的讨论古已有之，如"万般皆下品，唯有读书高"这类观点一直影响着大众群体对于体力劳动和脑力劳动的看法。社会上存在一种观念即认为脑力劳动是高于体力劳动的。然而，这种价值判断是存在着偏差的，无论任何形式的劳动都是人类劳动的组成部分，劳动没有高低贵贱之分，不同的类别的劳动只是社会分工不同，其对社会主义建设都是具有重要价值的。

在对大学生劳动观进行调查的过程中，我们发现，在回答"您对'劳心者治人，劳力者治于人'的看法是什么？"这一问题时，63.30%的同学选择了非常赞同，33.51%的同学选择了比较赞同，仅有3.19%的同学选择了不太赞同，没有人选择不赞同（见图1-6）。

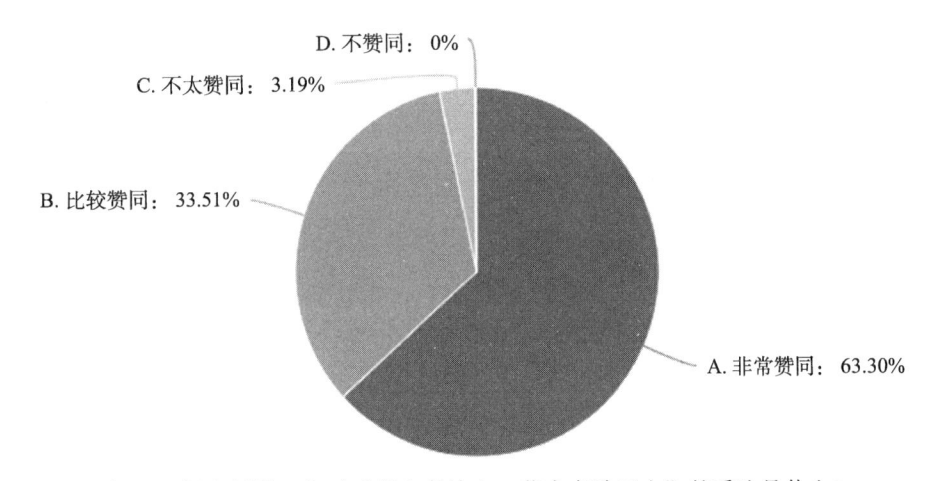

图1-6 调查问卷：您对"劳心者治人，劳力者治于人"的看法是什么？

这一调查结果表明大学生对于体力劳动和脑力劳动价值的认知存在着偏差，不论是"劳心"还是"劳力"，本质上都属于从事劳动活动，它们是平等的，不存在高低贵贱之分。把"劳心"和"劳力"的人简单地分成两个阶级是错误的，陶行知先生曾主张，应"在劳力上劳心"，这才是理论与实践的结合。正如工匠精神所阐述的内涵，执着专注、精益求精、一丝不苟、追求卓越。而我们也需要更多的高素质技术技能人才、能工巧匠、大国工匠，为全面建设社会主义现代化国家提供有力人才保障。

大学生对体力劳动价值认知存在偏差还体现在毕业后工作的选择上。在回答"如果在毕业后暂时没有找到心仪的工作，但有以体力劳动为主的工作，薪资相对一般，您会接受吗？"这一问题时，72.87%的同学选择了会接受，27.13%的同学选择了不会接受（见

图 1-7）。这表明大部分同学能够接受以体力劳动为主的工作，但仍有一部分同学对待体力劳动较为轻视，不愿从事以体力劳动为主的工作。此外，我们也要注意到，在毕业后的去向上，大多数同学会选择成为教师、公务员、大型企业的职员，对于体力劳动占比较高的工作则不太感兴趣。大学生对于体力劳动和脑力劳动价值的不当认知会影响到正确的劳动观和职业观的建立。在新时代的背景下，我们对于体力劳动价值的认知应该进一步深化，要认识到体力劳动和脑力劳动具有同样的价值，要加深对于工匠精神的了解和尊重。

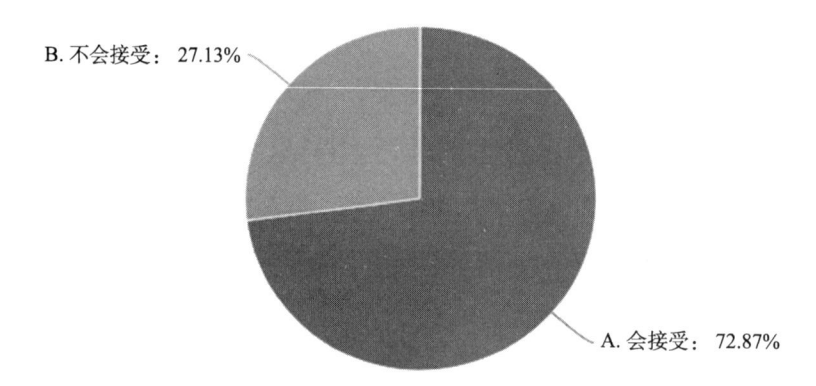

图 1-7 调查问卷：如果在毕业后暂时没有找到心仪的工作，但有以体力劳动为主的工作，薪资相对一般，您会接受吗？

**2. 在劳动选择上功利性强**

对待劳动的价值取向指的是在劳动选择上追求的价值方向。随着经济的不断发展，社会中"金钱至上，唯结果论"的声音甚嚣尘上。劳动成果是经过劳动过程后自然产生的结果，在对劳动成果进行关注的同时，也不能忽略对于劳动过程的关注。然而，网络上充斥着拜金主义的声音，"网红经济"的崛起，"一夜成名"和"一夜暴富"的发生刺激着大众，对不劳而获、天降财富的羡慕和追求会影响到大学生对于劳动选择的判断。大学生的劳动价值取向受到功利化的影响，过于关注劳动的结果，而忽视劳动的过程，将劳动和金钱、财富、地位联系在一起，呈现出功利化的趋势。尤其是在劳动的选择上，功利性逐渐增强，不再甘于在平凡的岗位上默默耕耘，而是陷入焦虑，急于求成。

在对大学生劳动观进行的调查中，当大学生回答"您参加劳动的首要目的是什么？"这一问题时，59.57%的同学选择了锻炼自身能力，实现自身价值，30.32%的同学选择了为了获得报酬，这表明大部分同学劳动的目的是提升自身能力和获取金钱报酬。7.98%的同学选择了奉献社会，帮助他人，这表明仍有小部分同学愿意出于奉献社会的目的而选择劳动。但也有 2.13%的同学只是为了完成学校的任务，得到学分，才参加劳动（见图 1-8）。由此可见，虽然大部分同学参与劳动更看重的是对于自身能力的提升，但仍有相当一部分同学对待劳动的选择是具有功利性的。

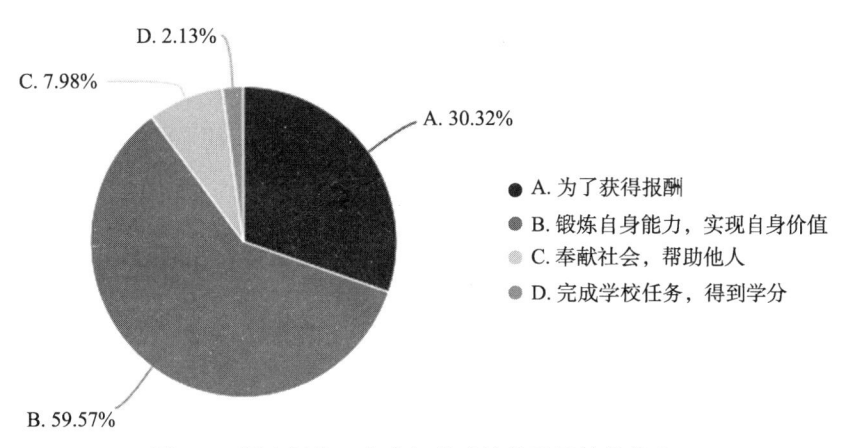

图 1-8　调查问卷：您参加劳动的首要目的是什么？

在回答"您毕业后选择工作的首要标准？"这一问题时，40.43%的同学选择了以薪金报酬为标准，这一选择所占比例最高，这说明大部分同学在劳动选择上更看重金钱回报。3.19%的同学选择了以体面和社会地位为标准，这表明部分学生更看重劳动能给自己带来的附加价值，比如体面和社会地位。仅有 6.91%的同学选择了以专业对口为标准，11.7%的同学选择了以国家和社会的需要为标准，37.77%的同学选择了以兴趣爱好为标准（见图 1-9），这表明有一部分同学在工作选择上更看重工作带来的精神价值和对社会的贡献，但这部分同学所占的比例并不是很高。

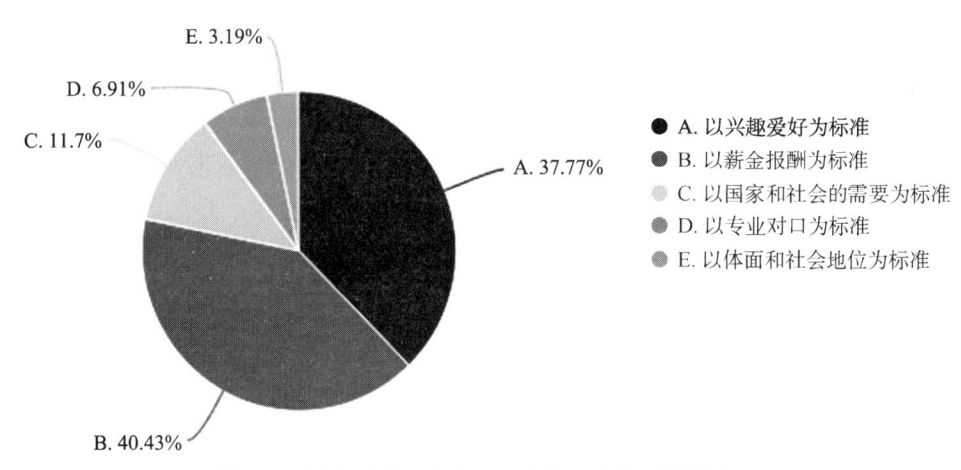

图 1-9　调查问卷：您毕业后选择工作的首要标准？

劳动的价值不仅体现在所创造的物质财富，更在于其所带来的精神财富。对于劳动选择的功利化会阻碍大学生建立正确科学的劳动观和择业观，具有不良影响。

### （三）劳动精神继承不足

#### 1. 缺乏勤俭节约的意识

习近平总书记在中国共产党第二十次全国代表大会报告中指出："在全社会弘扬劳动

精神、奋斗精神、奉献精神、创造精神、勤俭节约精神，培育时代新风新貌。""俭则约，约则百善俱兴；侈则肆，肆则百恶俱纵。"艰苦奋斗、勤俭节约，这看起来只是个人和家庭的小事，实质上是关乎国家前途和民族命运的大事。①勤俭节约是中华民族的传统美德，浪费之风务必狠刹，坚决整治"舌尖上的浪费"。勤以养德，俭以修身，对于高校大学生来说，树立勤俭节约的意识是非常必要的。

然而，现阶段仍然存在部分大学生缺乏勤俭节约的意识、沉迷攀比、奢靡浪费的现象，这主要表现在不尊重他人的劳动成果上。在学校，一些大学生对待"光盘行动"不以为意，购买食物全凭喜好和心情，不喜欢和未吃完的食物随意丢弃，这些行为都造成了极大的浪费。另外，部分大学生对于学校的校园环境也缺乏保护意识，在教室和校园里随意丢弃果皮纸屑、喝剩一半的奶茶杯、饮料瓶，在教学楼的楼道里随意吸烟、丢弃烟头。这些行为都表现出他们丝毫没有考虑到食堂的工作人员和保洁人员的辛勤付出，是对于他人劳动成果的不尊重。此外，部分大学生逃避自己的学习任务，不愿独立完成作业，选择抄袭其他同学们的作业，或是在小组合作中"搭便车"，不付出劳动而期待获得较好的成绩，这些都是不尊重他人劳动成果的表现。

这种不珍惜他人劳动成果的现象也体现在家庭中。大学生往往不具备经济独立的能力，需要父母提供生活费。但部分大学生却受到消费主义的影响，追求攀比性消费和奢侈性消费，索要高额的生活费来满足自己的欲望，这是对父母劳动成果的不尊重、不珍惜。在家中，有时也存在着浪费粮食、衣物乱丢乱放、不珍惜父母劳动成果的情况。

习近平总书记说："不论我们国家发展到什么水平，不论人民生活改善到什么地步，艰苦奋斗、勤俭节约的思想永远不能丢。"在新时代背景下，勤俭节约不是要节衣缩食，而是珍惜自己和他人的劳动成果，养成节约资源、充分利用资源的好习惯。新时代的大学生更应该做到勤俭节约，珍惜每一滴水、每一粒米、每一度电，用自己的聪明才智将有限的资源创造更大的价值，让自己和他人的劳动成果都发挥更大的作用。

2. 缺乏艰苦奋斗的精神

艰苦奋斗是不怕艰难困苦，奋发图强，为国家和人民的利益无私奉献、顽强奋斗的精神。艰苦奋斗是中华民族的传统美德，也是共产党人立身立业的根基。伟大的事业从艰苦奋斗中来，美好的未来也需要艰苦奋斗来创造。艰苦奋斗精神的内涵并不是一成不变的，在不同的历史时期，艰苦奋斗和不同的时代精神相结合，使其融入了新的底色。在不同的工作岗位上，艰苦奋斗的要求和标准也有所不同。

崇尚艰苦朴素、勤俭节约是艰苦奋斗；不畏困难、锐意进取、坚韧不拔也是艰苦奋斗。在新时代，我国的经济和科技不断发展，人民生活水平大幅度提高，脱贫攻坚战也取得了巨大的胜利，人民不再为温饱问题而担心。在这样的时代背景下，一些大学生身上出现了贪图享乐、好逸恶劳、没有理想和目标、沉迷游戏和网络、对待学习敷衍了事的现象。在遇到学业和生活上的困难时，连声抱怨，更没有直面困难并解决困难的勇气。在艰苦的条件中无法坚持，选择逃避，遇到挑战轻言放弃，好高骛远，眼高手低，这都

---

① 艰苦奋斗勤俭节约的思想永远不能丢—解放军报—中国军网 http://www.81.cn/jfjbmap/content/2022-10/28/content_326621.htm.

是没有艰苦奋斗精神的体现。

新时代的大学生面对着网络中海量信息的冲击,纷繁复杂的世界和炫目的物质利益具有强大的诱惑。生活条件的改善使大学生们不需要艰苦地维持生计,可以在校园中专心学习,但消费主义盛行对于年轻人来讲也是巨大的挑战。反对铺张浪费、合理消费,抵御诱惑,坚持理想,坚守自己,做好自己该做的事情,也是艰苦奋斗的一种体现。大学生们只有树立不畏艰难、锐意进取、与时俱进地创新创业精神,坚定理想信念,艰苦奋斗,才能够创造美好的未来。

### (四)过度强调个人价值

1. 缺乏团队精神

团队精神是大局意识、协作精神和服务精神的集中体现,其核心是协同合作,反映的是个体利益和整体利益的统一,并进而保证组织的高效率运转。人是社会动物,是一切社会关系的总和。在新时代,劳动的展开离不开团队的合作,树立团队意识,培养团队精神对于大学生而言具有一定的价值。这种团队精神体现在具有合理分工,在集体中发挥自己的长处,形成合力,使集体的利益最大化,也体现在团队中人人平等,互帮互助。

然而,一部分大学生缺乏团队精神,过度强调个人价值,在劳动中较少考虑他人,正在成为"精致的利己主义者"。比如,部分大学生利用集体组织谋取私利,不平等地对待自己的同学,造成了严重的后果和不良的社会影响,不利于和谐校园的建设。同时,也存在着部分大学生对待集体活动敷衍了事,能推则推,在集体中不担当、不作为,期待"搭便车",渴望不劳而获,缺乏团队精神的现象。

团队精神也体现在当个人利益和团队利益发生冲突的时候,会做出怎样的选择。在对大学生劳动观进行调查的过程中,当回答"在劳动中,当个人利益和集体利益存在冲突时,您会优先保证哪项?"这一问题时,63.83%的同学选择了集体利益,36.17%的同学选择了个人利益(见图1-10)。这表明,在面对个人利益和集体利益的冲突时,虽然大部分大学生选择了集体利益,但仍有部分大学生更加看重个人利益,会选择让集体利益为个人利益让位。

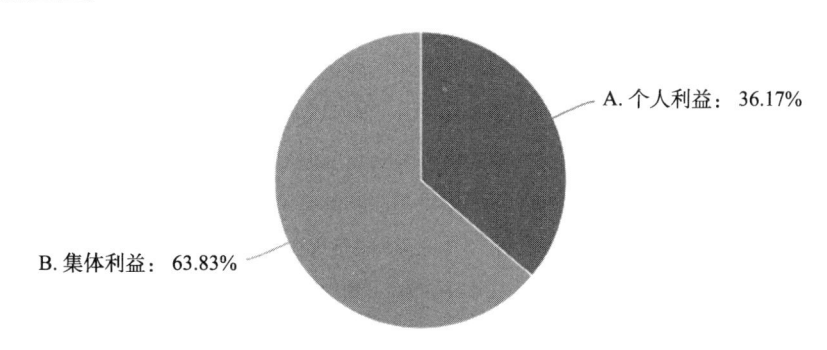

图1-10 调查问卷:在劳动中,当个人利益和集体利益存在冲突时,您会优先保证哪项?

培养团队精神的关键在于让大学生意识到自己作为团队的一份子,自身的利益和团队的利益是紧密相连的。为团队付出的过程,也是保证自己进步和获取回报的过程。劳动的展开，往往需要团队的协作。正如创业不能单打独斗一样，我们要充分发挥团队集中力量办大事的优势，发挥自身在团队中的优势作用，平等地尊重每一位团队成员，充分考虑团队的利益，在这一过程中得到个人利益的满足和个人价值的实现。

2. 缺少奉献精神

奉献是不求回报地付出，也是社会责任感的集中体现。目前，经济水平的发展带来物质生活水平的进步，使人们对自身价值的认知更强，更加看重自身的个体价值，而对社会和他人的付出常常忽略，也不愿对社会和他人付出，这是缺乏奉献精神的表现。部分大学生由于娇生惯养，从小生活在溺爱的环境中，其同理心相对较差，不善于、不乐于和他人合作。在集体组织中，这种心态就表现为只关注个人利益，缺少奉献精神，缺乏集体责任感。比如，在集体劳动中选择逃避，或是敷衍了事。

奉献精神也体现在对公益劳动的投入上。在对大学生劳动观进行调查的过程中，在回答"你是否参加过公益劳动或志愿服务？"这一问题时，34.57%的同学选择了经常参加，60.11%的同学选择了偶尔参加，5.32%的同学选择了没有参加过（见图1-11）。这表明，大部分大学生对于公益劳动或志愿服务具有积极的态度，愿意参加奉献型的劳动，但也仍有一部分大学生对于参加公益劳动或志愿服务的态度比较消极，从来没有参加过。参加公益劳动或志愿服务虽然不能为个人带来物质上的利益，但其对社会做出了贡献，帮助了处于困境中的人们，可以让参与者获得精神上的收获，这也是参与者奉献精神的体现。

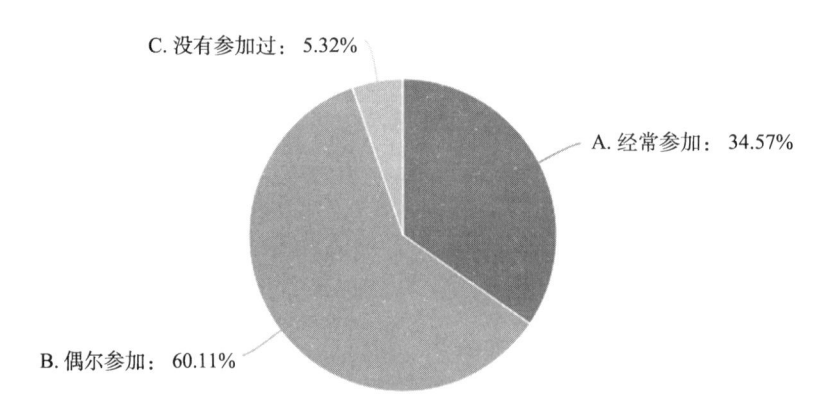

图1-11　调查问卷：你是否参加过公益劳动或志愿服务？

在对大学生劳动观进行调查的过程中，当回答"当公益劳动或志愿服务和有偿劳动发生冲突了，您会选择哪项？"这一问题时，52.13%的同学选择了公益劳动，38.3%的同学选择了有偿劳动，9.57%的同学选择了其他（见图1-12）。这表明，当代表个人价值的有偿劳动和志愿服务冲突时，相当一部分同学会选择有偿劳动。

劳动的价值不仅体现在物质财富的创造上，那么对他人的关怀和帮助，对于社会环境改善的行为做法也是宝贵的劳动价值的体现。培养大学生的奉献精神，有助于大学生建立正确的世界观、人生观、价值观，使大学生意识到我们在世界上不是孤立存在的个体，人与人之间的无私奉献和互相帮助是让社会更加美好的重要条件。

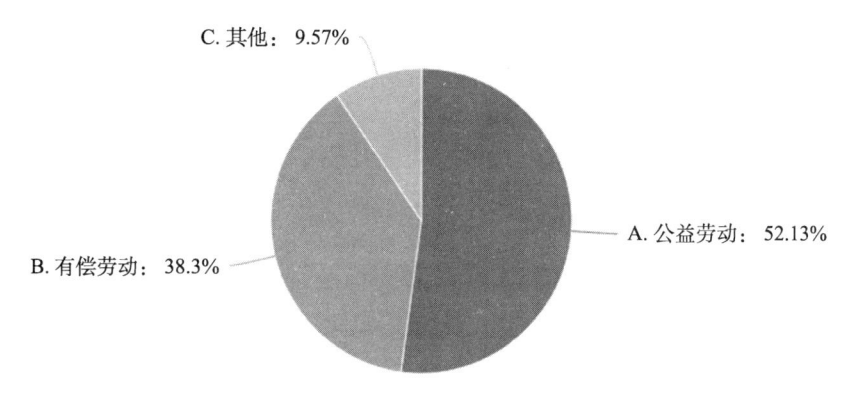

图 1-12　调查问卷：当公益劳动或志愿服务和有偿劳动发生冲突了，您会选择哪项？

## （五）劳动权益模糊化

劳动者权益是指劳动者作为人力资源的所有者，在劳动关系中，凭借从事劳动或从事过劳动这一客观存在获得的应享有的权益。维护劳动者的合法权益有利于社会主义市场经济劳动制度的建立和维护、有利于经济发展和社会进步、有利于社会公平正义及构建和谐社会。作为劳动者，了解自身的劳动权益是保护自己合法参与劳动、合法获得权益的前提条件。

然而，在实际的求职过程中，很多大学生会认真考虑用人单位所提供的薪酬福利和劳动权益保障，但对于劳动权益受损时的应对措施却不甚了解。甚至一部分大学生对于自己作为劳动者应该具有的劳动权益也了解得不深，劳动权益模糊化现象较为严重。

在对大学生劳动观进行调查的过程中，当回答"您了解《中华人民共和国劳动合同法》（以下简称《劳动合同法》）吗？"这一问题时，19.15%的同学选择了非常了解，29.26%的同学选择了了解，但也有高达48.40%的同学选择了不太了解，3.19%的同学选择了不了解（见图1-13）。《劳动合同法》于2008年1月1日实施，全国人民代表大会常务委员会于2012年对该法案进行修改，并于2013年7月1日起实施，是比较完整的保护劳动者合法权益的法律。学习《劳动合同法》对于大学生明确自身劳动权益，保护自身劳动权益具有重要意义。

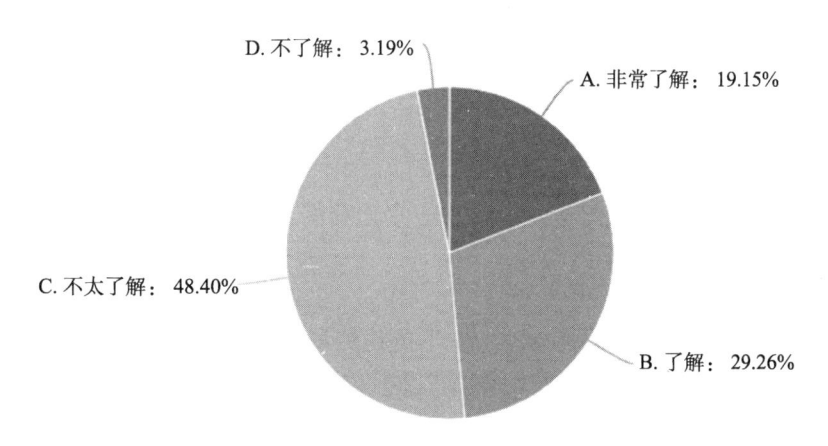

图 1-13　调查问卷：您了解《中华人民共和国劳动合同法》吗？

对于劳动权益相关法律法规的不了解，很可能会导致大学生在就业求职的过程中难以有效地保护自身的合法权益。此外，即便是对劳动权益法规有所了解的同学，往往也只局限于对法条的基本解读，对于真实的法律事件和案例的了解仍远远不够，在实践中的应用就更少之又少了。这体现出大学生在劳动中主人翁意识的缺失，没有意识到并主动掌握自身的劳动权益。劳动权益模糊化带来的后果就是大学生对自身权益的有效保护不足。

## 第二节　高校大学生劳动教育现状

自 2020 年 3 月 20 日，中共中央、国务院印发《关于全面加强新时代大中小学劳动教育的意见》以来，各地区高校高度重视大学生劳动教育问题，坚持教育与生产劳动相结合，积极开设各类劳动教育课程，现阶段已经取得了一些成效。但同时，劳动教育的实施也存在着一些问题，找到问题所在并有针对性地解决问题是我们实现立德树人、培养社会主义建设者、接班人的必然选择。

### 一、大学生劳动教育的内涵

2018 年 9 月 10 日，习近平总书记在全国教育大会上明确提出："要在学生中弘扬劳动精神，教育引导学生崇尚劳动、尊重劳动，懂得劳动最光荣、劳动最崇高、劳动最伟大、劳动最美丽的道理，长大后能够辛勤劳动、诚实劳动、创造性劳动。"劳动教育是德育教育的重要组成部分，具有重要的地位。加强劳动教育是贯彻落实立德树人根本任务，也是提升大学生思想水平和实践创新能力的重要举措。

#### （一）劳动教育

劳动教育的这一构想由来已久，19 世纪的空想社会主义者罗伯特·欧文就曾做过生产劳动和教育相结合的实验，马克思则在此基础上强调未来教育是生产劳动同智育和体育的结合，它不仅是提高社会生产的一种方法，还是造就全面发展的人的唯一方法。在《辞海》中，劳动教育隶属于德育范畴。《中国百科大辞典》则强调了劳动技术教育的重要性，即劳动技术教育是全面发展教育的重要组成部分。《教师百科辞典》将劳动教育归为智育范畴，指出劳动教育要注重劳动中的智力因素。由此可见，在不同时代、不同环境下对于劳动教育的解释不尽相同。

2020 年，中华人民共和国教育部印发的《大中小学劳动教育指导纲要（试行）》中将劳动教育定义为："劳动教育是发挥劳动的育人功能，对学生进行热爱劳动、热爱劳动人民的教育活动。"《大中小学劳动教育指导纲要（试行）》指出，劳动教育的基本理念为："强化劳动观念，弘扬劳动精神；强调身心参与，注重手脑并用；继承优良传统，彰显时代特征；发挥主体作用，激发创新创造。"要将劳动观念和劳动精神教育贯穿人才培养全过程，贯穿家庭、学校、社会各方面。注重让学生在学习和掌握基本劳动知识技能的过程中，领悟劳动的意义价值。要让学生面对真实的个人生活、生产和社会性服务任务情境，亲历实际的劳动过程，善于观察思考，注重运用所学知识解决实际问题，提高劳动质量和效率。在充分发挥传统劳动、传统工艺项目育人功能的同时，紧跟科技发展和产业变革，准确把握新时代劳动工具、劳动技术、劳动形态的新变化，创新劳动教育内容、途径、方式，增强劳动教育的时代性。同时，要关注学生劳动过程中的体验和感悟，引导学生感受劳动的艰辛和收获的快乐，增强获得感、成就感、荣誉感。[①]

### （二）大学生劳动教育

大学生劳动教育是重点针对大学生开展的以提升大学生劳动素质为基础，促进大学生全面发展的劳动教育活动。由于新时代大学生群体的特殊性，大学生劳动教育和中小学的劳动教育具有一定差异。大学生学习的知识内容更为深入，涉及范围更广，接触的信息和事物也更多，具备辩证思维和创造性思维的能力。因此，大学生的劳动教育培养要求更高，并不仅仅是要求学生掌握基本的劳动知识和技能，更要注重将劳动技能和专业知识、创新创业能力有机结合，实现新时代大学生的全面发展。

大学生劳动教育具有思想性、社会性、实践性三大特征。①思想性。大学生劳动教育是贯彻高校立德树人的要求，培养学生建立正确的劳动观和就业择业观。让学生深切地理解劳动是推动人类社会进步的基本力量，劳动是财富的源泉，也是幸福的源泉。劳动无高低贵贱之分，体力劳动和脑力劳动同样重要，懂得尊重劳动，通过劳动来创造幸福的生活。②社会性。大学生的劳动教育往往与本专业的实践内容紧密相关，不仅包括学校内的理论教育，还包括与政府、社会组织、企业之间进行合作，以达到协同育人的目的。通过让大学生参与社会实践劳动，激发大学生对劳动关系的思考，培养大学生的团队精神、奉献精神和艰苦奋斗的精神，提升大学生的社会责任感。③实践性。大学生在参与劳动教育活动时，更关注于动手实践，通过实际操作提升大学生的劳动技能，端正大学生的劳动态度，培养大学生的劳动习惯，并启发大学生在实践中创新。

### （三）新时代培养社会主义建设者和接班人对加强劳动教育的新要求

2018年9月10日，习近平在全国教育大会上的讲话指出，培养什么人，是教育的首要问题，要培养德智体美劳全面发展的社会主义建设者和接班人，培养一代又一代拥护中国共产党领导和社会主义制度、立志为中国特色社会主义奋斗终身的有用人才。为贯彻落实这一教育方针，2020年3月，中共中央、国务院印发了《关于全面加强新时代大中小学劳动教育的意见》。为了保证《关于全面加强新时代大中小学劳动教育的意见》的顺利施行，2020年7月，教育部还印发了《大中小学劳动教育指导纲要（试行）》，对劳动教育是什么、教什么、怎么教等内容进行了详细的阐述。

《关于全面加强新时代大中小学劳动教育的意见》指出，要充分认识新时代培养社会主义建设者和接班人对加强劳动教育的新要求，坚持把握育人导向、遵循教育规律、体现时代特征、强化综合实施、坚持因地制宜的基本原则，全面构建体现时代特征的劳动教育体系。应广泛开展劳动教育实践活动，发挥家庭、学校、社会在劳动教育中的重要作用，着力提升劳动教育支撑保障能力，切实加强劳动教育的组织实施。

《大中小学劳动教育指导纲要（试行）》中指出，劳动教育的内容主要包括日常生活

---

[①] 劳动教育是什么？教什么？怎么教？——《大中小学劳动教育指导纲要（试行）》解读——中华人民共和国教育部政府门户网站 http://www.moe.gov.cn/jyb_xwfb/s5147/202007/t20200716_473089.html?authkey=boxdr3.

劳动教育、生产劳动教育和服务性劳动教育中的知识、技能与价值观。其中，日常生活劳动教育要让学生立足个人生活事务处理，培养良好生活习惯和卫生习惯，强化自立自强意识；生产劳动教育要让学生体验工农业生产创造物质财富的过程，增强产品质量意识，体会平凡劳动中的伟大；服务性劳动教育要注重让学生利用所学知识技能，服务他人和社会，强化社会责任感。①

《大中小学劳动教育指导纲要（试行）》中针对普通高校的劳动教育提出如下要求：强化马克思主义劳动观教育，注重围绕创新创业，结合学科专业开展生产劳动和服务性劳动，积累职业经验，培育创造性劳动能力和诚实守信的合法劳动意识。使学生：①掌握通用劳动科学知识，深刻理解马克思主义劳动观和社会主义劳动关系，树立正确的择业就业创业观，具有到艰苦地区和行业工作的奋斗精神；②巩固良好日常生活劳动习惯，自觉做好宿舍卫生保洁，独立处理个人生活事务，积极参加勤工助学活动，提高劳动自立自强能力；③强化服务性劳动，自觉参与教室、食堂、校园场所的卫生保洁、绿化美化和管理服务等，结合"三支一扶"、大学生志愿服务西部计划、"青年红色筑梦之旅""三下乡"等社会实践活动开展服务性劳动，强化公共服务意识和面对重大疫情、灾害等危机时主动作为的奉献精神；④重视生产劳动锻炼，积极参加实习实训、专业服务和创新创业活动，重视新知识、新技术、新工艺、新方法的运用，提高在生产实践中发现问题和创造性解决问题的能力，在动手实践的过程中创造有价值的物化劳动成果。

扩展阅读 1-1

为落实《关于全面加强新时代大中小学劳动教育的意见》，各省市均陆续出台《全面加强新时代大中小学劳动教育若干措施》，对大中小学开展劳动教育的课程设置、内容安排、评价制度等内容作出具体要求，推动建立劳动教育长效机制。高校也纷纷开设劳动教育课程和特色的劳动教育活动，着力推进劳动教育顺利、有效开展。

## 二、大学生劳动教育的成果

### （一）大学生劳动意识有所增加

《关于全面加强新时代大中小学劳动教育的意见》印发后，高校积极采取行动，贯彻落实。通过开设劳动教育课程，设计形式多样的劳动教育实践活动，帮助学生树立正确的劳动观，端正劳动态度，激发学生自主劳动的意识。

在参与了一系列劳动教育活动后，大学生接受了正确的劳动观教育，对于劳动价值的认知更加深刻，自主劳动意识有所增加。这表现在有更多的学生愿意通过自己的劳动来改善自己的生活，提升自己的综合素养，包括完成宿舍的日常清洁、通过参加社会实践、实习、兼职等活动提高自己的劳动技能，参与公益劳动和志愿服务为社会做贡献。在涉及未来的就业问题时，大部分学生也能够针对自身的优点和不足较好地进行职业规划，以积极主动的态度面对就业、择业的挑战。

在对大学生劳动教育现状进行调查的过程中，当问及"您认为大学生需要接受劳动

---

① 教育部印发《大中小学劳动教育指导纲要（试行）》——中华人民共和国教育部政府门户网站 http://www.moe.gov.cn/jyb_xwfb/gzdt_gzdt/s5987/202007/t20200715_472806.html.

教育吗？"这一问题时，48.94%的同学认为非常需要，44.15%的同学认为大学生需要接受劳动教育，但也有5.85%的大学生认为不太需要，1.06%的大学生认为不需要接受劳动教育（见图1-14）。从这一调查结果中我们可以看出，大部分学生对于劳动教育的态度是认可的，这些同学认为劳动教育有助于帮助他们建立正确的劳动观、提升他们的劳动技能。大学生劳动意识的增加有助于大学生在劳动中提升技能、养成良好的劳动习惯、维持和谐的团队关系及具备主动面对挑战的艰苦奋斗精神。

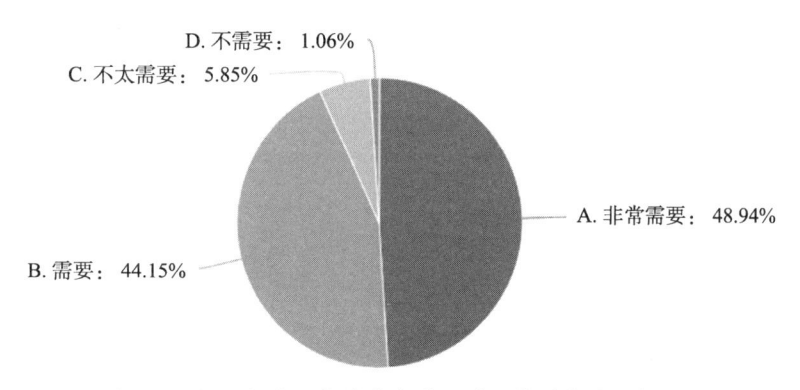

图1.14 调查问卷：您认为大学生需要接受劳动教育吗？

在对大学生劳动教育现状进行调查的过程中，当问及"您参加劳动教育后有哪些收获？"这一问题时，选择认识到劳动的价值这一选项的同学占比最高，达到了80.32%，这表明劳动教育的开展对于提升大学生劳动意识、帮助大学生建立正确的劳动观具有重要作用。此外，我们还应该关注到，有55.32%的同学选择了提高了解决复杂问题的能力，54.79%的同学选择了对未来的职业发展有了更清晰的规划，53.19%的同学选择了认识到耐心和毅力的重要性（见图1-15）。这些调查结果都表明大学生在接受劳动教育后对于劳动的认知更为深刻，不仅对劳动本身的态度发生了转变，而且能够认识到劳动能给自己带来的精神财富，在劳动中坚定自身的理想，在劳动中认识自己的优势和不足，在劳动中锤炼自己的能力和素养，帮助自己应对未来可能面对的挑战

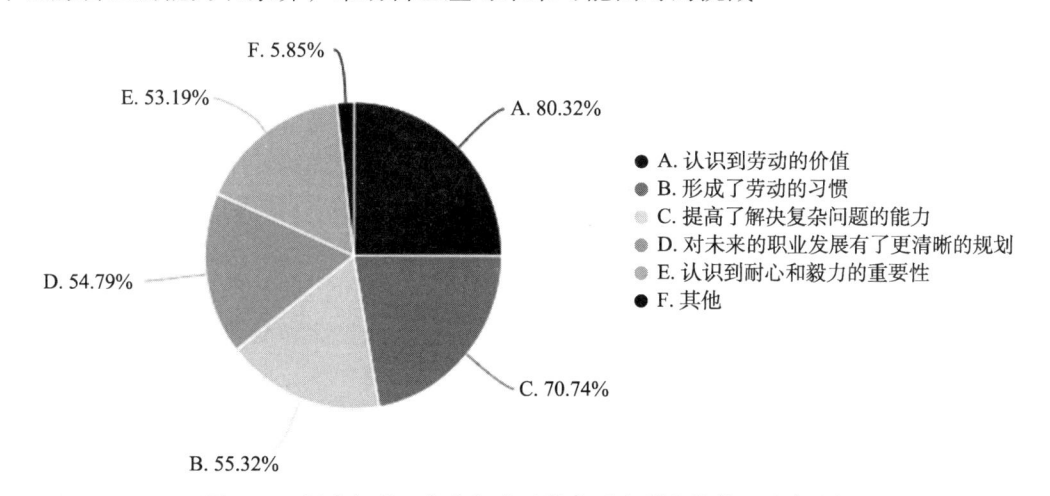

图1-15 调查问卷：您参加劳动教育后有哪些收获？（多选）

### （二）大学生劳动习惯逐渐养成

劳动习惯是个体在长期劳动实践活动中形成的稳定的行为模式。高校通过开设劳动教育课，要求大学生在固定的时间段内完成劳动实践活动，辅助大学生养成良好的劳动习惯。

在参与高校劳动教育课程及相关活动后，大部分大学生的劳动习惯逐渐养成，能够主动完成日常生活中的必要劳动并积极参加集体劳动和志愿服务。在对大学生劳动教育现状进行调研的过程中，我们发现，当问及"您参加劳动教育后有哪些收获？"这一问题时，70.74%的同学选择了形成了劳动的习惯（见图 1-15），这表明大部分同学在接受劳动教育后能够认识到劳动的价值并积极地参与劳动，逐渐养成了良好的劳动习惯。

在大学生劳动教育现状调查中，当问及"在接受劳动教育后，您参加劳动实践的频率相比以前有什么变化？"时，有 64.89%的同学选择了增加（见图 1-16）。这表明开设劳动教育课程，组织各项劳动教育活动对于大学生参加劳动的频率是有促进作用的，而劳动频率的提升又侧面证明了大学生劳动习惯在逐渐养成。

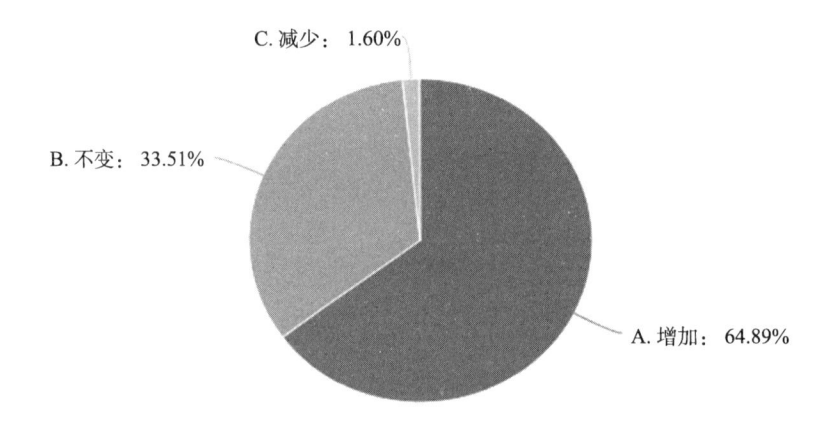

图 1-16　调查问卷：在接受劳动教育后，您参加劳动实践的频率相比以前有什么变化？

### （三）高校劳动教育形式多样化

《关于全面加强新时代大中小学劳动教育的意见》中要求劳动教育应科学地设计课内外劳动项目，采取灵活多样的形式，激发学生劳动的内在需求和动力。高等学校要组织学生走入社会、以校外劳动锻炼为主，充分发挥自身专业优势和服务社会功能，建立相对稳定的实习和劳动实践基地。在实践中，各高校也积极探索劳动教育的课程设置，拓展劳动教育的形式，整体上看高校劳动教育形式较为丰富。

对于高校来讲，劳动教育绝不仅仅是课堂上对于劳动价值和劳动认知的理论介绍，更需要通过劳动实践来强化理论知识，提高大学生的实践技能和专业素养。不同类型的劳动教育活动会锻炼大学生不同的能力，促进大学生劳动素养、劳动情怀的全面发展。理论课程类的劳动教育活动有助于大学生增强对于劳动的认知，树立正确的劳动观。社会实践类劳动课程帮助大学生更好地认识世界，把握世界发展的规律，提高其对于社会的适应能力，提升大学生的社会责任感，增强其风险意识。专业实训类的劳动教育活动有助于大学生掌握本专业的必要劳动知识和技能，为大学生将来走上工作岗位打下良好的基础。

在大学生劳动教育现状调查中，当问及"您所在的学校以哪些形式开展劳动教育？"时，69.68%的同学选择了专业理论课的渗透，62.77%的同学选择了专业实验、实习，56.38%的同学选择了社会实践，51.6%的同学选择了劳动教育课，42.55%的同学选择了思想政治理论课渗透，41.49%的同学选择了勤工助学，40.96%的同学选择了职业生涯规划教育，6.38%的同学选择了其他（见图1-17）。由调查的结果可以看出，高校开展的大学生劳动教育活动形式多样，包括但不限于开设专门的劳动教育课、专业理论课渗透、思想政治理论课渗透及各种专业实践和社会实践活动。其中占比最高的是通过专业理论课的形式进行劳动教育内容的渗透。

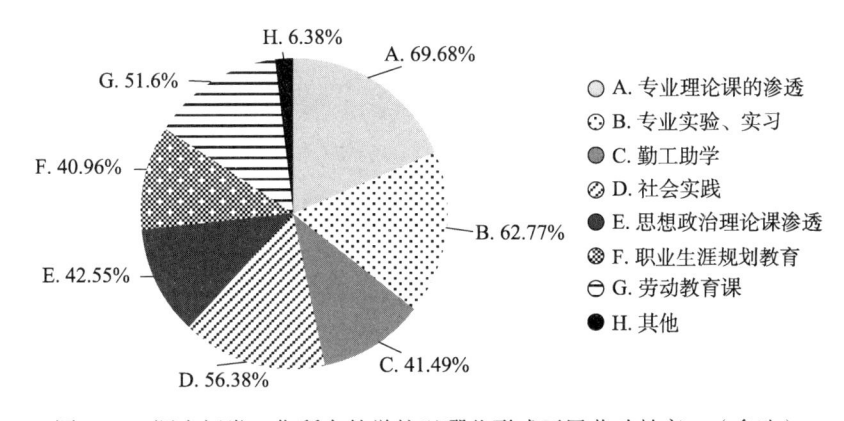

图1-17 调查问卷：您所在的学校以哪些形式开展劳动教育？（多选）

高等学校劳动教育已经渗透到日常教学和学生生活的方方面面，而这也是劳动教育活动有效展开的有力证明之一。

## 三、大学生劳动教育存在的问题

### （一）劳动教育政策宣传力度不足

在劳动教育的相关政策中详细地介绍了劳动教育的意义、指导思想、基本原则，以及劳动教育体系的构想和相关实践活动的开展要求，对高校师生了解劳动教育政策对于高校发挥劳动教育中的主导作用具有重要意义。然而，在实践过程中，劳动教育政策的宣传力度不足，高校师生对于劳动教育政策的了解并不深入。高校教师中目前只有思政课教师和劳动教育课程的任课教师对于劳动教育政策的理解最为深入，其他专业课教师对于劳动教育政策的了解则仍需提高。对于大学生而言，专业课是学习专业知识、提升专业技能的重要载体，专业课老师了解劳动教育政策有助于其在教授专业课程中渗透关于劳动教育理论和实践知识，提升大学生的劳动技能，促使大学生养成良好的劳动习惯。

大学生对劳动教育的政策的了解程度也会影响到劳动教育的效果。在对大学生劳动教育现状进行调查的过程中，当问到"您了解关于劳动教育的相关政策吗？"这一问题时，39.36%的同学选择了不太了解，3.73%的同学选择了不了解，仅有24.47%的同学选择了非常了解（见图1-18）。这表明尽管高校大学生参与了劳动教育活动，但其对于劳动教育政策的了解仍不够深入，也在一定程度上会影响到大学生对于劳动教育的目的、意义和举措的有效认知。

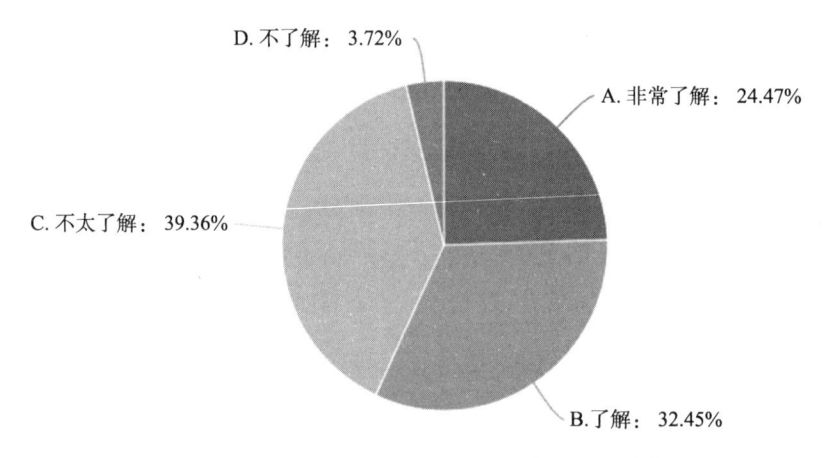

图1-18　调查问卷：您了解关于劳动教育的相关政策吗？

此外，家庭教育中的劳动教育也占据着非常重要的地位，而这有时又会被忽视。目前大多数家长对于劳动教育的了解不够深入，对于政策的了解程度仅限于网络媒体的简单介绍和学生的讲述，只有较少部分的家长认真了解过劳动教育的目的、意义和开展的举措。劳动教育政策宣传力度的不足会影响到学生和家长对于劳动教育政策的重视程度，因此更应加强对劳动教育政策的宣传。通过多种形式生动形象地介绍劳动教育政策的深度内涵、实施意义和执行举措，有助于劳动教育政策真正落到实处。

### （二）高校劳动教育重点仍需调整

#### 1. 高校劳动教育定位不准

在落实劳动教育政策方针的过程中，很多高校采用开设专门的劳动教育课程，或者在专业课程和思政类课程中渗透劳动教育理念来开展劳动教育。而这带来的主要问题便是过于重视劳动理论的教育，而忽视了对于劳动习惯和劳动技能的培养，"纸上得来终觉浅，绝知此事要躬行"，实践才是检验真理的唯一标准，过度重视对于劳动价值理论的介绍，忽视实践训练，反而会对劳动教育起到反作用。

在对大学生劳动教育现状进行调查的过程中，当问到"您所在的学校更注重哪一方面的劳动教育？"这一问题时，64.89%的同学选择了对劳动价值观的教育，25.00%的同学选择了对劳动态度的教育，而仅有5.32%的同学选择了对劳动习惯的教育，仅有4.79%的同学选择了对劳动技能的教育（见图1-19）。这表明，目前高校更注重对劳动价值观、劳动相关理论的介绍，而对于大学生劳动习惯和劳动技能的培养仍远远不够。因此，可能会导致劳动教育的效果偏离初衷。

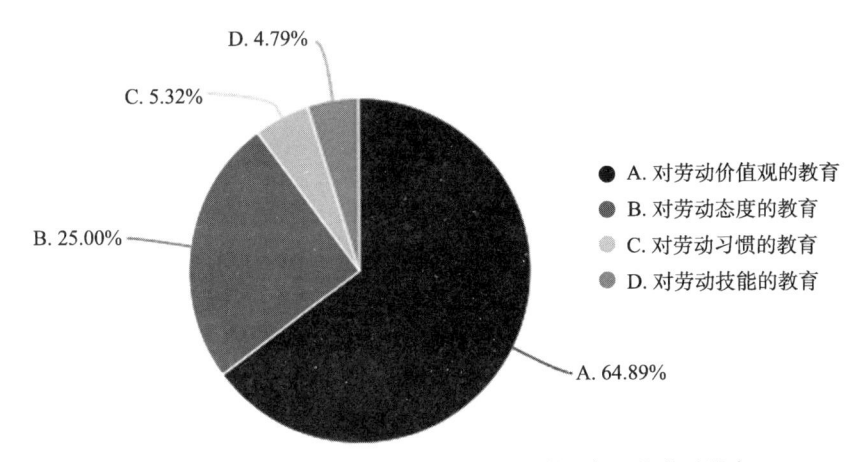

图 1-19　调查问卷：您所在的学校更注重哪一方面的劳动教育？

在对大学生劳动教育现状进行调查的过程中，当问到"您认为当前大学生劳动教育存在哪些问题？"时，高达 61.17% 的同学选择了大学生参加劳动教育仅仅是为了应付学校要求（见图 1-20）。这表明，现阶段的劳动教育在缺乏劳动实践、着重理论教育的情况下，反而导致大学生对于劳动教育的态度是被动的。

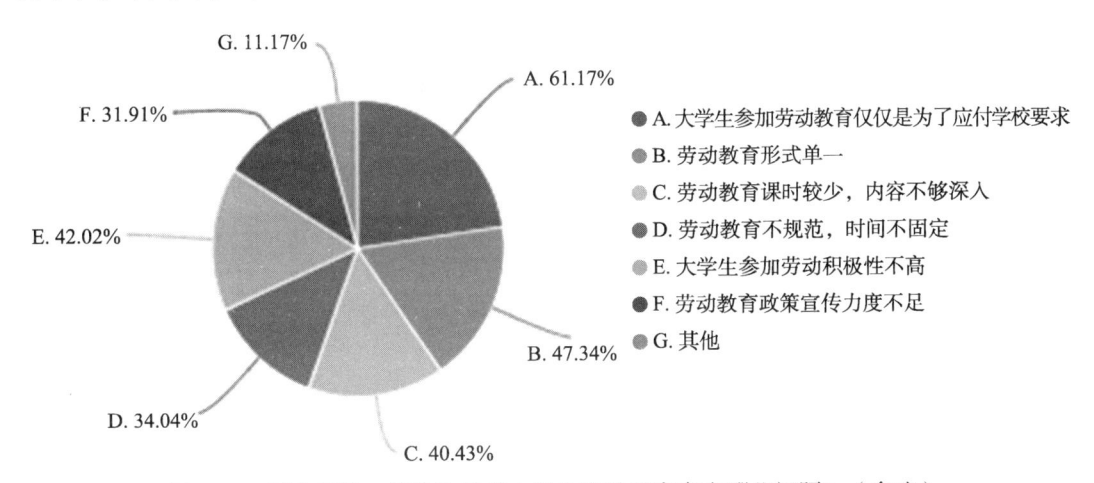

图 1-20　调查问卷：您认为当前大学生劳动教育存在哪些问题？（多选）

此外，高校劳动教育定位的偏差还体现在实践类劳动教育的内容上。大学生作为即将步入社会、走向工作岗位的青年人，其亟须掌握本专业的劳动实践技能。然而，目前很多高校的劳动教育和中小学劳动教育一样，将日常劳动，如做饭、做基本家务、手工制作等内容作为实践类劳动教育活动的重要组成部分。尽管日常劳动在劳动教育中占有重要地位，但作为新时代的大学生群体，加强专业劳动技能的学习也不容忽视。

因此，高校应在劳动教育的过程中加大社会实践、专业实践实习的比例，全面提升大学生的劳动素养。在对大学生劳动教育现状进行调查时，当问及"您所在的学校专业实践或各种劳动实践的机会和岗位多吗？"这一问题时，29.79% 的同学选择了非常多，45.74% 选择了比较多，但也有 13.83% 的同学选择了不多，10.64% 的同学选择了不了解（见

图 1-21）。这表明，部分高校并没有将专业实践和劳动实践与劳动教育有机结合起来，二者的割裂会导致学生忽视劳动教育的价值，不能认识到劳动教育对于提升其劳动技能、专业素养的重要性。

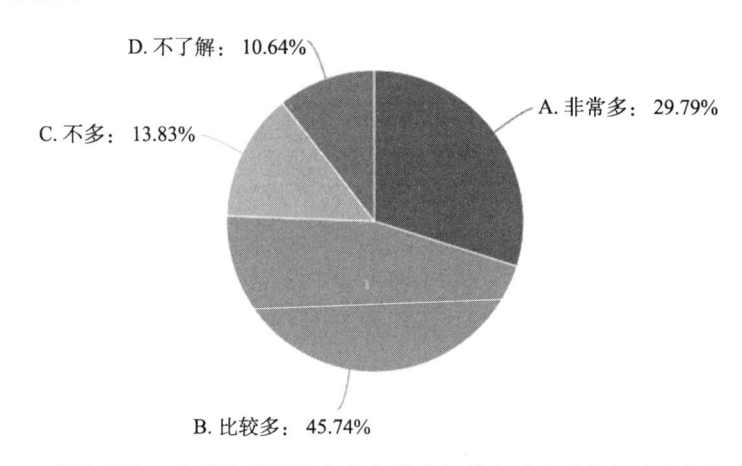

图 1-21 调查问卷：您所在的学校专业实践或各种劳动实践的机会和岗位多吗？

**2. 高校劳动教育创新性不足**

创新是创造性实践的过程，是一个民族的灵魂，是一个国家兴旺发达的不竭动力。因此，高校劳动教育也应该激发创新活力，这不仅要体现在创新高校劳动教育形式上，还要体现在劳动教育内容上注重对于大学生创新意识的培养。

高校劳动教育创新性不足一方面是由于课程设置较为单一，其主要通过理论知识和实践环节开展劳动教育。在劳动教育活动的内容上以介绍劳动的内涵与价值、劳动教育的内涵及劳动的相关理论知识，在实践环节主要是带领学生完成一些劳动实践操作，要求学生提交作业。其他类型的劳动教育活动也大多集中于专业实习、实验、志愿服务等形式，对于劳动教育内容的创新相对较少。

高校劳动教育创新性不足另一方面是由于劳动教育内容和本专业的前沿知识的结合不够紧密，对于创造性劳动内容的学习相对较少，导致学生创新性的启发不够。在对大学生劳动教育现状进行调查时，当问及"您所在的学校劳动教育中注重对劳动的创造性培养吗？"这一问题时，尽管大部分学生选择了注重和非常注重，但仍有 9.57% 的同学选择了不太注重，有 2.13% 的同学选择了不注重（见图 1-22）。在对劳动的创造性培养上也更多集中于生活中劳动的创造性，而与本专业内容的创新相关度较低。

此外，一些高校劳动教育课程和活动的内容虽然是依托于本专业的内容开展劳动实践的，但是学习实践的内容都是经典的，相对而言不够前沿的。当问及"您所在的学校的劳动教育和专业前沿是否相结合？"时，12.76% 的同学选择了结合不太紧密，1.60% 的同学选择了完全没有结合（见图 1-23）。这表明，一些高校在开展劳动教育的过程中，对于本专业前沿的内容更着重于对理论知识的介绍，而缺少劳动实践的操作，学生对待前沿的专业技能的感受流于纸面，无法加深理解，这对于学生创新性的启发是远远不够的。

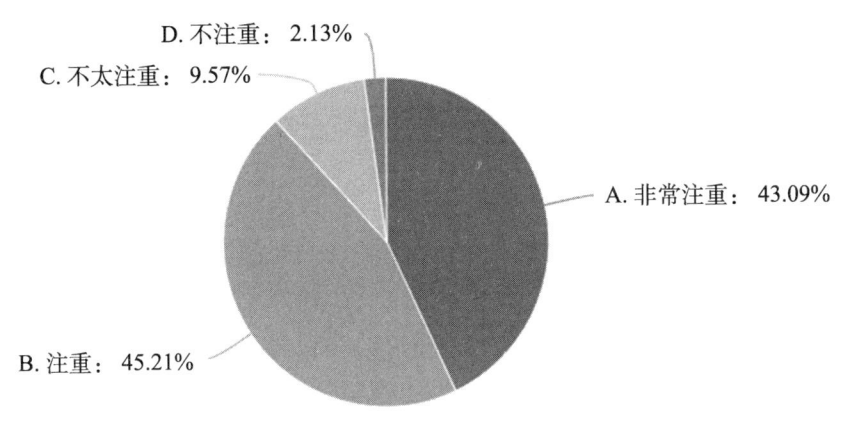

图 1-22　调查问卷：您所在的学校劳动教育中注重对劳动的创造性培养吗？

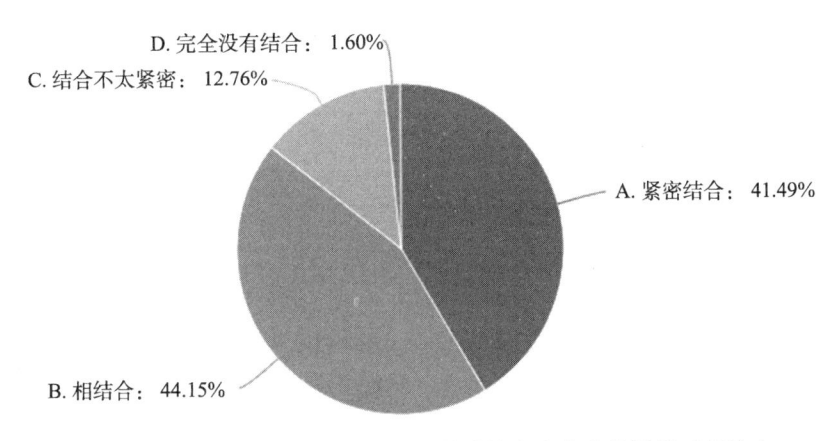

图 1-23　调查问卷：您所在的学校的劳动教育和专业前沿是否相结合？

## （三）家庭中劳动教育缺位

家庭教育是学校与社会教育的基础，是家长通过言传身教和家庭活动实践对子女进行影响的社会活动。同中小学生不同，大学生大多是年满18周岁的成年人，他们对于家庭中劳动教育的需求不仅仅是基本的家务劳动，还包括对于劳动的价值判断，对于未来就业的选择，以及责任感的建立。

然而，大多数家庭中父母对于孩子的劳动教育较少，甚至希望孩子少劳动、不劳动，把全部的精力都放在学习理论知识上。也有一些父母仅关注于让孩子做家务劳动，为家里分担压力，而不去教育孩子形成正确的劳动观，导致孩子无法对于劳动的价值形成正确的判断。家庭中劳动教育的缺位会导致大学生抗拒劳动、逃避劳动，甚至对劳动产生错误的价值判断，无法养成良好的劳动习惯，缺乏基本的劳动技能。

在对大学生劳动教育现状进行调研的过程中，当问及"父母对您劳动习惯和技能的教育主要在哪个阶段？"这一问题时，半数以上的同学选择了中小学阶段，仅有10.64%的同学选择了大学阶段，38.3%的同学选择了各个阶段（见图1-24）。由此可见，即便在家庭中父母注重对于孩子劳动习惯和劳动技能的教育，也更多是集中在中小学阶段，而对于大学阶段的孩子的劳动教育明显减少。

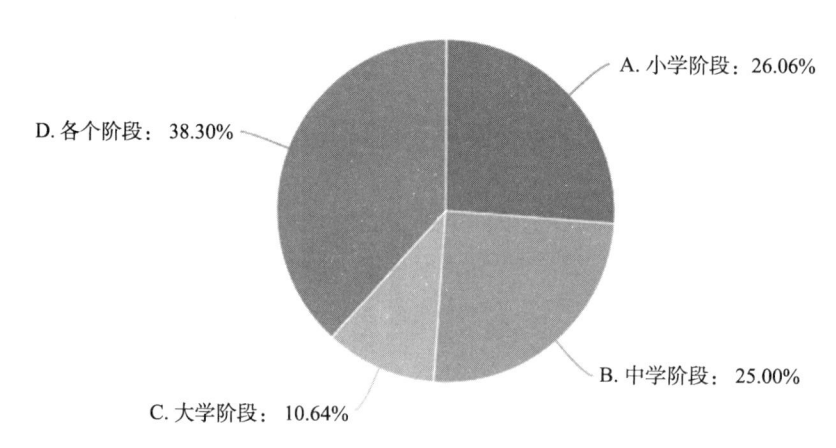

图 1-24　调查问卷：父母对您劳动习惯和技能的教育主要在哪个阶段？

  这种家庭劳动教育缺位的现象还体现在错误的劳动价值观培养上。在对大学生劳动教育现状进行调研的过程中，当问及"父母在教育过程中是否说过'不好好学习，将来就去扫大街'这样的话？"这一问题时，28.19%的同学选择了经常会，32.98%的同学选择了偶尔会，仅有38.83%的同学选择了不会（见图1-25）。家长对劳动价值的判断错误会导致孩子在言传身教中也形成错误的劳动观，产生轻视体力劳动、把劳动分为三六九等错误的看法。而这种错误的劳动观会显著影响大学生良好价值观的形成，影响大学生未来的职业发展。

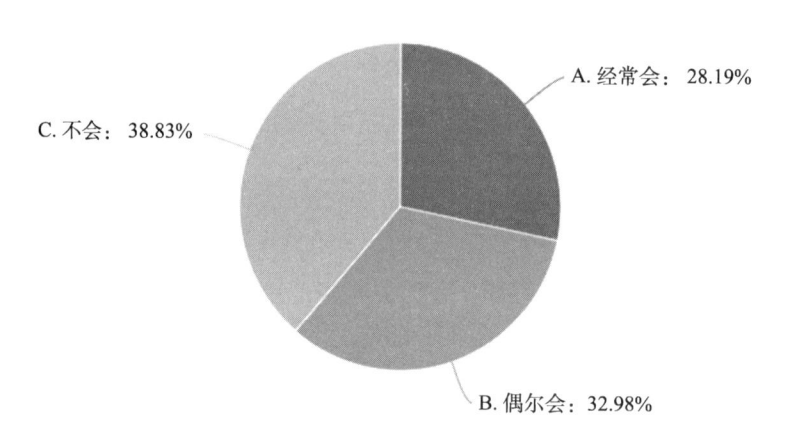

图 1-25　调查问卷：父母在教育过程中是否说过"不好好学习，将来就去扫大街"这样的话？

  此外，父母由于心疼孩子，对待孩子保护意识过强，不忍心让孩子面对生活的挑战，这种做法可能会导致孩子失去奋斗的动力和勇气，缺乏艰苦奋斗的精神。问及"如果有需要，父母是否会同意您到基层（偏远山区、农村）工作？"这一问题时，34.04%的同学选择了不会（见图1-26）。由此可见，在相当一部分家庭中，家长不忍心让孩子在较为艰苦的环境中劳动，不舍得让孩子到基层中去锤炼，而这对于大学生的全面发展可能会起到一定的阻碍作用。

  家庭教育对于大学生的影响非常重要。家长对于孩子的影响是潜移默化的。大学生

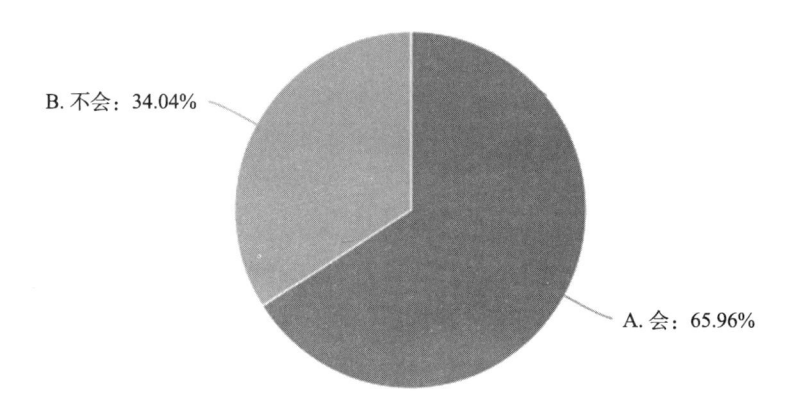

图 1-26 调查问卷：如果有需要，父母是否会同意您到基层（偏远山区、农村）工作？

需要建立正确的劳动观和价值观，培养良好的劳动习惯和劳动技能，家庭应该在其中发挥积极的作用，让大学生自主提升劳动素养，建立良好的社会责任感。

### （四）社会劳动教育虚化

尽管高校和家庭是劳动教育的主阵地，但社会在劳动教育中的作用也不容忽视。高校和家庭开展劳动教育都需要社会提供良好的平台，提供充分的劳动实践资源和必要的劳动保障。

中共中央、国务院《关于全面加强新时代大中小学劳动教育的意见》中指出，社会要发挥在劳动教育中的支持作用。充分利用社会各方面资源，为劳动教育提供必要保障。各级政府部门要积极协调和引导企业公司、工厂农场等组织履行社会责任，开放实践场所，支持学校组织学生参加力所能及的生产劳动、参与新型社会服务性劳动，使学生与普通劳动者一起经历劳动过程。鼓励高新企业为学生体验现代科技条件下劳动实践新形态、新方式提供支持。工会、共青团、妇联等群团组织及各类公益基金会、社会福利组织要组织动员相关力量、搭建活动平台，共同支持学生在城乡社区、福利院和公共场所等地方参加志愿服务，开展公益劳动，参与社区治理。

然而现阶段，由于多种条件的限制，部分社会组织、企业并未给大学生提供良好的社会实践平台，对于学生的创新性劳动给予的支持也相对不足。虽然一些企业和高校开展了校企合作，但是学生到企业参与实践活动也主要是以参观企业生产流程和企业职工讲解培训为主，真正能够进行劳动实操的实践机会和岗位并不多，对学生的覆盖面也偏低。还有一些社区、公益组织在组织公益劳动中也并未过多考虑大学生，对大学生的劳动教育重视程度偏低。社会劳动教育虚化现象较为严重。

大学生的劳动教育离不开社会实践，而社会如果不能给大学生提供良好的实践劳动平台，那么劳动教育的常态化和长效化将很难实现。

## 第三节　高校大学生劳动教育使命

《大中小学劳动教育指导纲要（试行）》指出劳动教育的总体目标，要准确把握社主义建设者和接班人的劳动精神面貌、劳动价值取向和劳动技能水平的培养要求，全面提高学生劳动素养。高校作为培养人才的重要基地，承担着立德树人的重要使命。高校开展劳动教育是落实"五育并举"的生动实践，也是落实立德树人使命的根本要求。大学生是中国特色社会主义新发展阶段的生力军，高校应建立完善的劳动教育体系，积极开展各级各类劳动教育活动，积极完成培育全面发展的时代新人、完善高校思想政治教育体系、营造良好的社会劳动环境、推进中华民族伟大复兴的重要使命。

# 一、培养全面发展的时代新人

## （一）培养具有劳动情怀的时代新人

劳动是创造物质世界和人类历史的根本动力，历史是由劳动人民创造的。尊重劳动、热爱劳动、认识到劳动是一切财富的源泉对大学生来说具有重要意义。然而，受到社会不良舆论的影响，一些大学生对劳动价值产生了错误的判断，逃避劳动，对劳动价值取向功利化、缺乏勤俭节约的意识，严重缺少劳动情怀。针对这类现象，对大学生积极开展劳动教育是非常必要的。

高校是针对大学生开展劳动教育的主要阵地，高校劳动教育是落实立德树人任务的重要载体，劳动教育不仅仅是要让学生通过劳动实践认识劳动的本质、理解劳动的内涵，更是要让学生认识到劳动是自身价值和生命意义实现的有效途径，引导大学生树立正确的世界观、人生观和价值观。

高校开展劳动教育首先要突出劳动价值观教育，即鼓励学生通过"出力流汗、接受锻炼、磨练意志"来形成正确的劳动价值观。培养学生热爱劳动，积极主动参与劳动，认可"劳动最光荣、劳动最崇高、劳动最伟大、劳动最美丽"的观念。让大学生在劳动实践中树立劳动意识，养成劳动习惯，平等尊重所有的劳动者和所有的劳动岗位，在劳动中提高自身的涵养，将大学生培养成为具有劳动情怀的时代新人。

## （二）培养具有专业能力的时代新人

随着生产力和生产关系的不断进步，社会经济水平不断提高，社会分工细化，劳动形态也呈现出多元化特点。"专业"细分更为详细，与之伴随的产业门类也更加细化，诞生了更多的新岗位、新业态。而这对新时代的大学生的劳动素质和专业能力提出了更高的要求。新岗位的出现既意味着为有较高专业能力的人才提供了更加广阔的施展才华的空间，也意味着那些不能适应新变化、新趋势、新要求的劳动者将面对更大的就业压力。

新时代大学生劳动教育应深切关注大学生专业能力的提高。"实干兴邦"需尊重"工匠精神"，专业的深入钻研、专业技能的反复打磨对大学生而言是非常重要的。目前，一部分大学生对于本专业的理解还停留在表层，仅仅对专业理论知识进行学习是远远不够的，对专业前沿知识不了解，对专业实践技能不熟练，是无法成为优秀的专业人才的。

作为人才培养的摇篮，高校必须牢记自身的使命，明确提升大学生劳动素质的重要性。大学生只有积极参与专业实践、提高专业劳动技能，练就过硬本领，才能成为知识型、技能型人才。新时代的劳动教育必须着眼于提升学生的劳动素养和实践技能，让学生学到真正有用的知识，掌握真正有价值的能力，让学生能够真正适应社会的发展，完成培育具有专业能力的时代新人的使命。

### （三）培养具有责任使命的时代新人

一代人有一代人的使命，新时代的大学生承载着新的使命，习近平总书记强调，要"培育担当民族复兴大任的时代新人"。每一个大学生都是这一责任使命的承担者，都需要锻造自己的能力，提升自己的劳动素养，为团队、为社会、为国家做出应有的贡献。劳动教育的使命就体现在引导大学生认同马克思主义劳动观和中国特色社会主义劳动教育实践，引导学生树立尊重劳动、辛勤劳动、热爱劳动的劳动价值观，培养学生勤俭节约、艰苦奋斗的精神，锻造学生无私奉献的社会责任感。

培养大学生艰苦奋斗的精神是让大学生继承中华民族的传统美德，了解我们的国家是如何一路走来，在艰难困苦中百折不挠，永不放弃才创造了美好的今天。让大学生明白今天幸福来之不易，作为新时代的大学生应该珍惜现在的生活，珍惜自己和他人的劳动成果，学习并发扬艰苦奋斗的精神，为社会、国家发展做贡献，以实现中华民族的伟大复兴为己任，激发大学生的责任感和使命感。

另外，也应引导大学生懂得，人是社会关系的总和，每个人的劳动都必然要和其他人的劳动产生联系。没有任何事物是能够独立存在的。在新时代，劳动离不开团队协作，大学生应树立团队意识和奉献精神，考虑集体的利益，提升自身的集体荣誉感和集体责任感。作为社会的一份子，更应关注社会中的弱势群体，积极参加社会公益活动，成为能够肩负起责任使命的时代新人。

### （四）培养具有创新精神的时代新人

2015年3月，时任国务院总理李克强在《政府工作报告》中正式提出推动"大众创业、万众创新"这一举措。创新带动科技发展，创业促进就业。创新创业是社会发展的不竭动力。高校正是创新创业的重要孵化基地。

劳动的发展是劳动的理论、技术变革创新的过程，可以说，劳动的发展离不开创新。高校劳动教育的使命之一便是培养具有创新精神的时代新人，促进创新创业，促进科技与经济再现新活力。2021年10月，国务院办公厅印发《关于进一步支持大学生创新创业的指导意见》，重点强调大学生是大众创业、万众创新的生力军，支持大学生创新创业具有重要意义。要以习近平新时代中国特色社会主义思想为指导，全面贯彻党的教育方针，落实立德树人的根本任务，立足新发展阶段、贯彻新发展理念、构建新发展格局，坚持创新引领创业、创业带动就业，提升人力资源素质，实现大学生更加充分更高质量就业。

物联网、大数据、云计算、人工智能技术日新月异的今天，劳动和创新紧密地联系在一起，在劳动中创新，在创新中劳动已经成为发展的趋势。高校要充分担当起培养具有创新精神和创新能力的大学生的使命，以劳动教育为抓手，切实提升大学生的创新意识和能力。大学生劳动教育要和创新创业教育结合起来，激发大学生对

扩展阅读 1-2

于劳动创新的积极性，开发大学生创新的潜能，在劳动技能、劳动方法和手段上，鼓励大学生积极创新，提高自己的综合能力。行业的发展离不开创新，行业的发展也离不开具有创新劳动能力的人才。

## 二、完善高校思想政治教育体系

高校思想政治教育包括思想政治理论教育和日常思想政治教育两个重要部分。高校思想政治教育的对象是大学生，提升大学生的思想政治水平是高校思想政治教育的重要落脚点。中共中央、国务院于2004年出台的《关于进一步加强和改进大学生思想政治教育的意见》中强调（以下简称《意见》），大学生是十分宝贵的人才资源，是民族的希望，是祖国的未来。加强和改进大学生思想政治教育，提高他们的思想政治素质，把他们培养成中国特色社会主义事业的建设者和接班人，对我国全面实施科教兴国和人才强国战略，确保我国在激烈的国际竞争中始终立于不败之地，确保实现全面建成小康社会、加快推进社会主义现代化的宏伟目标，确保中国特色社会主义事业兴旺发达、后继有人，具有重大而深远的战略意义。

《意见》指出，加强和改进大学生思想政治教育的主要任务，一是以理想信念教育为核心，深入进行树立正确的世界观、人生观和价值观教育。二是以爱国主义教育为重点，深入进行弘扬和培育民族精神教育。要把民族精神教育与以改革创新为核心的时代精神教育结合起来，引导大学生在中国特色社会主义事业的伟大实践中，在时代和社会的发展进步中汲取营养，培养爱国情怀、改革精神和创新能力，始终保持艰苦奋斗的作风和昂扬向上的精神状态。三是以基本道德规范为基础，深入进行公民道德教育。要引导大学生自觉遵守爱国守法、明礼诚信、团结友善、勤俭自强、敬业奉献的基本道德规范。四是以大学生全面发展为目标，深入进行素质教育，促进大学生思想道德素质、科学文化素质和健康素质协调发展，引导大学生勤于学习、善于创造、甘于奉献，成为有理想、有道德、有文化、有纪律的社会主义新人。其中大学生的全面发展离不开劳动素质的提升，德智体美劳五育并举的论断也表明劳动教育对于培养新时代的优秀人才具有重要意义。

由此可见，劳动教育和高校思想政治教育具有密不可分的关系，是现行高校思想政治教育体系的有力补充，也是完善高校思想政治教育的必然要求。可以说，高校劳动教育的使命之一便是完善高校思想政治教育体系。

目前高校的思想政治理论课中已经包括了有关劳动方面的知识，如《思想道德修养与法律基础》课程中涉及的热爱劳动的劳动价值观，以及《毛泽东思想和中国特色社会主义理论体系概论》课程中关于教育与生产劳动相结合的理论。但这些理论知识的介绍过于碎片化，不能形成完整的劳动教育体系，学生对于劳动、劳动价值观的学习仅仅停留在这只言片语之中，无法满足大学生对于劳动知识和劳动技能的需要。

基于此，高校开设劳动教育课程，并积极举办一系列劳动教育实践活动，与思想政治理论课程互为对照，相辅相成，有效地形成

扩展阅读 1-3

协同效应，发挥合力，将劳动教育的目标落到实处，这对于大学生思想政治水平的提高也具有重要意义。还应须知实践是检验真理的唯一标准，思想政治理论课程以理论讲解内容为主，实践内容偏少，而劳动教育课程和劳动教育实践活动通过真实生动的劳动实践和动手操作让大学生真听、真看、真感受，主动接触劳动实践，并从实践中总结规律，对学习到的理论知识进行验证，形成有效的补充。因此，劳动教育可以有效完成完善高校思想政治教育的使命。

## 三、营造良好的社会劳动环境

### （一）引导全社会建立正确的劳动观

对于劳动价值的理解会显著地影响到对待劳动的态度。了解劳动的内涵和劳动的重要价值有助于人们积极地面对劳动，养成良好的劳动习惯、主动学习劳动技能、平等尊重不同的劳动岗位和劳动者，这对于营造良好的社会劳动环境具有重要作用。而正确劳动观的建立离不开家庭、学校和社会的劳动教育。其中，高校作为劳动教育开展的主阵地，通过开设劳动教育课程和劳动教育实践活动打通了课堂学习与社会生活之间的壁垒，构建了知识学习与实践锻炼的联结机制，让大学生在劳动实践中创造物质价值、体现自我价值、实现自身的全面发展。更重要的是，高校通过开设劳动教育课程、开展一系列的实践教育活动，培养学生建立正确的劳动观。

不同的时代背景下的劳动观的内涵会有所不同。在新时代的背景下，我们必须牢固树立劳动最光荣、劳动最崇高、劳动最伟大、劳动最美丽的观念。然而，在网络中充斥着一些错误的劳动价值言论和消极的劳动态度，对于全社会建立正确的劳动观起到不良影响。因此，高校应肩负起自身立德树人的使命，通过举办教育活动培养大学生建立正确的劳动观，帮助大学生端正自身的劳动态度，养成良好的劳动习惯，培养扎实的劳动技能。当大学生毕业步入社会后，他们会在工作中坚守正确的劳动观，而这将影响到他们身边的人，从而引导全社会建立正确的劳动观，营造良好的社会劳动环境。

### （二）营造全社会热爱劳动的新风尚

习近平总书记强调，要树立"劳动最光荣、劳动最崇高、劳动最伟大、劳动最美丽"的观念。这一观念不仅应该在高校大学生间被广泛接受，更应该得到全社会的认可，在全社会营造热爱劳动的新风尚，这正是高校劳动教育的使命之一。

良好的社会风尚凝聚着人民群众的价值取向和精神追求，具有调动社会情绪、整合社会力量、鼓舞人民斗志的积极作用。热爱劳动、尊重劳动、公平对待劳动，推崇"劳模精神""劳动精神""工匠精神"正是良好的社会风尚。高校承担着立德树人的重要使命，劳动教育既是"劳育"，也是"德育"。良好的劳动观敦促着大学生形成良好的思想品德。与此同时，高校还具有服务社会的重要使命，高校推崇的劳动教育有助于在全社会营造热爱劳动的新风尚，这种风尚具体体现在对劳模精神和工匠精神的大力弘扬上。

1. 劳模精神

劳模精神代表着劳动者对待工作的"爱岗敬业，力争上游"的职业精神，代表着"淡泊名利，甘于奉献"的道德素养，代表着"艰苦奋斗、勇于创新"的不屈精神，更代表着"锐意求新、不断探索"的不懈追求。劳模精神给民族进步带来了不竭的动力。在高校大学生劳动教育中突出劳模精神的作用，有助于激发青年群体热爱劳动、尊重劳动、尊重劳动者的良好风尚。在新时代的大学生群体中树立劳动模范和榜样，加强劳模典型案例的宣传，用劳模的先进事迹鼓舞大众，以榜样的力量号召人民树立正确的劳动意识，引起全社会对于劳模精神的认可，激发人们热爱劳动、尊重劳动的情怀，而这种热爱劳动的良好风尚会在全社会推行开来，有利于营造良好的社会劳动环境。

2. 工匠精神

工匠精神是职业道德和专业能力的一种体现，蕴含着"一丝不苟、精益求精"的态度和"寻求突破、追求革新"的创新精神。工匠精神将劳动之美、精神之美发挥到极致。大学生劳动教育承载着重要的使命，弘扬工匠精神正是劳动教育的价值体现。在科技快速发展的今天，求量不求质的现象时有发生，过度追求"短平快"，而忘记了品质才是最重要的，在这个万事都追求快的时代，更要让心慢下来，让"匠心"汇聚到劳动之中。

开展大学生劳动教育正是要引导大学生理解工匠精神，让大学生在劳动实践中树立吃苦耐劳、持之以恒的精神，启发大学生的创新思维，培养大学生的责任感和对卓越的追求。当大学生走上工作岗位后，在工匠精神的激励下，他们将在不同的岗位上创造新的精彩。

大学生劳动教育的使命不仅仅是培养优秀的、具有较强劳动素养的大学生，更是通过对大学生的教育，在全社会形成热爱劳动的新风尚，从而营造良好的社会劳动环境，达到最终的育人目标。

### （三）提升劳动权益保护意识

劳动者权益是指劳动者作为人力资源的所有者，在劳动关系中，凭借从事劳动或从事过劳动这一客观存在获得的应享有的权益。但在对大学生劳动教育现状进行调查的过程中，我们发现很多大学生对于自己的劳动权益了解得并不深入，劳动权益模糊化现象较为严重。

大学生劳动教育的使命不仅仅在于培养大学生树立正确的劳动观，锻炼大学生的劳动技能，还在于提升大学生劳动权益保护意识，让大学生在劳动权益受保障的条件下参与劳动。通过带领大学生学习劳动权益的基本内容，介绍劳动法律、劳动合同和劳动争议处理的内容，培育大学生合法劳动的意识，加强大学生的劳动安全保障。通过介绍实际的案例，加深大学生对于相关知识的理解，增强大学生保护自身劳动权益的能力。

## 四、推进中华民族的伟大复兴

### （一）创造性劳动带来新机遇

劳动教育作为高校教育的重要内容，对于推动经济社会持续健康发展具有重要价值。自改革开放以来，党领导人民创造了许多举世瞩目的奇迹，经济快速腾飞，使中华民族站起来、富起来、强起来，这依靠的是一代代中国人的真抓实干、艰苦奋斗。要实现中华民族伟大复兴的中国梦，需要每一个中国人的努力和付出。加强新时代大学生劳动教育，帮助其树立正确的劳动价值观，可以让新时代的大学生真切地感受到美好的生活是靠我们辛勤的双手创造的，看到我们国际地位提高的背后是由无数的劳动所创造的坚实的经济基础。作为新时代的青年人，大学生应该接过奋斗的接力棒，用自身的劳动托起中国梦，奋力拼搏去实现中华民族伟大复兴的中国梦。

在新发展格局下，我们面对着新的挑战，要迎接新的任务。新时代的大学生应积极投入到社会生产生活中去，积极应对劳动中的不确定因素，努力创造新机遇。新时代是创新的时代，我们必须加快实现由中国速度向中国质量、中国制造向中国创造的转变。而创新离不开创造性劳动。创造性劳动给经济发展带来的新机遇，也为实现中华民族伟大复兴带来了新机遇。互联网、大数据、区块链、人工智能的出现，标志着数智化时代的来临。未来经济的增长离不开创造性劳动，人民生活水平的提高也依赖于创造性劳动。

高校大学生劳动教育肩负着重要的历史使命，通过开展新时代的劳动教育，激发大学生对于创造性劳动的兴趣。通过将专业的前沿知识与高校劳动教育实践相结合，启发大学生创造性思维，培养大学生在劳动中学习、在实践中创造的能力，用崭新的面貌去迎接新机遇和新挑战。

## （二）人才强国创造新动力

2022年10月16日，习近平总书记在中国共产党第二十次全国代表大会上作出的报告中提出，要深入实施人才强国战略，培养造就大批德才兼备的高素质人才，是国家和民族长远发展大计。高校承担着立德树人的使命，培养德才兼备的高素质人才是高校教育的本质要求。人才是定国安邦之本，更是实现中华民族伟大复兴中国梦的有力支撑，高等教育将优秀青年和社会联系起来，培育着一批又一批优秀的人才。劳动教育作为"五育融合"的结合点，具有德智体美"四育"不可替代的育人价值，对于大学生的全面发展、为国育才的使命的实现具有重要意义。

劳动教育符合社会经济发展需要的"劳动型""知识型""应用型""创造型"人才的培养要求。大学生劳动教育的开展有助于人才强国战略的实施，而优秀的人才又将成为实现中华民族伟大复兴中国梦的新动力。

## 复习思考

1. 请你谈一谈大学生劳动的常见问题有哪些？
2. 你都知道哪些大学生劳动教育政策？
3. 请你谈一谈大学生劳动教育存在着哪些问题？结合自身实际情况谈一谈你希望大学生劳动教育以哪种形式开展？

## 实践活动

为促进大学生了解高校劳动教育的开展情况，请以小组（5人左右）为单位，组织开展一次大学生劳动教育开展情况的调研实践活动。

<活动记录表>

| 活动计划 |
|---|
|  |
| 活动难点及解决办法 |
|  |
| 心得体会 |
|  |
| 教师评语 |
|  |

## 参考文献

[1] 史钟锋，董爱芹，张艳霞. 新时代大学生劳动教育[M]. 北京：清华大学出版社，2022.

[2] 赵鑫全，张勇. 新时代大学生劳动教育[M]. 北京：机械工业出版社，2020.

[3] 黄绍绪. "00后"大学生劳动观现状、问题及其教育引导研究[J]. 铜陵职业技术学院学报，2021，20(3): 8-12.

[4] 丁苏艳. 马、恩劳动观视角下对地方高校大学生劳动观存在问题的冷思考[J]. 商业经济，2017(8): 39-41.

[5] 杨丽. "五育融合"理念下提升大学生劳动教育对策研究[J]. 华北理工大学学报（社会科学版），2021，21(3): 72-76, 81.

[6] 王彦庆. 新时代大学生劳动教育研究[D]. 哈尔滨：哈尔滨师范大学，2021.

[7] 吴银梅. 新时代高校大学生劳动教育研究[D]. 南昌：南昌航空大学，2021.

[8] 中共中央，国务院. 关于全面加强新时代大中小学劳动教育的意见. 2020年3月20日.

[9] 杨顺清. 新时代大学生劳动教育：时代价值与实施路径[J]. 楚雄师范学院学报，2022，37(2): 18-27.

[10] 蔡亚楠. 新时代大学生劳动教育研究[D]. 保定：河北大学，2020.

[11] 中共中央，国务院. 关于进一步加强和改进大学生思想政治教育的意见. 2004年10月15日.

[12] 中华人民共和国教育部. 大中小学劳动教育指导纲要（试行）. 教材〔2020〕4号. 2020年7月9日.

[13] 国务院办公厅. 关于进一步支持大学生创新创业的指导意见. 国办发〔2021〕35号. 2021年9月22日.

# 第二章

# 新时代中国特色社会主义劳动观

### 引导案例

#### "第一书记"黄文秀：初心不灭 青春无悔

黄文秀1989年出生，2016年从北京师范大学研究生毕业，报名考取选调生，回到家乡，成为百色市委宣传部一名干部。2018年3月，黄文秀响应号召来到乐业县百坭村担任驻村第一书记。短短一年多，村里共有88户418人脱贫。

2019年6月14日周五晚上，黄文秀利用周末，回到老家百色市田阳县农村看望身患癌症、接连做了两次手术的父亲。6月16日周日晚上，她不顾风雨，连夜踏上返回驻点村的路。赶回村里途中，雨越下越大，山洪突发。在凌晨1点时，黄文秀发到家里微信群的一段画面：此时，她被困洪水，进退两难。但这竟是她留给家人的最后一条信息。

6月18日中午，搜救人员在下游河道发现了黄文秀的遗体。噩耗传来，无数人悲痛不已。村里人告诉我们，周日晚上，黄文秀雨夜行车返回村里。除了第二天要参加县里的扶贫工作会外，还有一件村里的急事儿让她牵挂于心。原来，前段时间的暴雨冲毁了村里部分灌溉水渠。黄文秀和村干部在周五分头勘查后，还写下了这样一张字条，上面标注着维修费用。但是两天后，为了按时赶回村里工作，年轻的第一书记永远走了。面对暴雨之夜可能遭遇的危险，她连夜赶路丝毫没有迟疑。就像当年，她十年寒窗走出大山，毕业后又义无反顾地回到大山一样。其实那时候，她也可以去条件更好的电网公司工作，是父亲的话影响了她："你入党了，你要为党工作。"

黄文秀刚到村里工作时，也曾哭过鼻子，日记中她写道："大家见我是一个女生，对我也充满了好奇和期待……内心不禁觉得压力非常大"。面对陌生的村民，她挨家挨户上门走访，从不喝酒的她还会主动带上酒找村民小酌几杯。她还制作了这样的手绘地图，上面有每一户人家的名字。驻村第五个月，黄文秀在日记里兴奋地写道："我发现我的方言进步了，可以和贫困户完整地用桂柳话交流了"。为了脱贫，黄文秀帮大家引进了先进的砂糖橘种植技术，还教会村民做电商。驻村满一周年时，母校北京师范大学转载了黄文秀的文章《扶贫 从"新手"到"熟路"》，她在文章中写道："习近平总书记关于'六个精准'的论述一直是我开展扶贫工作的方法论""扶贫之路，对我而言，更像是心中的长征"。

黄文秀从小长在农村，家里不富裕，前几年盖这栋房子时，她从百色市人才引进的五万元安家费中，拿出三万元给了爸妈。她也和同龄女孩子一样，喜欢网购，不过大部分物品都是为家里人买的。黄文秀远去，年过六旬妈妈的手腕上一直戴着一个手镯，朝里的一侧刻着四个字："女儿爱你"。那是2019年妇女节，黄文秀从网上给妈妈和嫂子每人买的一份礼物。当看到手镯后，妈妈心中充满了无限的自责。

初心不灭，青春无悔。黄文秀在扶贫路上的点点滴滴，风雨之夜的勇敢前行，感动了无数网友，很多人为这个不曾谋面的年轻姑娘落下眼泪。

资料来源："第一书记"黄文秀：初心不灭 青春无悔_新闻频道_央视网（cctv.com）http://news.cctv.com/2019/06/23/ARTI5w0Clb8RpWTNnrmsP5Ci190623.shtml.

# 第一节 社会主义劳动观思想渊源

## 一、西方社会的劳动观

纵观西方社会劳动观，其演变历程实际上是体力劳动观念变化的历史，西方社会的"劳动"与我们现在社会提到的劳动有本质的区别，是人有限的表现，用来满足人与自然存在的需要。西方社会的发展十分重视经济因素，经济学劳动观思想可以追溯到英国古典经济学创始人威廉·配第，在《赋税论》中提出"劳动是财富之父，土地是财富之母"的理论。这里的劳动与土地都是财富产生的关键要素，财富是指产生的使用价值，劳动表现为具体的劳动。西方劳动观除了受经济学影响外，还受到古希腊哲学、基督教和资本主义社会的深刻影响。西方社会的演变史是生产自身劳动到发展劳动的转变史。在劳动观没有真正独立之前，不同历史阶段人们表现出来的劳动只是对劳动活动的一种态度，与劳动本身无关，直至黑格尔的出现，劳动才获得了自然合理化的形态。

### （一）古希腊时期西方劳动思想

古希腊时期的劳动观主要分为两部分，首先是荷马史诗中的内容，《奥德赛》和《伊利亚特》是荷马史诗中的两篇长篇史诗，其中关于神和人的区别有这样的描述，人和神从德行上来看没有什么不同，而人之所以不能称之为神，是因为神是不朽的，它不需要进行劳动，而人需要劳动，劳动是人的特有属性。人总要经历生活中的种种艰辛劳动，因此与时刻处于享乐状态中的神相比是对立的。其次是古希腊诗人赫西俄德的《劳作与时日》中有这样一句话"劳动带给人们畜群和粮食"，在赫西俄德这里，他是站在奴隶主的视角上来讨论劳动。这些农业生产劳动只是奴隶所直接从事的，而享有政治权利的自由公民则只需要保障劳动的进行即可。这一时期，人们承认劳动具有人的属性特征，但存在有限性。在这时期，诸神不死而人终身要为生存不断进行劳动，从这个观点来看，劳动是人局限性的表现，充满了消极的意味。赫西俄德在《劳作与时日》中运用诗句向人们解释了劳动的起源、如何劳动、采用什么技能进行劳动。首先当时的社会主要是由奴隶和奴隶主构成的，奴隶主要从事家务和田间劳作，奴隶主的工作就是监督奴隶们的行为。在这一时期，社会劳动分工具有明显的不平等化，人们对劳动的理解是不纯粹的，人们参与劳动是参与到自然和神的秩序中，出现这种观点的原因是受诸神观念所致。到古希腊罗马时期，劳动被认为是谋生的工具，是贫民和奴隶的专属，而贵族不再从事复杂的劳动转而开始关注统治者的德性和理性。在当时很多哲学家都认为劳动是最卑贱的，令人厌恶的行为与人的本质无关，是社会阶层较低的人们的行为与人的自由发展无关。进入中世纪时期，基督教神学在社会上占重要地位，劳动观念也深受影响。神级人员地位最高，然后是贵族和骑士群体，劳动者受前两个阶级人员的监督，是权力最低者，劳动具有明显的二阶性。最后，在当时劳动观不作为独立的哲学问题进行思考，劳动对人而言具有消极意义。随着宗教改革运动开始，劳动观念才开始逐渐走上正轨。经过文艺复兴和启蒙运动的影响近代西方的思想家开始摆脱神学的束缚，重新审视人与劳动之间的关系，劳动对人的积极意义逐渐被人关注。

在柏拉图和亚里士多德看来，劳动也并非什么光荣的事情。在古希腊时期，人们认为只有健康的身体才会生长出优美的灵魂，因此大哲学家苏格拉底认为，一些从事手工业制造的工匠，他们的灵魂是不健康的，因为他们在劳动中身体受到了损害。柏拉图在《理想国》中描绘了一个理想的等级的社会，其中，劳动是最卑贱的农民、手工业者和奴隶所从事的事情。例如，在理想国中，柏拉图假借苏格拉底之口，认为老天在铸造人的时候，在有些人身上加入了黄金，这些人因而是最宝贵的，是统治者。在辅助者及军人身上加入了白银，在农民及其他技工身上加入了铁和铜。而亚里士多德将人的行为活动分为三种，理论、实践和创制。理论生活在亚里士多德看来才是善的，而创制活动主要就是以体力劳动为主，并非自由的活动，如耕种畜牧等行为，这是要遭到轻视的。古希腊对劳动的轻视与奴隶制的社会性质直接相关，它体现了劳动分工的细化与奴隶制的时代特征。在西方宗教的渊源之一的基督教思想中，劳动被看作一种惩罚。在圣经中亚当和夏娃，因为偷吃了禁果被赶出伊甸园时，夏娃就被上帝诅咒要承受生育的苦楚，而亚当则被诅咒要承受在土地上劳动的辛苦。在这样的语境中，劳动就成为一种惩罚。由此看出，在当时社会对体力劳动持否定的态度，正因如此，在漫长的中世纪时期，劳动也并非一种获得救赎的一个途径，而是一种禁欲的手段。

### （二）近代西方劳动思想

在西方社会，劳动从一个被贬低的对象转变成一个被赞颂和讴歌的对象的转折点是近代启蒙思想的诞生。首先，我们来讨论16世纪的宗教改革运动，这次宗教改革运动使劳动某种程度上有了积极的意义，同时劳动在社会上的地位也有所提高。

德国神父马丁·路德将宗教意义上的救赎与世俗生活中的信徒与劳动统一起来，这样也就赋予了劳动超越性的内涵。马丁·路德创造了德语中的"职业"一词。"职业"一词在德语中的原意就是上帝安排的任务。在马丁·路德看来，履行职业的劳动是上帝允许的唯一生存方式和个人道德活动的最高形式。后来，德国社会学家马克斯·韦伯将宗教改革所确立的新教伦理视作资本主义精神的源头。正因为职业成为天职，人们的日常劳动就具有了上帝赋予的人的生存意义。不是用苦修和禁欲来超越世俗的道德，而是完成个人的现实的责任和义务。因为在上帝面前，所有正统职业的价值都是完全相等的。

在17世纪后，英国启蒙思想家托马斯·霍布斯首先在资本主义商品生产的历史条件下开始将劳动纳入事业之中，用一种实用的态度来肯定劳动的现实意义。例如，在《利维坦》中，霍布斯就认为尽管对社会有意义的事业，如修复要塞，制造兵器和其他战争工具的真正的母亲是科学，即数学，但由于他们大多出自工匠之手，所以他们就应被看作工匠的产物，就像老百姓把助产婆叫作母亲一样。此外，霍布斯还提出商品是上帝赐予人类的物品，有些是可以免费获得的，有些是需要付出劳动换取的，因此，人的劳动力也被看成一种商品，人们可以有权利交换它，就像交换其他物品一样。在霍布斯之后，另一位英国的启蒙思想家洛克从论证财产权的角度赋予了劳动决定性的地位。在洛克看来，人以劳动的方式对物加以改造，从而确定了人对物的所有权的合法性，脱离了原来所处的共同状态。洛克对于劳动的看法在当时的历史条件下具有很强的革命性，因为他的目标直指封建土地所有制，此后的法国启蒙思想家卢梭在很大程度上也接受了洛克的观点，并在他的名著《爱弥儿》中就以爱弥儿种豆子的故事来讲述个人财产的合法性源于劳动的道理。除此之外，卢梭还反复强调劳动的重要意义，他认为不靠自己劳动吃饭的人都是贼人，劳动是社会上每个人都应尽的义务，不论贫富强弱，一切游手好闲的人都是骗子。卢梭认为，劳动特别是从事手工业劳动可以保障人的自由，卢梭认为手工业者只依靠自己的劳动，因此他是自由的。在卢梭看来，只有在劳动中才能获得真正的知识，他说与其不离书本，不如让他们在工厂里活动他的头脑和四肢，在活动中获得的知识更扎实更有效。

  英国古典政治经济学是启蒙思想影响下的重要结果之一，它所提供的劳动价值论更进一步为劳动确立了一种基础性的地位。古典政治经济学从根本上区别于之前的经济学说，英国经济学家威廉配第有一句著名的话，"土地是财富之母，而劳动则为财富之父"；此后被恩格斯誉为"国民经济学的马丁·路德"的亚当·斯密在他的《国富论》中进一步发展了劳动价值论，在他看来，物的真实价格及获得此物所需要的真实费用，是由获得此物所需要的辛勤劳动决定的。在亚当·斯密看来，不仅仅是农业生产，包括工业生产在内所有的价值源泉都是劳动给予的，但劳动获得一物的同时也付出了一定的代价、痛苦及麻烦。亚当·斯密还提出社会劳动分工，他认为劳动分工理论可以用来研究财富增长和社会发展，通过劳动分工可以大幅度提高社会生产力，推动社会的进步。亚当·斯密通过案例进行论证：如果一个劳动者承担扣针制造的全过程，那么无论怎么努力都不可能达到一天20枚的产量，但如果进行劳动分工，平均每天可以生产上万个扣针。劳动分工体现的高效性被大众发现，该思想对历史的进步产生了深远的影响。

  此外，亚当·斯密在《国富论》在这本著作中指出"一国国民每年的劳动，本来就是供给他们每年消费的一切生活必需品和便利品的源泉"，[①]劳动为人们生活提供可能。在《国富论》中他把劳动分为两类"耗费劳动"和"交换劳动"，他认为物品的真实价格是得到此物的真实费用，即制作此物所消耗的辛苦劳动；在进行物品交换过程中，它所值的价钱等于获得此物而免于转嫁在他人身上所付出的辛苦劳动；自己生产的物品是自己的劳动所得，通过货币或者货物可以与劳动所得的物品进行等价交换；亚当·斯密认为通过劳动所获得的物品具有劳动价值，我们可以通过比较劳动价值进行物品交换。这

---

① 亚当·斯密. 国民财富的性质和援引研究（上卷）[M]. 郭大力，王亚南，译. 北京：商务印书馆，1972.

样劳动就被赋予价格，劳动是第一价格，是原始的购买货币。在私有制经济形成之前，商品的价值决定于物品本身的"耗费劳动"，劳动者可以获得全部的商品。在私有制社会形成之后，他重新对生产物进行分配，其中工资归工人所有，是工人的劳动所得；利润归资本家所有；地租归地主所有，商品不能全部归劳动者一人所有。在亚当·斯密之后，大卫·李嘉图将劳动价值论又提升了一个水平。李嘉图所处的历史背景为机器大工业条件下的劳动，因此，李嘉图更侧重于从劳动数量角度来发展劳动价值理论，提出劳动时间决定劳动价值的判断。认为决定商品价值的不仅仅是直接劳动，还包括间接劳动。同时在看待劳动态度上，李嘉图显得更加冷静和中立，更着眼于物质生产的过程本身，他认为劳动是一种积极的品格。

作为德国古典哲学的集大成者，黑格尔在他的哲学观中也存在着对劳动的深入思考。他的思想来源于他从小对于以亚当·斯密为代表的英国古典政治经济学相关著作的研习，他将政治经济学融入自己的哲学体系之中。他从哲学角度对劳动进行了重新定义。他认为劳动是人塑造自我生命和世界的基本方式，是精神自我把握的中心环节。从两个方面对这句话进行理解，一方面，人们在社会中劳动，改造着社会，塑造着世界，在劳动中满足自己的生存需要。黑格尔指出人类劳动与动物的区别，动物是单纯地消耗自然资源，不会对自然进行改造，而人类劳动的过程是运用自然的过程，在利用自然的基础上对自然进行创造性改造，对自然进行肯定性否定从而建立新的东西更好地为人民服务。另一方面，黑格尔认为劳动是一种外化于人的一种表现形式，人们在劳动中感受到自身的存在价值，并把自己从自然中独立出来，摒弃了人完全是自然产物的观点，人是具有自我意识，独立存在的个体。黑格尔对劳动还有这样的描述"劳动是受到限制或节制的欲望，亦即延迟了的满足的消逝"，换句话说，"劳动陶冶事物"。在他看来，我们每个人都有自己的欲望，劳动就是一点点满足欲望的过程，劳动就会延迟我们的满足，延迟实现欲望的本身。为了满足欲望进行劳动的过程不是消灭消耗某一事物的过程，而是通过改造事物，创造事物实现欲望的过程，它使事物换了一种表现形式，不仅仅是简单地重新组合，而是多了什么或是塑造了什么。同时他用劳动来解决主人和奴隶的角色分配问题，通过劳动使二者相互承认，这是黑格尔现象学最成功的部分，也是黑格尔辩证法成功之作，原因在于他成功地在"精神现象学"中引入"陶冶事物"的观点，使其引出"劳动现象学"的萌芽，主人和奴隶通过劳动相互确认，从而使"精神现象学"转向了"劳动现象学"。劳动对劳动者的形象和塑造促使劳动者获得了自我的独立性，启蒙思想中对劳动的肯定也直接反映出近代空想社会主义思想中空想社会主义者对"不劳动者不得食"观点的支持，把人人平等的参与劳动看成理想的社会的一个基础。

韦伯对社会分工进行讨论，界定劳动是深入分析劳动分工的前提。韦伯对劳动的定义并没有一个完整的解释，他对劳动有三部分解释。首先韦伯提出"劳动是时间和努力本身的支出"的观点，这是一个单向的解释，我们不可以说时间和努力的支出就是劳动，这是不充分的。其次韦伯对劳动进一步解释，把经济与劳动结合在一起，劳动者为了获得经济而进行活动，经济作为内驱力指导劳动行为。最后韦伯进行常识上的界定，他把劳动界定成一种服务和工作，但并没有对非职业活动是否为劳动进行界定。韦伯对劳动种类进行划分：技术劳动、社会劳动和经济劳动三类。技术劳动是指在分工合作中和生产资料结合中所使用的技术手段；社会劳动是由生产资料和利润进行职业划分的社会现象；经济劳动是不同单位经济方面的拨用方式。后来韦伯将经济劳动划分到社会劳动之中，因此，韦伯最终将劳动划分为技术劳动和社会劳动两种类型。根据劳动类型的划分，韦伯又对社会分工进行分类，分为：技术性分工和社会性分工两类。技术性分工主要是劳动过程中的操作和功能；社会性分工主要是按照其在单位、组织和部门中的功能划分进行讨论。关于韦伯在技术性分工方面的论述比较成熟，他进行了较为标准化的分类，而且模式化程度较高。

西方近代启蒙思想对劳动思想作出了巨大贡献。首先，近代启蒙思想肯定了劳动对个体的价值和意义，劳动可以确保个人的独立和自由。其次，劳动可以在陶冶事物的同时塑造一个积极健康的社会主体。启蒙思想普遍肯定劳动对社会具有的价值，尤其体现在劳动作为财富源泉上。最后，在启蒙思想中，劳动也可以作为分析社会运行总结发展规律的切入点。近代启蒙思想家对劳动价值和意义的肯定，原因有以下几个方面，一方面，从根本上讲，所处社会生产力的不断进步，资本主义生产方式产生萌芽并迅速兴起，人们逐渐相信自己改造世界的能力，把神、宗教这些对人束缚的观点逐渐弱化，人们意识到自身改造能力的壮大，劳动逐渐变成光荣而伟大的事业。另一方面，资产阶级队伍的逐渐壮大，推动资产阶级逐渐走向世界的舞台来挑战旧制度和封建贵族的权威，启蒙思想在理论上最有力的武器就是指出了封建贵族是一个不劳而获的阶层，资产阶级理论家用劳动证明拥有私有财产的合法性。综合来看，近代的启蒙思想在劳动观上也存在着一些不足，近代启蒙思想家对于劳动的肯定是将其基于个体本位主义之上的，而不是将劳动置于社会关系中进行思考和讨论。另外，近代启蒙思想对于劳动思想是直观的，缺乏历史性和辩证性，他们对劳动的理解过于抽象，没有重视在历史进程中劳动形态的变化，在肯定劳动的同时没有给予劳动者应得的肯定和尊重。正是因为以上的局限性使得马克思、恩格斯及以无产阶级为代表的人民大众的思想家和革命家对资产阶级劳动观的批判与反思。

## （三）现代西方劳动思想

在马克思理论出现之后，劳动逐渐成为理解社会政治经济发展的一个主要的话题，围绕马克思主义劳动理论和西方社会经济发展的新变化，当代西方思想家重新审视劳动关系，并对其进行重新论述。卢卡奇在劳动地位观点上的论述与马克思相比有过之而无不及。首先，他以劳动为中心来论述社会存在的本体论。卢卡奇认为，人们在社会中进行最基本的实践活动就是劳动，劳动作为最基本的实践方式必然对社会的进步和发展起着至关重要的作用。卢卡奇理论中劳动直接被视为社会存在的本体，在其所著的《关于社会存在的本体论》这本书中他再次强调劳动与实践在理论和现实中的高度一致性，劳动不仅是社会实践的原型，而且所有的社会实践都是以劳动为基础展开的，是更复杂的多种劳动的结合体，劳动是社会实践的现实模型。因此劳动对社会实践和社会存在具有根本性和决定性意义。卢卡奇从历史唯物主义角度出发，揭示劳动的本质，解释劳动的本身的理论意蕴。

很多西方学者也对西方社会进行批判，并从不同角度对劳动问题进行深入的理解和思考。例如，美国社会学家马尔库塞，他批判那些拘泥于经济观的劳动问题研究，他强调用理性的态度对劳动进行把握，从促进人全面发展的角度分析劳动问题，坚持从现代社会的批判性进行分析。德国哲学家哈贝马斯基于交往行动理论对马克思主义劳动观进行反思，首先他肯定马克思以劳动辩证法论述劳动取代片面的反思辩证法。但是他也指出劳动辩证法在一定程度上削弱了反思批判性的能力，导致劳动解释领域的扩张和混乱。[①]美国政治理论家阿伦特从政治哲学角度，在制作、劳作和行动三方面对马克思劳动理论进行批判。

从上述有关劳动观的论述来看，人们所持的观点可以看作哲学本体论在现实社会上的外化，同时也与西方社会实践发展有密切的联系。通过对西方劳动观较为详尽的论述，可以为我们反思和洞察当前中国社会劳动观念的新动态提供指导和参考，具有启发意义。

## 二、中国传统的劳动观

中华民族具有五千年悠久的历史，是世界上最伟大的民族之一，在中国长期的发展过程中，形成了许多优秀的传统文化和优良品质。勤劳勇敢、艰苦朴素等优良品质影响着我们一代又一代青年的人生观和价值观的形成。自上古时期神农氏、尧、舜、禹时代开始，就极其重视劳动，中国传统历代统治者都十分关心农业生产，在礼仪制度、家庭和学校教育、家训家风教育及诗词歌赋中都有与劳动相关的内容，这些思想流传至今，对新时代中国劳动观的形成与发展有着深远的影响。

### （一）中国传统劳动的定义

恩格斯对劳动的定义为"是整个人类生活的第一个基本条件，而且达到这样的程度，以致我们在某种意义上不得不说劳动创造了人本身。"[②]劳动在人类进化过程中起决定性作用，劳动是人类适应自然、改造自然的一种特殊活动方式，具有一定的社会规律。在中国社会发展过程中，我们的祖先也在劳动中获得生存，在中国传统文化中，和劳动相关的基本内涵大致相同。

在东汉许慎所著的《说文解字》中，"劳"字属于"力部"，曰："劳，剧也。从力，荧省。荧，火烧门，用力者劳。勞，古文劳从悉"。[③]段玉裁对此进行解释，"劳"本义就是用力、出力的意思。和今天所说的体力劳动意思相近，因为古人经常要干农活和体力劳动，所以用"勤"来释"劳"的含义。在古代儒家、道家、墨家、法家相关著作对其全部都有所涉及，主要从三个方面进行诠释。首先，指操劳、劳累。在《论语》中"劳而不怨""有事弟子服其劳"，在《庄子》中"劳我以生，佚我以老""劳而无功"这些话语中都是进行操劳感觉劳累的意思。其次，是指忧虑，操心。在《韩非子》中有"臣有其劳"，其中"劳"是指为统治者分忧表示忧虑的意思。最后，是指进行农业生产劳动，在《墨子》中"民不耕而上足用，劳而不得息"这里的"劳"与当今"劳动"的含义基

---

① 陈治国. 关于西方劳动观念史的一项哲学考察：以马克思为中心[J]. 求是学刊. 2012（6）.
② 中共中央马克思恩格斯列宁斯大林著作编译局. 马克思恩格斯文集：第 9 卷[M]. 北京：人民出版社，2009：550.
③ 许慎. 说文解字[M]. 北京：中华书局，2006：292.

本接近。

"劳动"这个词在中国传统社会最早出现于《庄子·让王》"春耕种，形足以劳动，秋收敛，身足以休息；日出而作，日入而息，逍遥于天地之间而心意自得"，①此处用"耕种"指农业生产活动，"形足以劳动"中"劳动"的意思是指身体进行生产劳动的操作，与休息的意思相对。接着在汉代之前《论语》《孟子》《荀子》《礼记》等儒家经典及《史记》《汉书》中都不曾见过"劳动"一词，自魏晋之后，"劳动"一词开始在各种文献中多次出现并被广泛应用。例如，在《三国志·魏书·钟会传》中"诸葛孔明仍归秦川，姜伯约屡出陇右，劳动我边境，侵扰我氏、羌"。其中"劳动"具有"打扰""烦扰"的意思。在《三国志·魏书·公孙度传》中"既不欲劳动干戈"此处"劳动"是指"劳累"的意思，在《三国志·魏书·华佗传》有"人体欲得劳动"，此句话中的"劳动"与《庄子》中出现的意思基本相同，都是指身体活动。从相关古代文献中看，虽然"劳动"一词与我们今天所讲的生产和生活劳动不尽相同，但是并不能否认中国古代早期存在的有关生产生活方面的劳动。中国是传统的农业经济社会，在中国的历朝历代都强调农业对国家建立的重要性，农业的地位居于农业、手工业和商业之上，"四体不勤、五谷不分"之人极少，勤于劳动是中华民族优良的传统美德。

### （二）传统劳动观的演进

#### 1. 孔子：开启劳动道德化进程

华夏文明伊始，劳动因其产出商品而受到关注，在商周时期，对劳动的描述是从对产品进行诗化开始。在《诗经·芣苢》中通过"掇之""捋之""袺之""襭之"，一系列与动作有关的描述，体现劳动产品积累带给人们的喜悦。"十亩之间兮，桑者闲闲兮，行与子还兮"，描绘了一幅采桑女在田园间愉快劳动采摘的场景。在当时劳动完全与其产出相联系，劳动因其产品的产生而给人们带来的喜悦被美化。在《尚书》中"若农服田，力穑乃亦有秋"，农民只有努力地从事田间活动，努力播种才能有所收获。由此看出劳动产品是评判劳动唯一和价值的标准，劳动的重要性通过产品的数量和质量被展现。在《诗经·丰年》中有这样的记载"为酒为醴，烝畀祖妣，以洽百礼，降福孔皆""稷降播种，农殖嘉谷"，将祖先的庇佑和神的降福看成收获农作物的主要原因，他们在丰收之后祭祀祖先，劳动者更像是神和自然的守护者，如同农具一般具有物质性，劳动者首先作为被管理的对象，其次才作为劳动主体而存在。

随着儒家思想的出现，农耕时代作为劳动主体的"民"被置于儒家思想的框架之下，劳动者在劳动过程中的主导地位日益显现，在儒家民本思想的引导下，传统劳动观念进行变革性重构，给劳动贴上了道德的标签。孔子对待劳动的态度饱受争议，原因是他对"樊迟请学稼"态度多有偏颇，孔子将请学农事的樊迟称为"小人"，大多数学者认为孔子的这种行为藐视底层劳动人民，但评判像孔子一样的思想家的言论，不能脱离他所处的年代。从词源意思上来看，当时"民"的字义是指没有瞳孔的盲人。根据董仲舒所说"民之号，取之瞑也。"也不难发现这里所述的"民"与西周时期的民意义上是相同的，

---

① 陈鼓应. 庄子今注今译（下）[M]. 北京：中华书局，2007：744.

都是指一种物质性的盲目自然力。儒家思想以治国安邦作为自己的理论基础,儒家先把被统治对象作为"民"的第一属性,但还是深受春秋时期历史文化导致的阶级固有思想影响,沿袭西周已有的劳动观念,将"民"视为自然劳力的现象还依然存在。

孔子把农耕劳作主体的"民"放在儒家德治的视角下分析,使得传统劳动观具有道德的规定性,这是孔子为推动传统劳动观思想进步做出的巨大贡献。孔子强调"为政以德"运用道德原则进行国家治理,把"民"作为德治的主要对象之一,子曰:"道之以政,齐之以刑,民免而无耻。道之以德,齐之以礼,有耻且格。"意思是说,如果用法令去引导百姓,用刑罚去限制百姓,那么百姓在这样的社会中只会每天为怎样免于犯罪而生活,逐渐就会失去廉耻之心。在孔子回答子张:"和谓惠而不费"的问题上,他的解释是这样的:"因民之所利而利之,斯不亦惠而不费乎?择可劳而劳之,又谁怨?"让百姓在劳作的时间自由支配做自己想做的事情,这样谁会有怨言呢?孔子在论述君子的四种道德时有这样的描述,其中"其养民也惠,其使民也义",君子应对百姓有恩惠,役使百姓有恩惠,也体现他对劳动主体道德化的审视。一方面,孔子德治观点的加入使得劳动主体的地位不断提升,劳动在社会中的地位也有所提高;另一方面,也体现了儒学思想对劳动者的深切关怀。但需要注意的是,在当时"民"被看成是被管理者,属于自然劳动力,直到墨子思想的出现,劳动才真正被"解放"出来,劳动主体逐渐成了"民"的首要规定性。

2. 墨子:劳动主体地位凸显

根据历史记载,墨子善于工匠制造,在《公输》《鲁问》《韩非子·外储说左上》等文献中有大量墨子制造巧械的记载,在《备梯》《备城门》等篇目中,也体现墨子在建筑上的才能。国内很多学者甚至赋予墨子以"小生产劳动者的代表"的称号。春秋战国时期,百家争鸣。墨子作为底层劳动者的代表,深刻地阐述劳动的价值和重要性,可以将墨子的劳动观总结为以下几点。

劳动是人的特有属性。"今人固与禽兽、麋鹿、蜚鸟、贞虫异者也""赖其力者生,不赖其力者不生""今之禽兽、麋鹿、蜚鸟、贞虫,因其羽毛,以为衣裘;因其蹄蚤,以为绔屦;因其水草,以为饮食,今人与此异者也"。墨子将人和动物能够生存的原因进行比较,墨子指出,动物依赖自然条件和本能便可以生存下去,而人类为了能够生存只有通过劳动才可维持。由此可见,人首先要作为劳动主体价值出现,然后才能是被统治者和管理者,这是墨子打破历史的固有思维,具有颠覆性的劳动观念,在中国传统劳动观念中,墨子"赖其力者生"的论述第一次指出劳动对维系人类生存的必要性,充分体现劳动的社会价值。

否定"命定之说"。在墨子生活的年代,命定之说极为盛行。"执有命者以杂于民间者众",主张信命之人多出在民间,在他们眼里,命里有福则福、命里富裕则富裕、命里混乱则混乱,墨子认为,"夫岂可以为命哉?故以为力也!"人的生活方式不应该依靠命运,应通过劳动而获得。他从命运的层面肯定了劳动者劳动的主体性和主动性。墨子还指出如果坚持命定之说而将会导致民众"贪于饮食,堕于从事"、君王"亡失国家,倾覆社稷"的后果。在《墨子·飞命(下)》中,用农民辛苦劳作举例进行论述,"今也农夫之所以早出暮入，强乎耕稼树艺，多聚叔粟而不敢怠倦者，何也？"墨子曰："彼以为强必富，不强必贫；强必饱，不强必饥。故不敢怠倦。"农民早出晚归努力耕作积累粮食而疲倦的原因是，农民们认为积累大量富足的粮食才能吃饱饭，为了不因为没有粮食而饿肚子就应该辛苦劳作，不敢有一丝懈怠。墨子还在有关著作中论述了社会各个阶层人们努力工作的原因不是因为宿命，而是认识到劳动对命运的积极作用。

劳动促进治国安邦。首先，墨子认为富裕与劳动不可分割，财富是劳动的产品，通过辛勤劳动便可获得财富的结果，两者之间存在必然的联系。在西周时期，卑贱、鄙事、贫苦是劳动的形容词，富裕等积极词语是指那些不直接从事劳动的权贵和统治阶级的头衔，墨子首次指出财富的主要来源是底层劳动者，墨子在书中曾多次提及"下强从事，则财用足矣""不与其劳获其实，已非其所有取之故"，如果不通过劳动而获得果实，那么就是取得了不属于自己的东西。墨子的这个观点在当时体现了对统治阶层的挑战，也是传统劳动观的一次重大变革。其次，墨子认为只有劳动者各司其职，各尽其力，社会才会安定，国家才会长治久安。"凡天下群百工，轮车、鞼鞄、陶冶、梓匠，使各从事其所能""能谈辩者谈辩，能说书者说书，能从事者从事"。如果天下所有能工巧匠在修车、皮革、陶瓷、冶炼、木匠等方面都发挥自己的才能，能论辩就去论辩，能讲书就去讲书，能做事的人就去做事，这样社会才会顺意，国家定会安稳。

劳动要遵从天意。墨子重视"天志"，认为劳作应该顺应自然，尊重天意。墨子认为将一年分成春夏秋冬四季，是上天在让我们知道只有顺时劳作，方能有所收获。"雷降雪霜雨露，以长遂五谷麻丝，使民得而财利之，赋金木鸟兽，从事乎五谷麻丝，以为民衣食之财。"降下风霜雨露，万物得以生长成熟，从事五谷丝麻者，便可以使老百姓供给财用，这便是顺应"天意"带来的益处。墨子认为只有辛勤劳动才能符合上天的安排。他的这个观点在当时的社会具有超越性价值。但墨子对"天志"的理解还存在一定的朴素性。孙启治先生对此有这样的评价："他（墨子）所谓的天志。这个上天的意志不是别的，而正是他自己'兼相爱、交相利'思想的神格化。"[①]由此可见，墨子尊重"天志"的劳动观具有时代超越性，但还不彻底，仍然受到封建社会的影响带有明显的世俗化和社会化的特征。直到道家思想的出现，劳动才与精神上的自由得以充分结合。墨子被称为"劳动者的圣人"，虽然在当时不能被社会完全接受，但是他的劳动思想在如今有着极其重要的指导性价值，他的思想适用于和平年代、平等的年代、思想开放的年代，值得我们认真学习。

3. 孟子：劳动观的巨大转变

孟子处在战国时期，是儒家学派继承人。在当时，社会劳动只局限在体力劳动上，人们在思想观念还不承认除体力劳动外的其他劳动形式，孟子根据当时的社会现状表达了自己丰富的劳动观念。

掌握劳动条件论。掌握得以产生劳动的条件是劳动顺利开展的前提。孟子从军事角度论述"天时""地利""人和"三者之间的联系：他认为"天时不如地利"，在进行军事作战中地理位置选择比时间选择更重要；"地利不如人和"比地理优势更重要的是人心向

---

① 孙诒让. 墨子间诂[M]. 孙启治，点校. 北京：中华书局，2001.

背，人民拥护事半功倍。在《孟子·公孙丑下》这篇著作中孟子也对"天时"和"地利"进行精辟的讲解。一方面，孟子认为世间万物都有自身运行的规律，在日常生活中不可随意地改变甚至违背规律，理应顺应自然和规律，"无失其时"。孟子从三个方面对劳动时间观进行说明。在农业生产方面应"不违农时"，孟子举例论证，如果平民百姓尊重农耕规律"勿夺其时"，那么百亩田地足够数口之家解决温饱问题。在林业生产方面，"斧斤以时入山林"，劳动人民在进入山林地区工作时不得毫无节制地乱砍滥伐，要根据树木的生长规律进行耕作，保障树木的接替生长，常用常新。孟子举例说："五亩之宅，树之以桑，五十者可以衣帛矣"，意思是如果每家给五亩土地的住房，并在周围种上桑树，这样等五十年之后家家户户每个人都可以不为丝绸棉衣发愁。在饲养牲畜家禽方面，要准备充足的时间去喂养"鸡豚狗彘之畜"即可保障七十岁以上每个人都可以吃到肉。孟子从保障基本民生的农业、林业、畜牧业三方面进行分析，总结出，百姓只要做到"无失其时"就可获得充足的生活资料。此外，孟子还指出需要重视百姓的休息时间，齐宣王喜好游乐，孟子对其进行劝诫：要乐民之所乐，忧民之所忧，即可达到"民亦乐其乐""民亦忧其忧"。如果违背天意和自然规律，兴师动众，就会导致"饥者弗食，劳者弗息"，严重影响农业生产（《孟子·梁惠王下》）。另一方面，孟子以劳动比喻统治者，"为高必因丘陵，为下必因川泽"，统治者在治理过程中推行以"仁"为政。在劳动过程中不得蛮干，要掌握方法，以势而行，方可事半功倍。

劳动劳力论与劳心论。随着社会生产力的发展，社会大分工模式逐渐形成，农业、畜牧业、手工业和商业都取得了一定的进步，在这样的社会背景下，孟子对劳动分工进行论述："有大人之事，有小人之事"，意思是官吏有官吏应该做的事情，平民有平民应该做的事情，这里也体现出孟子在社会分工中的阶级性。"百工之事固不可耕且为也？"，孟子用工匠进行反问，难道治理天下之事可以一边种地一边完成吗？"一人之身，而百工之所为备"，只要是我们生活中使用过的产品，都需要各类各种掌握技能的工匠一起完成的，单单靠一个人是很难实现的。由此，孟子提出"劳心者治人，劳力者治于人""治于人者食人，治人者食于人"的观点，在工作中大家各司其职。在当时社会，大家对劳动分工已经形成了较为成熟的观点，并逐渐成为大多数人的共识。"劳力者"是指社会上从事体力劳动的群体，孟子对体力劳动者有不同的称呼，其中，大家熟知的"民"最为普遍，其他还有庶民、黎民、百姓、农夫等；对某一国家"民"的称呼大多为"燕民""燕众"；对人类整体称呼为"生民"。在孟子劳动分工理论中，劳力者皆为被统治者，受统治者支配；劳心者主要从事脑力劳动，为管理者。在孟子所处的时期，脑力劳动者是指"王""君""寡人""大夫""仁者""贤者""君子""士""诸侯""臣"等统治者，也包括知识分子，因此孟子称"劳心者治人"具有一定的剥削阶级意味。但孟子劳力论和劳心论的出现在当时的社会有着深刻的现实意义。

劳动精神观。劳动不仅是一种体力活动，也是一种精神上的行为，在孟子的劳动精神观中，认为统治者应该实行仁政，百姓在其治理下感到快乐，便乐于受其驱使，为其服务，进行劳动。同时培养百姓勤俭节约的道德风尚，尊重劳动成果，辛勤劳动。"以民力为台为沼，而民欢乐之。"此话出处在《孟子·梁惠王上》中，周文王消耗百姓的力量修筑台子和池子，而百姓还乐于为此劳动的原因在于周文王做到了与民同乐。孟子用周文王的例子劝诫梁惠王，百姓为贤明者付出劳动是开心的并感到自豪，这说明在一定程度上劳动还受到情感方面的影响。孟子的劳动欢乐观思想在当今社会依然受用，当我们从事的工作是我们感兴趣的，那么我们就会以一种愉快的心情去工作，就算遇到困难也会用一种积极的态度去面对，愉快地去解决。孟子极其厌恶浪费粮食的行为，"狗彘食人食而不知检，涂有饿莩而不知发"，诸侯贵族家庭把人的吃食给猪狗牲畜吃而不知制止，在路上看到快要饿死的人却不知开仓救济。百姓辛苦耕种获得粮食极为不易，孟子提倡勤俭节约，辛苦劳作，孟子的勤俭劳动观对后世的影响也十分深远。

劳动主体论。在《孟子·尽心章句下》中对"民"的地位有这样的描述："民为贵，社稷次之，君为轻，是故得乎丘民而为天子"，百姓是最重要的，然后是国家社稷，最后才是国君。由此看出，孟子对劳动主体"民"的地位进行革新，认为"民"是维持社会和谐稳定的首要因素。在孔子的劳动观中"民"被看作被管理者，然后才是劳动主体，孟子成功地提出应把"民"为劳动主体摆在首位，逐渐淡化被管理者的思想。孟子提出的有关"制民之产""薄其税敛""取于民有制""不违农时"，目的都是保障劳动者能有充足的时间和精力去进行生产劳动，免受统治者管束。孟子强化劳动的行为与劳动结果之间有必然联系，以此来提高劳动主体的积极性，劳动的社会地位也因为主体地位的提升而逐渐受到尊重。

总的来说，孟子劳动观提出的主要目的是劝诫君王要实行仁政，他的观点都来源于生活实际，通过对真实事件的观察而提出，具有很强的说服力，在当时社会被广泛接受。

4. 老庄：道家关注劳动的主体价值

儒家和墨家的劳动思想主要从劳动的主体、生产成果等外部层面来描述劳动观，体现劳动价值的，劳动行为主体的价值还没有被关注和了解，虽然百姓在劳动过程中被迫感和痛苦得到一定的缓解，但是并没有被完全根治。道家关于劳动观最大的贡献在于发现劳动及行为本身的内在价值，为解决劳动异化问题提供了突破口，完善了传统的劳动观念。

老子拒绝欲望对劳动的异化。异化问题在先秦时期就已经出现，在人类活动的种种异化现象中，道家代表人老子对劳动、对人本质自由的异化有这样的解释，老子侧重对异化问题的揭露，对社会礼制的过分重视、对纹饰繁缛的过分偏爱、对欲望的过分追求都是对人类本真状态的一种异化，这种异化的出现就会导致人本身的苦难及社会劳动力的浪费。老子在《道德经》第十二章中对其观点进行描述"五色令人目盲；五音令人耳聋；五味令人口爽；驰骋畋猎，令人心发狂。"沉迷于五彩斑斓的世界则会使自身迷失看不清自己；沉迷于世界上动人的音乐则会使自己听不见内心真正的声音；整日沉迷于美食则会使自己吃糊涂；过分沉迷于娱乐打猎（打猎为当时最受人追捧的娱乐）则会毁掉自己。老子通过举例的方式告诫世人过分追求欲望而带来的危害。老子道："大道甚夷，而民好径。朝甚除，田甚芜，仓甚虚，服文采，带利剑，厌饮食，财货有余，是谓盗夸，非道也哉"，明知大道平坦而君主却选择邪径，朝堂腐败，田间荒芜，粮仓亏空，而君臣却穿锦绣华袍，佩锋利宝剑，吃美食，财产富足，这就是土匪强盗行为。应该正确利用劳动成果，拒绝奢靡浪费，不能在物质世界迷失自己，做到返璞归真，减少对劳动主体的压迫。"去甚、去奢、去泰"绝巧弃利。

庄子劳动与道的统一。庄子同样作为道家思想的集大成者，他将劳动过程中的主体、劳动对象与"道"相统一，他将探索劳动过程中的"道"，立足于实现劳动主体、劳动对象和"道"三者的统一。所谓劳动异化，马克思有明确的解释：劳动使人痛苦的根源为劳动包含不同程度地对自我本质（自由）的异化。[①]在劳动过程中，劳动主体肉体和精神被迫屈从于劳动对象和劳动工具甚至包括劳动所产生的物质必然性，这便是劳动异化现象产生的原因。如若想要破解主体精神自由与劳动对象之间的对立关系就必须让二者实现统一。庄子认为解决这一劳动异化问题的关键是将二者统一于"道"上，这样便可实现主体自由与对象的统一。所谓道家思想的核心便是让所有人都处于合乎"道"的环境中，简单来说，世间万物都有自己的"道"，我们作为行为主体在劳动过程中通过反复尝试、寻找、发现、感悟其中存在的"道"，这便是顺应了客体及劳动对象中的"道"，主体和客体在体悟中便可实现有机统一。在《庄子·养生主》中，记载着著名的庖丁解牛的故事：一开始"臣之所好者道也，进乎技矣"；三年之后"未尝见全牛也"；现如今"臣以神遇而不以目视，官知止而神欲行"。庖丁是劳动的主体，他在不断地劳动过程中探索出了解牛之"道"，在三年之后庖丁逐渐忘记牛也就是劳动对象的存在。庖丁就在这一劳动过程中实现了物我两忘、主客体之间的统一，以达到神遇不以目视、出神入化的劳动境界。在《庄子·达生》中有"梓庆为鐻"的典故，梓庆是鲁国一位著名的木匠，他削木为鐻，雕刻出来的成品被大家屡屡称赞为鬼斧神工。鲁侯很好奇，便去询问此等高超的技艺是如何得来的，梓庆特别谦虚地说："臣将为，未尝敢以耗气也，必齐以精心。"斋戒七日之后达到"辄然忘吾有四枝形体"的境界，梓庆在静心的过程中使主体合于天道，最终他所体悟的不仅仅是劳动对象，也不是某种实在的物体，而是"然后入山林，观天性，形躯至矣，然后成见鐻"。庄子还记载了"佝偻承蜩""吕梁丈夫蹈水"等典故，其中所表达的都是在劳动过程中，只有真正做到"以天合天"的境界便可以消除主客体之间的对立关系，把劳动与"道"实现统一。

## （三）汉代及以后中国古代思想家们的劳动观

汉武帝时期，官吏奢靡，互相攀比，使得劳动人民备受剥削，董仲舒意识到问题的严重性，于是向汉武帝提出调均建议。董仲舒要求官员们要有节制地生活，如果人人都随心所欲，奢靡浪费，那么社会必将产生动乱。同时要在一定程度上保障劳动人民的基本权益，他坚决反对食禄者与民争利。总之，董仲舒不仅提倡要尊重劳动成果，杜绝奢靡浪费，而且鼓励保障劳动者的基本权益。魏晋南北朝时期，持续的战乱和动荡使得广大劳动人民苦不堪言，思想家傅玄主张要轻赋役，以此充分调动劳动者的积极性。通过此项措施可以极大地安抚民心，增强社会稳定性。除此之外，他还提出应该避免奢靡腐败的行为，珍惜劳动成果，节俭生活。隋唐时期，农业、商业和手工业发展繁荣，虽然"学而优则仕"的观念仍占主导地位，但是不乏部分有识之士已经认识到了劳动不分高低贵贱的道理。例如，思想家韩愈在其著作《师说》中说道："闻道有先后，术业有专攻，如是而已。"韩愈认为，人习得知识的先后不同，所具备的技艺各有所长，仅此而已，这

---

[①] 马克思.1844年经济学哲学手稿[M]. 北京：人民出版社，1979.

体现了韩愈对劳动人民的肯定。

宋明时期，理学成为占据主导地位的思想体系，程朱理学和陆王心学分别成为两个时期的官方哲学。朱熹主张"格物致知"，万事万物都有其道理，只有先接触事物、研究事物，然后才能明白其中的道理。既然格物致知的理念适用于万事万物，那么对待劳动也一样，只有亲自从事劳动，在劳动中不断地思考，才能掌握其规律。王阳明主张"心外无物，心外无理"。他强调，追求的是心灵至善和道德的完善，万事万物都归结为心灵意念，如此看来，劳动最终也是归结为至善，因此劳动要符合道德规范。清朝时期，出现了顾炎武、王夫之和颜元等思想家，他们的思想主张大多偏向于实用主义，其"经世致用"思想的背后蕴含着深刻的劳动观。尤其是颜元提出"人不做事则暇，暇则逆，逆则惰、则疲。暇逆惰疲，私欲乘之起矣"，这一主张简明扼要地揭示了劳动的意义在于使人的心灵有所寄托，减少人的私欲之心。

另外，我们还知道许多中国古代思想家善于去从事农业劳动，并在很多文中对劳动和劳动者进行描述和赞赏。例如，陶渊明，白居易和李绅，就是典型代表。宋代词人辛弃疾还将自己的字定为贾轩，在中国传统文化中，从事农业生产劳动经常与读圣贤书相提并论。在农耕生产出现之后，中国逐渐形成了极具中国特色的耕读文化。常言道，"耕读传家远，诗书继世长"，传统士大夫、知识分子往往同时也是官员治理者。由于传统社会大多以农业生产为社会经济基础，要求知识分子要懂得生产劳动，要了解体察民间疾苦，这是每个人最基本的要求，正因如此，在中华民族的传统中，勤劳始终是最重要的美德之一。

扩展阅读 2-1

## 三、马克思主义劳动观

马克思主义劳动观的出现是人类劳动学说史上的里程碑。马克思以唯物史观作为理论基础，并对政治经济学进行深入的研究，使马克思主义劳动观不断发展。在历史的见证下，马克思主义劳动观不但为人类劳动学说提供了坚实的理论基础，而且对实现中华民族伟大复兴的中国梦、建设中国特色社会主义具有重大意义。

### （一）马克思主义劳动观的形成与发展

马克思有关劳动观点的形成与其年轻时学校、家庭与社会三方面的经历息息相关。马克思在担任莱茵报主编时看到劳动人民在身体精神及物质上受到的重重困境，便更加坚定要为人类更加幸福劳动创造出新思想，因此马克思关于劳动观的认识与研究由此开始。

1. 为实现全人类幸福而劳动

《青年在选择职业时的考虑》是马克思有关劳动观研究的第一篇文章，他在文章中第一次提出人类是为幸福而劳动的观点。人们在选择从事某种劳动时要听从自己内心的声音，"我们对所选择的职业是不是真的怀有热情？发自我们内心的声音是不是同意选择这种职业？我们的热情是不是一种迷误？"[1]他还指出在选择劳动职业时也要参考社会发展

---

[1] 马克思，恩格斯. 马克思恩格斯全集：第 1 卷[M]. 北京：人民出版社，1995：456.

规律、身心发展情况和父母的意见经验进行选择，不要盲目自信，也不要被虚荣心驱使。并且马克思也提出了关于劳动尊严问题，他指出我们的劳动是为了实现全人类幸福与我们自身完美的，为了实现这一目标，我们所选择的任何职业劳动都不过是一种手段。所以我们要选择使我们获得最高尊严的职业，才能使我们不断接近我们的共同目标、使我们更加脚踏实地为人类做出贡献甚至牺牲生命，使自己高尚，社会也就高尚起来。马克思主张为人类谋福利，而劳动实现个人价值与社会价值的统一，我们的幸福同样也属于千百万人。

2. 主张人类进行自由劳动

马克思在担任主编期间开始涉足物质利益问题，在《关于林木盗窃法的辩论》一文中，马克思指出枯树枝并不属于林木占有者，所以贫苦劳动人民捡拾枯树枝属于一种自由的劳动行为，是在封建地主背景下自然赋予贫苦人民的一种习惯权利，这种习惯权利"按其本质来说只能是这些最底层的、一无所有的基本群众的劳动权利，具有自由性。"[①]在《1844年经济学哲学手稿》中，马克思对资本主义社会异化劳动进行批判："劳动的产品，作为一种异己的存在物，作为不依赖于生产者的力量，同劳动相对立。"[②]资本主义社会主张的人与人之间的劳动是对立的，以争夺资本为目的，以劳动为手段，彻底异化了劳动之间的关系使得劳动丧失了活性和生命特征。马克思指出必须进行社会主义革命，彻底消灭异化劳动，这样人民在劳动关系中才是自由的，人类解放的社会才能真正到来。

3. 物质生产劳动是社会历史展开的前提

马克思主义劳动观在批判资本主义异化、宣传自由劳动的过程中不断地发展，提出物质生产劳动是社会历史展开的前提。马克思在恩格斯的帮助下运用历史的眼光看问题，推动劳动观上升到社会历史领域，使其取得了重大突破。马克思在《德意志意识形态》中，指出"我们首先应当确定一切人类生存的第一个前提，也就是一切历史的第一个前提，这个前提是：人们为了能够'创造历史'，必须能够生活"，[③]马克思强调全部历史的第一个前提就是人类的物质生产劳动，人类只有具有自由地施展自己的物质生产的能力，才能维持基本的生产生活并进行自然资源的改造，在改造自然资源的同时改造自身。综上来看，物质的生产劳动是满足自己生活方式的基础，是区别于人与动物、自然之间的劳动关系。

在马克思看来，物质生产劳动是满足人们生产生活的基本需求。随着科技水平的不断提高，人们只有通过生产劳动对物质资料进行再生产才能满足人们的需求。劳动既包括自然关系也包括社会关系，人类在繁衍后代的过程中产生自己的后代，也会产生新的社会关系，马克思已经认识到，在复杂的生产劳动关系中只有从人与人形成的社会关系出发理解劳动观，才能认识到劳动对社会历史的作用。马克思认为人满足自身目的的过程就是运用劳动改造自然的历史过程，人们通过生产劳动推动社会进步和变迁，人们也

---

① 马克思，恩格斯. 马克思恩格斯全集：第1卷[M]. 北京：人民出版社，1995：248.
② 马克思，恩格斯. 马克思恩格斯文集：第1卷[M]. 北京：人民出版社，2009：156.
③ 马克思，恩格斯. 马克思恩格斯文集：第1卷[M]. 北京：人民出版社，2009：531.

在自己的劳动过程中进行自我革命。在《德意志意识形态》文章中马克思对劳动观的内涵进行重新界定，与哲学信仰划清界限。从物质生产的角度出发，确定了劳动在社会历史发展中的地位和价值，从唯物主义历史观角度出发，使马克思主义劳动观取得质的飞跃。

4. 如何实现自由劳动

自由劳动在马克思经典著作中经常出现。马克思在《1857—1858年经济学手稿》中揭示了自由劳动实现的途径与特征，推动了马克思主义劳动观的发展。其中还指出，资本主义社会下的异化劳动是通过强制性的雇佣劳动实施的，其具有强制性的特征。而劳动的本质是自由的，自由劳动是人运动的本质属性，是自我实现的过程。马克思认为社会中的过程不能仅仅通过价值的交换作为依据，劳动生产所获得的利润不能单单通过缩短必要劳动增加剩余劳动而获得利润，而是需要通过科学技术提高机械效率将社会必要劳动时间降到最低限度，人类就有更多的时间和精力从事科学艺术创作。在这种生产形式下，人们可以在社会中自由劳动，获得全面发展，推动劳动自由。这种自由劳动过程也呈现出严肃性与紧张性。马克思否定傅立叶娱乐活动就是自由活动的观点，自由劳动是"例如作曲，同时也是非常严肃，极其紧张的事情"。[1]社会应该根据劳动时间规律制定合理的劳动时间规划，人们在完成必要劳动时间的基础上运用闲暇时间来增加自己从事艺术科技创造。正确科学地适用自由劳动时间，不但可以提高效率还能满足社会需要提高社会效率，所以自由劳动既具有科学性和社会性还具有紧张性和严肃性的特征。在《1857—1858年经济学手稿》中马克思认识到机械大生产与劳动之间的联系，推动马克思主义自由劳动观的进一步发展。

5. 指出消灭雇佣劳动解放劳动力

马克思在憧憬未来社会雏形时提出自由人联合体的概念，"代替那存在着阶级和阶级对立的资产阶级旧社会的，将是这样一个联合体，在那里，每个人的自由发展是一切人的自由发展的条件"。[2]人们在马克思所构建的社会中可以实现运动解放、政治解放、经济解放、社会精神的解放。马克思在《共产党宣言》中指出无产阶级在资产阶级发展的过程中逐渐成长起来，无产阶级者为了生存与发展必须及时消灭阻碍社会生存的劳动因素。但要强调的是，消灭的不是劳动本身而是限制人劳动自由的行为和特征。资本主义的雇佣劳动，劳动者获得的仅仅是维持自身生存的基本工资，而无产阶级所构建的社会主义的劳动是解放禁锢在劳动人民手脚上的枷锁，获得劳动上的自由，最终每个人都可以获得全世界。马克思坚定地认为"资产阶级的灭亡和无产阶级的胜利是同样不可避免"[3]的论断。消灭雇佣劳动实现人民自由劳动的组织者和带头人只能是也只有无产阶级。资本家把工人看作一种生产机器、一种商品、一种劳动工具，劳动者在资本家压迫下艰难度日，于是无产阶级队伍不断壮大，渴望生产自由的工人及一部分知识分子和理论家。人们逐渐发现无产阶级一切目的就是为人民谋幸福，为人民谋福利，代表人民与社会的未

---

[1] 马克思，恩格斯. 马克思恩格斯文集：第8卷[M]. 北京：人民出版社，2009：174.
[2] 马克思，恩格斯. 马克思恩格斯文集：第2卷[M]. 北京：人民出版社，2009：53.
[3] 马克思，恩格斯. 马克思恩格斯文集：第2卷[M]. 北京：人民出版社，2009：43.

来。无产阶级致力于消灭私有制，解放雇佣劳动，共同建设共产主义社会，无产阶级推动人自身需要与劳动价值有机统一，最终获得解放。马克思坚持从唯物史观的角度不断揭示劳动内涵，阐述关于劳动的本质，促进马克思主义科学劳动观的形成，为劳动观的发展做准备。

6. 明晰劳动概念

马克思最早在《资本论》一书中对劳动概念进行概述，并给予准确的定义："劳动首先是人和自然之间的过程，是人以自身的活动作为中介、调整和控制人和自然之间的物质变换的过程"。[①] 这是马克思关于劳动观的第一个观点。马克思通过人与自然之间的物质交换分析运动的属性。一方面，劳动具有人的属性，劳动的主体是人，是人通过劳动作用于自然，改造自然，创新自然。劳动的作用是相互的，在改造自然的同时也在改造人的自身，实现人的自然化和自然的人化相互作用。人在进行劳动的过程中，每个个体、每个器官、每次的认知能力都在劳动的过程中发生变化，推动人自身不同程度的变化。另一方面，劳动是一种有目的性的行为。马克思认为，人在决定是否采取劳动之前就已经对结果进行初期预判，并在大脑中进行保存，这与亚当·斯密认为人与动物一样在劳动过程中创造出等量价值的观点相悖。同时，马克思肯定劳动最先满足的是人生存的需要，没有劳动就没有对生活的需要，自然也就推动不了人与自然间的关系，自然人类就没有办法生活，更不用说进行其他活动的能力了。从此可以看出，劳动是物质进行交换的一种手段，是生命的不断延续，人与自然之间建立互动关系的关键。马克思在劳动概念中明晰地表明劳动可以促进人与自然之间的对立统一，推动二者之间的物质交换，使人与自然之间和谐共生，推动社会可持续性发展。

纵观马克思主义劳动观的形成与发展，为实现为人类谋幸福的劳动和人类主张自由劳动的观点是马克思建立的劳动观雏形，由于缺乏科学的世界观和方法论支撑，理论还处在初始阶段，但为后期的发展做了充足的准备。接着在恩格斯的帮助下，马克思从历史唯物主义角度出发对劳动观进行进一步的研究，提出物质生产劳动是社会历史展开的前提，使得劳动的内在本质和概念更加明晰，马克思不断思考如何实现人类自由劳动，逐步促成劳动观相关理论的建立。最终马克思总结出关于马克思主义劳动观概念，指出只有取消雇佣劳动，实现人与自然的对立统一，实现人与自然的和谐相处，才能使人类实现真正自由的劳动。在劳动观的形成和发展阶段，马克思赋予了劳动新的生命力，为马克思劳动观的深化提供理论前提。

## （二）马克思主义劳动观的主要内容

1. 劳动推动人与自然间的物质交换

根据马克思关于劳动的论述，马克思认为通过劳动，人与自然之间的关系不断加强，劳动在人与自然之间起着中介的作用，劳动促进人与自然之间进行物质交换，同样也控制着两者之间物质交换，还起着调节两者之间的关系的作用。

劳动的主体是人，人们为了实现自己的目的而进行劳动并且改造社会自然。在劳动

---

① 马克思，恩格斯. 马克思恩格斯文集：第 5 卷[M]. 北京：人民出版社，2009：207-208.

的过程中对自然进行生产和消费进而获得生活资料,在物质交换的过程中人们产生大量的废弃物,包括生产废弃物和消费废弃物。这些废弃物也一同参与到劳动的物质交换中与自然一同进行下一次循环。自然具有自我调节和治愈的能力,生态系统在没有人类参与之前仅仅是依靠自然界的力量进行自我修复来维持正常运转的。但随着人类社会的发展,尤其是资本主义社会的出现,使自然界受到重创,人类对自然的破坏已经超过自然界自我调节的程度,所以人类要充分发挥主观能动性,通过劳动对人与自然的关系进行有机调整,维持自然界的可持续发展。例如,工业革命对自然环境的污染是一种相对立的劳动,随着经济的发展和社会的进步,人们环保意识不断增强,对环境治理越来越重视,人们进行劳动的过程逐渐变成人改造自然过程与社会过程的统一,成为塑造人和人类社会的重要条件。

2. 劳动创造社会化的人促进社会进步

马克思认为"劳动创造了人本身",[①]这是劳动对人类最首要的价值,人类之所以能摆脱最早的猿类,告别动物状态最主要的原因就是劳动。劳动促进人直立行走、四肢更加灵活、头脑更加发达、语言体系更加完善,从而实现了从猿到人的完美进化过程。劳动也使生物人成为真正意义上的社会化的人,马克思认为"人是一切社会关系的总和",[②]人们在一定的社会关系中完成社会化人转变的过程也是人的本质形成的过程。人们在社会中进行丰富的社会实践活动、形成了错综复杂的社会关系、形成了丰富多彩的社会活动、创造了丰富的物质资料,劳动创造了完整的社会化的人。马克思认为,劳动是人类生存发展的唯一手段,"任何一个民族,如果停止劳动,不用说一年,就是几个星期,也要灭亡"。[③]可见劳动对人生存和生活的重要作用,人只有通过不断的劳动,维持我们的生活。人们与自然界相互作用,创造新的生存环境,这种相互作用就是劳动的过程。

在马克思关于劳动的相关论著中也指出劳动不但创造社会化的人,也塑造人类社会。主要体现在一方面,从封建社会的手推磨生产到资本主义蒸汽时代再到电气时代和现在的信息化时代,人们通过劳动不断转变社会结构,改变着人们的生活方式。另一方面,马克思认为一切社会活动的前提都是物质的极大满足,只有物质生活越丰富,社会生活才能越精彩。人们精神生活、政治生活、经济生活都需要依靠劳动作为支撑才能顺利地开展。最后,劳动塑造社会意识。马克思认为物质决定意识,意识随着存在的变化而变化,通过劳动,人们才能产生对人类、社会、自然及未来的正确认识。综上,劳动对人类的进步和社会的发展有重要作用,劳动是人和社会发展的基础,是创造社会财富的尺度,阶级社会的消亡必然是以劳动形式的进一步发展为基础的。[④]

3. 劳动是创造价值的唯一源泉

自然为劳动提供充足的物质资源,劳动的过程就是把劳动资源变成财富的过程,在这一过程中生产商品的劳动可以分为抽象劳动和具体劳动两类,具体劳动指的是生产物

---

[①] 马克思,恩格斯. 马克思恩格斯文集:第9卷[M]. 北京:人民出版社,2009:550.
[②] 马克思,恩格斯. 马克思恩格斯文集:第1卷[M]. 北京:人民出版社,2009:501.
[③] 马克思,恩格斯. 马克思恩格斯文集:第10卷[M]. 北京:人民出版社,2009:289.
[④] 吴学东. 马克思劳动思想研究[M]. 北京:中国社会科学出版社,2018:257.

品的使用价值，是劳动的具体形式。抽象劳动是指无差别的人类劳动，人们在劳动过程中消耗的体力和脑力是最直接的抽象劳动，是以自身为中介形成的商品价值。具体劳动和抽象劳动共同构成劳动的二重性。

《资本论》中对劳动进行两种分类："一方面是人类劳动力在生理学意义上的耗费，另一方面是人类劳动力在特殊的、有一定目的的、形式上的耗费。"马克思认为任何商品都是由价值和使用价值构成的，具体劳动可以决定采取什么样的劳动，具体劳动的性质不同，表现形式也不同。抽象劳动是凝结在商品中的无差别的人类劳动，它们在质上没有差别，只在量上存在不同，抽象劳动本身不等于价值，只有依附在商品上才能形成价值，生产一个商品就必须投入一定劳动，劳动是创造价值的唯一源泉。马克思对资本家剥削工人劳动力的行为进行分析，资本家生产的目的不是商品的使用价值而是剩余价值，所以资本主义私有制造成了工人的劳动与其劳动条件的分离，造成劳动的异化。工人为资本家生产的财富越多，工人创造的商品数量也就越多，但它就会变成廉价商品，当资本主义生产物的增值与人的贬值成正比时，私有制劳动必然走向衰亡。马克思劳动价值理论具有明显的哲学意义，证实了劳动是创造价值的唯一源泉这一重要命题，肯定了广大劳动人们在创造价值中的重要作用，在当时乃至现在都极具有现实意义，劳动创造价值是永恒不变的真理。

4. 劳动解放人类实现人全面发展

马克思的劳动价值理论实现的最终目的是人的自由而全面的发展。马克思在《共产党宣言》中指出"每个人自由发展是一切人的自由发展的基础"，[①]人类自由而全面的发展不但包括体力和智力的充分发展，还包括在社会中兴趣爱好、才能、道德品质等方面自由而全面的发展。马克思探索实现这一目标的路径，其逻辑起点就是通过时间劳动而获得的。从历史唯物主义出发，不同历史时期人们的发展都呈现不同的状态，旧式分工造成人们片面发展、工业社会给予人们全面发展的可能、社会主义市场制度的建立成为实现人全面而自由发展的关键。劳动贯穿社会发展的全过程，马克思还强调劳动的重要性，"任何一个民族，如果停止劳动，不用说一年，就是几个星期，也要灭亡，这是每一个小孩都知道的"。[②]人们通过劳动逐渐认识社会、改造社会、创造社会，在这一过程中获得生存的基本保障，逐渐精神社会也得到满足。私有制使劳动自由受到束缚，劳动成为束缚人、约束人的武器，劳动的内部矛盾不断发展，不断冲击着劳动人民对自由的渴望，因此内部矛盾的结果就是解救在奴役和压迫中生活的人们，实现劳动人民真正的自由。

为了实现人类自由而全面的发展，根据自身需要和自然规律进行不断的尝试，调动智力发明各种生产工具，对劳动进行合理分工，使性别进行适应性进化。农业的兴起，创造性地实施畜牧业和手工业等实践活动，一次又一次的科技革命促使人类社会形态从原始社会向奴隶社会、封建社会和资本主义社会过渡。今天，我们的社会发生翻天覆地的变化，生产效率大大提升，人们有更多自由的时间从事爱好的劳动，逐渐克服外部环

---

① 马克思，恩格斯. 马克思恩格斯文集：第2卷[M]. 北京：人民出版社，2009：53.
② 马克思，恩格斯. 马克思恩格斯全集：第4卷[M]. 北京：人民出版社，2009.

境，从而获得更深、更广的发展。但是我们依然要面对很多阻碍和挑战，正如马克思所说"各种经济时代的区别，不在于生产什么，而在于怎样生产，用什么劳动资料生产。"我们应该认真领悟马克思主义劳动观中社会主义市场发展与人们物质精神生活极大满足之间的关系，坚持劳动是获得财富唯一途径的观点，其对维持社会公平、经济持续发展和社会和谐稳定具有重要的意义。

## 四、当代中国的马克思主义劳动观的创新和发展

劳动教育是我国教育的特色，也是我国教育制度和体系的重要内容，贯穿于新中国成立以来我国各个发展阶段。中国共产党人将马克思主义基本原理与中国劳动教育的实际情况相结合，经过长期实践，逐步形成了具有中国特色的劳动教育思想，这也成为新时代劳动教育最直接的思想来源。追溯新中国劳动教育的历程，对于总结我国劳动教育的经验和教训，进一步推进新时代的劳动教育，具有重要的作用。

### （一）毛泽东的劳动观及其教育思想

毛泽东的劳动观及其教育思想是毛泽东思想的重要组成部分，是在继承和发展马克思、列宁的劳动观及其教育思想的基础上产生的，对中国社会主义事业的开创和建设都起到了极大的促进和推动作用。毛泽东同志从中国革命和建设的实际需要出发，形成了"教育必须与生产劳动相结合"的劳动教育观。

1. 要求干部要参加生产劳动

干部参加生产劳动，是党的优良传统和干部自身成长和发展的基本要求。早在全国第一所党校——湖南自修大学创办之时，毛泽东就表达了他对劳动的看法。他指出："本大学学友为破除文弱之习惯，图脑力与体力之平均发展，并求知识与劳力两阶级之接近，应注意劳动。"[1]1939年1月，毛泽东发出"自己动手，克服困难"的号召。同年，为大生产运动毛泽东写了"一面学习，一面生产，克服困难，敌人丧胆"的题词。[2]他说："如果我们在生产工作上无知，不能很快地学会生产工作，不能使生产事业尽可能迅速地恢复和发展，获得确实的成绩，首先使工人生活有所改善，并使一般人民的生活有所改善，那我们就不能维持政权，我们就会站不住脚，我们就会要失败。"[3]1958年的中共第八次全国代表大会第二次会议上，毛泽东作了《干部要以普通劳动者的姿态出现》的报告，他强调，参加生产劳动对干部提升自身素质，密切党群关系具有重要作用。"干部通过参加集体生产劳动，同劳动人民保持最广泛的、经常的、密切的联系。这是社会主义制度下一件最根本性的大事。"[4]

2. 强调劳动的改造作用

毛泽东不仅注重劳动在促进生产力发展中的作用，他还特别重视体力劳动对人的精

---

[1] 中共中央文献研究室编. 毛泽东年谱：1893—1949（上卷）[M]. 北京：中央文献出版社，2002：86.
[2] 转引自叶剑英选集[M]. 北南：人民出版社. 1996：397.
[3] 毛泽东. 毛泽东选集（第4卷）[M]. 北京：人民出版社. 1991：1428.
[4] 中共中央文献研究室. 建国以来重要文献选编（第19册）[M]. 北京：中央文献出版社. 1998：68.

神净化作用,"这一观点,坚定了毛泽东以劳动为基本手段,实现其德性政治的目标"。[①] 即通过身体的磨练,从而达到对于人们思想和精神进行规劝与改造的作用,也即劳动改造。毛泽东指出:"对于反动阶级和反动派的人们,在他们的政权被推翻以后,只要他们不造反、不破坏、不捣乱,也给土地、给工作,让他们活下去,让他们在劳动中改造自己,成为新人。他们如果不愿意劳动,人民的国家就要强迫他们劳动。"[②]

3. 强调教育必须与生产劳动相结合

教育与生产劳动相结合的思想是马克思主义劳动观反教育思想的重要组成部分。然而,马克思、恩格斯的教劳结合思想是建立在欧洲资本主义机器大工业条件下、无产阶级革命之上的,列宁的教劳结合思想根植于苏俄的社会主义革命和社会主义建设基础上的,而毛泽东当时所处的时期是中国半殖民地半封建社会环境下的新民主主义革命时期,作为中国共产党的第一代领导核心,如何把教育与生产劳动相结合原理与中国教育的具体实际有力地结合起来,是教育工作中面临的一个重大的理论与实践问题。毛泽东认为:"教育与劳动结合的原则是不可移易的。"[③] 几千年来,都是教育脱离劳动,现在要使教育与劳动相结合,这是一个基本原则。[④] 早在湖南第一师范学校时,毛泽东就对当时学校与社会分离、理论与实际脱节的现象提出质疑,他说:"现时学校大弊,在与社会打成两橛,犹鸿沟之东西。一入学校,俯视社会犹如登天;社会之于学校,亦视为一种神圣不可触摸之物。相隔相疑,乃成三弊:一为学生不能得职业于社会,学生近之,社会远之,学生亲之,社会离之,永无联结契合之日。一则社会不遣子弟入学校,学校之不善,亦为一因,而社会不悉学校内容,则为最大因。"[⑤] 后来,毛泽东又针对当时学生的学习脱离了生产劳动,主要是从接受书本知识这一特点出发,强调必须坚持教育与生产劳动相结合教育方针,他指出:"从小学到大学,一共十六七年,二十多年看不见稻、梁、菽、麦、黍、稷,看不见工人怎样做工,看不见农民怎样种田,看不见商品是怎样交换的,身体也搞坏了,真是害死人。"[⑥] 他认为:"青年学生和工农结合,参加生产劳动,是改造世界观和学到实际技术知识的重要途径。"[⑦] 1957年,毛泽东在《关于正确处理人民内部矛盾的问题》中明确提出:"我们的教育方针,应该使受教育者在德育、智育、体育几方面都得到发展,成为有社会主义觉悟的有文化的劳动者。"确立了培养劳动者的教育目标。对于劳动者的范畴,毛泽东也特别作了说明,他说:"在社会主义社会里,主要的社会成员是三部分人,就是工人、农民和知识分子。知识分子是脑力劳动者。"[⑧] 1958年,党中央进一步确定了"教育为无产阶级的政治服务,教育与生产劳动相结合"的方

---

① 卞秋华. 毛泽东思想中的劳动观蠡测[J]. 学理论, 2013 (13): 46.
② 毛泽东. 毛泽东选集 (第4卷) [M]. 北京: 人民出版社, 2003: 1314.
③ 毛泽东. 毛泽东文集 (第7卷) [M]. 北京: 人民出版社, 1999: 399.
④ 毛泽东. 建国以来毛泽东文稿 (第7册) [M]. 北京: 中央文献出版社, 1992: 396.
⑤ 中共一大会址纪念馆编. 中共一大代表早期文稿选编 (1917.11—1923.7) (上) [M]. 上海: 上海人民出版社, 2011: 84.
⑥ 建国以来毛泽东文稿 (第11册) [M]. 北京: 中央文献出版社, 1996: 492.
⑦ 邓力群. 文化巨人毛泽东 (3) [M]. 北京: 中央民族大学出版社, 2003: 1016.
⑧ 毛泽东. 毛泽东文集 (第7卷) [M]. 北京: 人民出版社, 1999: 270.

针。[①]毛泽东就教育与生产劳动的结合的具体形式也作了进一步探索。比如，在高等学校的教劳结合方面，毛泽东认为，因为文理科有着不同的专业性质，因此，教育与生产劳动相结合的具体形式也不一样。对于理工科，他主张应通过多做实验、多进工厂实习等方式去接触社会实际，从而学到实用的知识和技能；对于文科学生，毛泽东则认为，文科学生要以社会为工厂。因为"大学文科不好设工厂，不好设什么文学工厂、历史学工厂、经济学工厂，或者小说工厂。文科要把整个社会作为自己的工厂。师生应该接触农民和城市工人，接触工业和农业。不然学生毕业，用处不大，如学法律的，如果不到社会中去了解犯罪情况，法律是学不好的。不可能有什么法律工厂，要以社会为工厂"。[②]

### （二）邓小平关于劳动教育的重要论述

结合马克思、列宁、毛泽东的劳动教育思想，邓小平同志在1978年全国教育工作会议上指出："为了培养社会主义建设需要的合格人才，我们必须认真研究在新的条件下，如何更好地贯彻教育与生产劳动相结合的方针。"这一表述表明劳动教育要与时俱进，要在内容和方法上有所创新，不能一成不变。在此基础上，他进一步强调教育要与新时期社会经济的发展相适应，这一想法在很大程度上已经把马克思主义创始人的"学校教育"与"生产劳动"相结合，推到了处理好教育与经济发展关系的高度，使教劳结合由一种改造社会的方法上升为协调社会发展的总原则。在改革开放和社会主义现代化建设新时期，邓小平同志强调要培养有理想、有道德、有文化、有纪律的"四有新人"。

### （三）江泽民关于劳动教育的重要论述

我国在市场经济条件下迅速发展。江泽民同志面对新时期我国教育环境的变化，在肯定马克思主义经典作家关于教育与生产劳动相结合思想的基础上，在1994年6月的全国教育工作会议上提出："教育与生产劳动相结合是坚持社会主义教育方向的一项基本措施。"[③]劳动和教育的有机结合，一方面可以使劳动者的素质得到提高，使其工作效率得到提高，另一方面也可以使他们认识劳动、尊重劳动。因此，在1999年6月召开的第三次全国教育工作会议上提出将教育与生产劳动和社会实践相结合的思想。在他看来，如果一味地只让学生学习书本上的知识，不允许学生参加社会实践活动，学生是难以对劳动人民产生深厚感情的，所以他主张将物质的生产劳动设置为学生的一门课程，同时就如何落实这一想法提出了许多具体意见。

江泽民同志将教育与生产劳动相结合的基本原理进行了创新和发展，更加符合了时代要求和现实情况，同时进一步拓宽了人才培养的途径，在一定程度上促进了应试教育向素质教育的转变。

### （四）胡锦涛关于劳动教育的重要论述

21世纪，世界格局发生了巨大的变革。在就业观念多元化、劳动力流动更加迅速、

---

[①] 中共中央文件选集（1949年10月—1966年5月）（第42册）[M]. 北京：人民出版社，2013：562.
[②] 建国以来毛泽东文稿（第11册）[M]. 北京：中央文献出版社，1996：149.
[③] 江泽民. 江泽民文选（第2卷）[M]. 北京：人民出版社，2006：372.

生活条件相对改善、物质条件较为稳定的时代。在社会主义体制下，劳动人人平等，不存在高低贵贱之别。在社会主义制度下，劳动都是值得被尊重的，我们要在劳动中脚踏实地、兢兢业业。所以胡锦涛同志将"以辛勤劳动为荣，以好逸恶劳为耻"建议纳入到社会主义荣辱观中，胡锦涛同志提出："要切实发展和谐劳动关系，建立健全劳动关系协调机制，完善劳动保护机制，让广大劳动群众实现体面劳动。"①

胡锦涛同志针对社会中轻视体力劳动和简单劳动的现象，在2006年3月提出"八荣八耻"社会主义荣辱观，实现了中华民族的传统美德与时代要求的相结合，主张形成劳动光荣、劳动神圣的社会风气。2010年，在全国劳动模范和先进工作者表彰大会上的讲话中，胡锦涛同志指出："让全体人民特别是广大青少年都懂得并践行'劳动最光荣、劳动者最伟大'的真理。"②他深刻认识到在青少年中开展劳动教育的重要性，并且强调劳动教育要与社会主义荣辱观相结合，引领广大青少年树立正确的劳动价值取向，自觉抵制错误思想的影响，真正做到热爱劳动，尊重劳动。

### （五）习近平新时代中国特色社会主义思想中有关劳动教育的重要论述

党的十八大以来，以习近平同志为核心的党中央站在新时代的战略高度，立足于中国国情和自身发展实际情况，在继承马克思主义劳动教育观和中华优秀传统文化的基础上，发表了一系列重要讲话，提出了许多重要论断，开创了中国特色社会主义劳动教育理论的新境界，是新时代对马克思主义劳动观的新诠释，充分体现了中国共产党的人民立场、政治信念和劳动情怀。习近平对青年学生的教育工作非常重视，对"把教育和生产劳动结合起来"的观点给予了高度评价，并多次在重要场合提到了青年学生的劳动问题。习近平新时代中国特色社会主义思想中关于劳动教育的重要论述，内涵丰富、意蕴深远，成为推动党和人民事业发展的强大思想武器和具体行动指南。

2016年，习近平提出："全面建成小康社会，进而实现中华民族伟大复兴的中国梦，必须依靠知识，依靠劳动，依靠广大青年。"③习近平总书记指出："要通过各种措施和方式，教育引导广大青少年牢固树立热爱劳动的思想、牢固养成热爱劳动的习惯，为祖国发展培养一代又一代勤于劳动、善于劳动的高素质劳动者。"④

习近平总书记多次强调，要通过各种途径和措施加强劳动教育，教育引导大学生养成"实干兴邦"的劳动实践观、"民族复兴"劳动发展观、"崇尚劳动"的劳动价值观及"热爱劳动"的劳动教育观，为中华民族的伟大复兴培养一代又一代乐于劳动、善于劳动的高素质劳动者。

1."实干兴邦"的劳动实践观

习近平总书记在2013年全国劳动模范代表座谈会中对"空谈误国，实干兴邦"的表述，强调了劳动实践的重要性。习近平总书记对培养广大青年深厚的劳动情怀抱有殷切期待，广大青年一代要想实现"兴邦"的伟大梦想，就要成为实干家，逐步树立"实干

---

① 胡锦涛. 胡锦涛文选（第4卷）[M]. 北京：人民出版社，2016：370.
② 胡锦涛. 在2010年全国劳动模范和先进工作者表彰大会上的讲话[N]，人民日报，2010-4-28（1）.
③ 习近平. 在知识分子、劳动模范、青年代表座谈会上的讲话[N]. 人民日报，2016.4.30.
④ 习近平. 向全国广大劳动者致以"五一"节问候[N]. 人民日报，2014.5.1.

兴邦"的劳动实践观。大学生要从日常生活做起，实现以知促行，以行促知的良性循环，将自己的所学知识应用到劳动实践中，在劳动实践中拓宽自己的知识面，要充分运用自己的专业知识和技能成就伟大梦想，争做新时代的奋斗者和践行者。习近平同志指出："我们所处的时代是催人奋进的伟大时代，我们进行的事业是前无古人的伟大事业，我们正在从事的是中国特色社会主义事业是全体人民的共同事业"。[1]伟大事业需要伟大实践，在全国各族人民的共同努力下，我国的社会主要矛盾已经发生转变，但我们绝不能沾沾自喜，新时代的长征才刚刚拉开帷幕，我们要走的路还很长。目前，我国改革开放事业进入攻坚克难的关键时期，我们只有辛勤劳动、继续奋斗、干在实处的意识，在全社会坚定以习近平新时代中国特色社会主义思想为指导，夯实全民族"实干兴邦"的劳动实践观，鼓励以辛勤劳动、诚实劳动、创造性劳动成就伟大梦想，才能早日取得伟大事业的胜利。

2."民族复兴"的劳动发展观

习近平同志指出，"人民创造历史，劳动开创未来"。[2]这一表述体现了以习近平同志为核心的党中央站在新的历史方位对马克思主义劳动观的发展，进一步指出了社会发展与劳动之间的内在逻辑关系。

在新时代要想实现中华民族的伟大复兴，把人民对未来美好生活的愿景变成现实，劳动是实现这一切的根本途径。当前，中华民族的伟大复兴不可能唾手可得，它是一项浩大的系统工程，需要社会各阶层劳动者的共同参与，无论是体力劳动还是脑力劳动都是实现这项工程所不可或缺的一部分。新时期新征程，面对日趋激烈的国际竞争，实现中华民族伟大复兴需要一支庞大的知识型、技术型、创新型劳动者大军，民族复兴是新时代大学生的历史使命，也是他们的时代担当，广大青年大学生应该树立"民族复兴"的劳动发展观，成为堪当民族复兴大任的时代新人。

3."崇尚劳动"的劳动价值观

习近平总书记指出："全社会都要贯彻尊重劳动、尊重知识、尊重人才、尊重创造的重大方针，全社会都要以辛勤劳动为荣、以好逸恶劳为耻，任何时候、任何人都不能看不起普通劳动者，都不能贪图不劳而获的生活。"[3]从这一表述我们可以看出，习近平总书记为我们指出了新时代应该树立怎样的劳动价值观，为实现劳动教育的目标指明了方向。劳动价值观是马克思的基本观点，从马克思主义经典著作中，我们可以清晰地看出劳动教育要解决的最核心、最本质的问题应该是劳动价值观问题，劳动不仅仅只是人类谋生的工具，更是人类自我存在的方式。习近平总书记在多个场合、多次讲话中阐述了劳动价值观在中国特色社会主义事业中的重要作用，他强调在新时代要加强对劳模精神、劳动精神、工匠精神的弘扬，进而在全社会形成"崇尚劳动"的价值引领。从国家层面上讲，树立"崇尚劳动"的劳动价值观，能够为实现中华民族伟大复兴的中国梦注入强

---

[1] 习近平. 庆祝"五一"国际劳动节暨表彰全国劳动模范和先进工作者大会隆重举行[N]. 人民日报，2015-4-29（4）.
[2] 习近平. 在同全国劳动模范代表座谈时的讲话[N]. 人民日报，2013-4-29（2）.
[3] 习近平. 在知识分子、劳动模范、青年代表座谈会上的讲话[N]. 人民日报，2016-4-30（2）.

大的精神动力。从社会层面上讲，有利于营造浓厚的劳动氛围和精益求精的敬业风气。从个人层面上讲，树立"崇尚劳动"的劳动价值观，能够从内心深处真正理解劳动在人类社会发展中重要作用，从而在日常生活行动中崇尚劳动，尊重劳动者，端正自身态度，进而热爱劳动，以劳动为荣，把劳动当作一种乐趣融入物质和精神生活之中。

4. "热爱劳动"的劳动教育观

新时代大学生是国家的未来，民族的希望。习近平总书记对新时代大学生寄予殷切期望，他指出："要通过各种措施和方式，教育引导广大青少年牢固树立热爱劳动的思想、牢固养成热爱劳动的习惯，为祖国培养一代又一代勤于劳动、善于劳动的高素质劳动者。"[①] 习近平总书记的这一重要论述强调了对青年进行劳动教育的必要性，也对各级各类学校提出了科学构建劳动体系、切实加强劳动教育的新要求。党的十八大以来，习近平总书记多次指出劳动教育的重要性，丰富发展了党的教育方针，为在全社会中形成尊崇劳动、热爱劳动的良好氛围提供了根本遵循，在对马克思主义劳动观传承的同时进行了创新发展。

## 第二节　新时代大学生正确的劳动观

2018 年 9 月 10 日，在全国教育大会上，习近平总书记强调："要努力构建德智体美劳全面培养的教育体系，形成更高水平的人才培养体系。要在学生中弘扬劳动精神，教育引导学生崇尚劳动、尊重劳动、懂得劳动最光荣、劳动最崇高、劳动最伟大、劳动最美丽的道理，长大后能够辛勤劳动、诚实劳动、创造性劳动。"[②] 2020 年 3 月，中共中央、国务院发布了《关于全面加强新时代大中小学劳动教育的意见》，把劳动教育纳入人才培养全过程。2020 年 7 月，教育部制定了《大中小学劳动教育指导纲要（试行）》，指导各地区学校有序开展劳动教育工作。2020 年 11 月 24 日，在全国劳动模范和先进工作者表彰大会上，习近平总书记指出："要把劳动教育纳入人才培养全过程，贯通大中小学各学段和家庭、学校、社会各方面，教育引导青少年树立以辛勤劳动为荣、以好逸恶劳为耻的劳动观，培养一代又一代热爱劳动、勤于劳动、善于劳动的高素质劳动者。"[③] 习近平总书记对新时代大学生劳动观提出了新内容，也为开展新时代大学生劳动观培育指明了方向。

新时代大学生正确的劳动观的内容主要包括：树立正确的劳动价值观，具备尊重劳动，崇尚劳动的态度；培养勤俭、奋斗、创新、奉献的劳动精神；树立"劳动创造幸福"、诚实劳动、乐于劳动的情感取向。

---

① 习近平. 在乌鲁木齐接见劳动模范和先进工作者、先进人物代表向全国广大劳动者致以"五一"节问候[N]. 人民日报，2014-05-01（1）.

② 习近平. 坚持中国特色社会主义教育发展道路 培养德智体美劳全面发展的社会主义建设者和接班人[N]. 人民日报，2018-09-11(1).

③ 习近平. 在全国劳动模范和先进工作者表彰大会上的讲话[N]. 人民日报，2020-11-25(2).

## 一、树立正确的劳动价值观

劳动价值观指的是对劳动的思想认识和对劳动行为的看法，它直接影响了劳动者对劳动行为的判断，劳动价值观一旦形成，就会以一种"先入为主"的立场和态度，影响人们的思维模式和行为倾向，指导和支配着人的行为、理想信念、价值取向、思想境界、道德操守与行为准则。正如习近平总书记指出："要树立正确的世界观、人生观、价值观，掌握了这把总钥匙，再来看看社会万象、人生历程，一切是非、正误、主次、一切真假、善恶、美丑，自然就洞若观火、清澈明了，自然就能做出正确判断、做出正确选择。"新时代，大学生劳动教育应结合唯物史观，传授科学的劳动知识，培养和提升创造性劳动能力。使大学生充分认识到"人民创造历史，劳动开创未来。劳动是推动人类社会进步的根本力量"的真理性意义；真正理解马克思主义所说"劳动是财富的源泉，也是幸福的源泉"的道理；真切体会到"把自己的理想同祖国的前途、把自己的人生同民族的命运紧密联系在一起，扎根人民，奉献国家"所带来的幸福感。

### （一）培养大学生理解社会主义劳动价值观的基本内容

在2018年"五一"劳动节期间，习总书记给中国劳动关系学院的回信中提出"社会主义是干出来的，新时代也是干出来的"，作为新时代的大学生，应该在大学生劳动教育中树立"劳动最光荣、劳动最崇高、劳动最伟大、劳动最美丽"的社会主义劳动价值观念，形成正确的社会主义劳动价值观。

培养大学生理解"劳动最光荣"。这是由于我们是社会主义制度的国家，社会主义劳动价值观是以人民群众为主体，始终坚持以人民为中心，全心全意为人民服务为基本要求，一切工作的出发点和落脚点都是人民，为人民创造更加美好的生活，只有通过不懈的劳动才能实现美好梦想。正如习近平总书记所言："劳动创造了中华民族，造就了中华民族的辉煌历史，也必将创造出中华民族的光明未来。"[1]因此，从个人到社会全人类的生存发展来说，社会主义劳动都是最光荣的。

培养大学生理解"劳动最崇高"。该观点来源于对共产主义信仰的崇高性认识。判断一种信仰是否崇高，取决于其是否具有科学性，是否能应用于现实同时超越现实。共产主义信仰便是如此，它的科学性表现为马克思与恩格斯从人类生存实际出发，对人类社会历史发展深入研究，总结人类社会的演进规律，指出实现共产主义是必然之路，共产主义信仰不是彼岸世界而是人类社会发展的必然形态，其中强调劳动在人的自由和解放中的必要作用。习近平总书记指出："无论是过去、现在还是将来，对马克思主义的信仰，对中国特色社会主义的信念，对实现中华民族伟大复兴的信心，都是指引和支持中国人民站起来、富起来、强起来的强大精神力量。"[2]

培养大学生理解"劳动最伟大"。该观点指的是劳动实践的伟大。中国共产党带领人民进行艰苦奋斗，成功实现历史上两个重大飞跃，带领中国进行革命、建设、改革，向

---

[1] 习近平. 习近平谈治国理政（第1卷）[M]. 北京：外文出版社，2018：46.
[2] 习近平. 在庆祝改革开放40周年大会上的讲话[M]. 北京：人民出版社，2018：42-43.

世界昭示"社会主义是干出来的，新时代是奋斗出来的"。①我们在马克思主义中国化建设的进程中，不断进行批判和扬弃，从而为实现建设共产主义伟大目标积累条件。所以说，从劳动改变我们个人、群体乃至全社会的生存环境角度来说，社会主义劳动是最伟大的，"幸福不会从天降，美好生活靠劳动创造"。②

培养大学生理解"劳动最美丽"。劳动的过程是最美的，创造是享受的前提。创造的过程就是劳动实践的过程，劳动在按照人内在的审美角度进行实践满足需要，提供物质生产资料的同时还重塑着人的精神世界，为人类的精神生活提供情绪价值，得到劳动给予的获得感和满足感。人们在社会中的存在感主要取决于个体对人类社会作出多少贡献。这个量度反映为群体认同和人民群众自我精神上的获得感。"人民群众的获得感首先来自物质利益与经济利益上的获得，其次是政治、经济、文化权利和社会发展成果上，最终体现为人民群众能够获得实现自我价值、参与经济社会发展的机会"③，因此劳动是美丽的。

扩展阅读2-2

## （二）培养大学生形成"奉献社会"的主体自觉

社会主义劳动价值观要培养出具有奉献精神的劳动主体，在新时代大学生劳动教育中，最重要的是要加强大学生劳动主体意识，让其在成长过程中逐渐养成劳动奉献的自觉。只有培养具有强烈的具有劳动自觉性的主体，才能更加积极地锻炼劳动能力，增强自己的劳动素养，以极其饱满的劳动热情投入到社会劳动建设中。人类与动物最本质的区别就是人类会进行劳动，且可以通过人的主观意识支配人的行为，实施特定的目标活动。劳动也受主观意识的影响，人们选择何种劳动、如何进行劳动、对劳动的认识及对劳动的评价都受主体意识的控制。强化劳动意识的外在表现为充分发挥劳动主体的主观能动性和劳动的积极性。劳动主体自觉劳动主要表现在行为层面，平时我们在评价劳动主体态度和自觉性强弱时经常使用自觉性和积极性来进行评价。大学生劳动自觉主要体现在了主体是否能够通过自我意识对劳动过程进行自我调节、自我约束、自我修正，进而能够积极地开展劳动行为活动。新时代大学生正确的劳动价值观要从知、情、意、行四个环节入手，使得大学生对劳动价值观念内化于心、外化于行，最终形成劳动的自觉。我们要明确社会主义的劳动价值观念最终体现为通过辛勤劳动建设祖国，当集体的利益与个人利益发生冲突时，我们能冷静分析，准确判断，发挥主观能动性，挺身而出，无私奉献。

大学生是社会主义事业的建设者和接班人，承担着艰巨的历史使命，他们既是国家的主人，也是推动未来社会生产力发展的冲锋者。大学生应该充分发扬"主人翁"精神，在劳动实践中实干、巧干、苦干，有为集体社会国家利益敢于奉献的思想自觉，进而促进"辛勤劳动、诚实劳动、创造性劳动"的行为自觉。

---

① 习近平. 在全国劳动模范和先进工作者表彰大会上的讲话[M]. 北京：人民出版社，2020：4.
② 习近平. 在知识分子、劳动模范、青年代表座谈会上的讲话[M]. 北京：人民出版社，2016：7-8.
③ 孙岩，钟文娜，陈亚男. 新时代劳动价值观研究[J]. 中国劳动关系学院学报，2019，33(1)：118-124.

### （三）培养大学生树立"崇尚劳动"的社会主义劳动理念

国家的兴旺和繁荣富强需要昂扬向上的价值观进行引领，实现中华民族伟大复兴的中国梦需要全国人民不断奋斗才能得以实现。因此，需要在全社会大力弘扬社会主义核心价值观，形成"崇尚劳动"的良好社会风气，使"劳动最光荣、劳动最崇高、劳动最伟大、劳动最美丽"劳动价值观蔚然成风。

"崇尚劳动"是一种劳动态度，体现着对社会主义劳动价值观的高度认同感。社会主义的本质是解放和发展生产力，以实现其全面发展，最终实现全体人民共同富裕的目标。为了实现上述目标，我们必须进行劳动，社会主义社会离不开社会性的劳动。现如今，生产力的发展水平和物质财富并没有达到充分的水平，只有通过不断劳动，才能建设共产主义社会，因此，劳动就成为每个人自由且自觉的行为活动。基于我们正处于并长期处于社会主义初级阶段的基本国情，劳动对于大多数公民而言是一种谋生手段，但对于集体、社会、国家来说，这是我们每个人都应尽的义务。在新时期，我们要实现"人民幸福、民族振兴、国家富强"，就必须摒弃不良劳动作风，在劳动中克服坐享其成、好逸恶劳、不劳而获的消极思想，应崇尚劳动，规范自己的行为。大学生是社会劳动的主力军，我们应通过教育的手段，树立其坚定的劳动价值观念，引导大学生积极践行劳动行为，崇尚劳动，引领社会劳动新风气。

## 二、培养大学生真挚的劳动情感

劳动情感的培养是劳动教育中重要环节之一，对培养全面发展的人具有重要意义。劳动情感是劳动者的心理反应，受一定劳动价值观的支配，在长期的劳动情感体验影响下会形成一种相对稳定的劳动态度。新时代，大学生是劳动情感培养的重点对象，培养具有深厚劳动情感的时代新人是适应时代发展、符合社会进步的重要举措。对大学生进行劳动情感培养，使其在成长为高素质劳动者和社会主义合格接班人的道路上不断进步。在劳动教育过程中，我们要强调勤于劳动、诚实劳动、创造劳动。逐步培养具有勤俭、奋斗、创新、奉献劳动精神的大学生，要做到"任何时候、任何人都不能看不起普通劳动者，都不能贪图不劳而获的生活"，要培养对劳动真挚的情感，这对推进"五育并举"、加强高校思想政治教育、贯彻落实劳动教育思想等方面具有重要价值。

### （一）辛勤劳动

"一勤天下无难事""民生在勤，勤则不匮"，中国人自古秉承的劳动信念在新时代依然熠熠生辉。2016年，习近平总书记在知识分子、劳动模范、青年代表座谈会上提出"坚持艰苦奋斗，不贪图安逸，不惧怕困难，不怨天尤人，依靠勤劳和汗水开辟人生和事业前程"，是新时代对大学生辛勤劳动提出的新要求。辛勤劳动是对如何劳动进行解释，要求劳动者能够发自内心地沉浸在劳动中，勤勤恳恳地做好自己的本职工作，如今的社会有一些大学生刚步入社会开始工作就存在投机取巧的想法，认为巧干是成功的捷径，往往结果都是事与愿违。习近平总书记多次提出，实干的重要性，实干的本质，要求我们脚踏实地、任劳任怨、艰苦奋斗。回顾历史，我们可以清晰地发现，我们现在所取得的所有成就都是中国共产党人带领全国劳动人民一步一个脚印走出来的。新时代大学生更应该继续脚踏实地、勤勉劳动，要学会对一切与"辛勤劳动"相悖的想法说"不"；要对贪图享乐、不付出劳动、坐享其成的行为说"不"；要对做一夜暴富白日梦的想法说"不"。新时代的大学生正处于人类发展最需要奋斗且精力最充沛的阶段，俗话说："三百六十行，行行出状元"，只要我们踏实奋斗、敢于拼搏、勇于付出、不惧困难，最终都会实现自己的梦想。因此，新时代大学生必须具有辛勤劳动的精神。

扩展阅读 2-3

### （二）诚实劳动

诚实劳动是劳动的一种表现形式，习近平总书记高度赞扬诚实劳动对推动社会进步发展的积极作用。

诚实劳动是我们进行劳动的一种态度，诚实劳动是我们每个劳动者在自觉规范自己行为时，始终秉持的基本原则。诚实赋予劳动光芒，使劳动闪耀着时代的光辉。遵守劳动规则，遵守职业道德和法律法规，实事求是，奋力前行，是每个劳动者内化于心外化于行的准则。只有真诚、诚实地进行工作，我们才能实实在在地获得劳动成果；而虚假地进行劳动带给我们的只能是短暂的快乐，和被虚假的成果而蒙蔽双眼，无法真正地解决问题。因此，新时代的大学生必须树立诚实劳动的正确劳动观。

诚实劳动要求劳动者在劳动中有实干精神和诚信精神。实干是一种选择，"宁拙毋巧"，不干投机取巧之事，致力于自己的专业特长踏实做事，实干兴邦，实干才能梦想成真。诚信同样也是一种选择，诚信劳动是我们应该一直秉持的劳动理念。在我们日常生活中，投机倒把、以次充好、造假售假的行为最终都会受到法律的惩罚。劳动不分贵贱，无论我们是普通工人还是商业翘楚，无论我们从事体力劳动还是脑力劳动，任何职业都需坚持以诚信作为自己劳动行为指南。诚实劳动是劳动应有之义，也是劳动本色。作为新时代大学生，本职工作就是学习先进知识，做科学研究。因此，我们应该教育学生在学业上诚信，将来在工作中更要继续坚持，现如今学术不端事件频出，如曾在社会上引起巨大反响的撤稿事件。2017年4月20日，施普林格自然出版集团宣布撤回旗下《肿瘤生物学》期刊发表于2012—2015年的107篇论文，这些论文的作者涉及524名医生、119家高校和医院，全部作者都来自中国。撤稿的原因是在论文评审过程中同行评议造假，这起事件充分暴露了中国学术研究领域的不诚信问题，对中国学者学术研究声誉产生了极为不良的影响。我们应该引以为戒，从基础的论文写作中杜绝抄袭、伪造、篡改等不良学术习惯，坚持诚实劳动取向，为日后踏实劳动打下坚实基础。

### （三）创造性劳动

创造性劳动是对辛勤劳动、诚实劳动的发展。主要表现在劳动工具上的创新、劳动技术的创新和劳动理念的创新三个方面。首先，在人类进化史上，人类从猿类状态逐渐转变成人类社会的起始，就是对劳动工具进行不断的创新性改造，如果没有对劳动工具的不断创新，那我们是无法实现如今现代化的社会的。劳动工具的创新不但可以解放和发展生产力，还提高了社会劳动效率，推动社会快速进步。其次，劳动技术的发展影响着现代化进程，劳动技术的创新可以使用较少的劳动创造出更高的价值。目前，我们正砥砺推进中国从"制造大国"向"创造大国"转变，为了早日实现"创造大国"的目标，劳动技术上的创新必不可少。最后，劳动理念上的创新也至关重要，它是实现劳动创新的根本，它决定着劳动工具和劳动技术创新的方向和角度，只有率先具备理念上的创新，才能更好地指挥创新性劳动行为，同时劳动理念也会随着社会的发展、劳动工具和劳动技术水平的提高做出适时调整，使创新性劳动更加符合社会发展规律。

习近平总书记在《摆脱贫困》一书中指出：农村劳动力如果继续被束缚在原有规模的耕地上，延续几千年来日出而作、日落而息的耕作老传统，进行慢节奏，低效率的生产劳动，那就不是一件好事。反之，用改革开放的眼光看待劳动力的大量转移，会惊喜地发现我们又获得了一种极其宝贵，可待开发，可能创造巨大价值的崭新资源。

创新性劳动不仅仅单纯地依靠体力劳动，还需要充分利用科学知识和熟练的技能，同时也需要体力、脑力的双重结合。新时代大学生进行创造性劳动，最关键的就是要意识到自身不可思维固化，避免循规蹈矩，勇于打破老一套陈旧的思维模式，形成具有新时代特征的劳动思维。不断用崭新的眼光和方法看待问题，才能真正解决重点难题。现代社会是创新性社会，创新成为社会发展的重要动力，这更要求劳动者具备前沿性知识、宽广的视野和养成勤于思考的习惯，还要求同学们进行创造性的学习，不仅要注重知识的积累，更要注重学习方法的创新，及时关注学术研究的前沿，敢于突破学习者的身份，敢于研究学术领域和社会生活中的真问题，将勤奋刻苦与聪明智慧紧密融合。

大学生更应该放眼世界，人类历史上三次重要的科技革命都是人类创造性劳动的结果，新时代的大学生是社会主义事业的继承者和接班人，必须培养创新劳动的价值取向，懂得新时代劳动者需要"有力量、有智慧、有技术、能发明、会创新"的道理。要以科学家、劳动模范、大国工匠、企业家模范为榜样，胸怀祖国、勤奋求学、砥砺奋进、敢为人先、勇于献身、厚积薄发、共同书写新时代青年劳动创造之歌。

## 三、培养大学生主动掌握劳动知识和技能

知识是提高学生劳动能力，提高劳动素质的基础，想要培养创造性劳动的新时代大学生更离不开知识、技术、技巧的辅助。新时代大学生正确劳动观的形成离不开家庭对学生劳动观形成的熏陶、离不开对获取到劳动知识的整合、离不开与时俱进的劳动职业能力。

### （一）重视家庭教育对劳动知识的培养

家庭对个人劳动观的形成和培育发挥着重要的作用，必须从小就要重视孩子基本劳动知识和素养的教育，多给予孩子独立从事劳动活动的机会，培养孩子必备的劳动能力。当然对于现代的大学生来说，大部分学生并不具备完善的基本劳动技能，且进入大学阶段，很多学生难以适应集体生活，由于缺乏劳动经验难以照顾好自己，给很多家庭带来了麻烦。因此，首先，父母是孩子最好的老师，家长应该积极引导孩子去探索劳动带来的乐趣，培养孩子自觉劳动的积极性。家长要及时转变传统重智育轻劳育的观点，坚持劳动教育与学习生活相结合，在孩子成长的过程中养成正确的劳动观念。其次，在遇到

劳动问题时，家长要及时地给予指导，共同去解决问题，使孩子获得成就感，在探索中掌握劳动的技能，逐步培养孩子独立劳动的习惯，这样更有利于孩子成长和生活。最后，家长应给孩子提供更多的劳动锻炼机会，简单的家庭劳动可以逐渐延伸到更宽的领域。例如，田间劳动，社会志愿服务等，使孩子体会不同社会环境的劳动生活，在这一过程中不但丰富了劳动知识和技能，还能拓展自己的思维，对德育和智育也起到促进作用。

我国自古以来就重视家风建设，其中蕴含着深厚的育人之道。家风是一个家庭代代相传的精神纽带，集中体现整个家族的人生观、世界观和价值观。因此，在新时代大学生塑造劳动观的过程中必须重视家庭的家风建设。重塑优良家风使同学们在优良家风的熏陶下树立正确的劳动观。首先，家长要善于引导学生多学习中华优秀传统文化，从中体会传统家风带给人的精神力量，向中华优秀传统文化中勤劳致富的优秀前辈们致敬，引导孩子从先辈成功的案例中学习勤俭节约、艰苦奋斗的优良作风。懂得只有通过劳动获得的劳动果实才是最光荣的，用双手创造的美好生活才是最珍贵的。其次，家长也要不断更新总结精辟的教育方法。在中国传统文化中，记载着很多优秀的教育范例，如《颜氏家训》便是教育父母言传身教对孩子成长至关重要；在《太傅仔钧公家训》把耕作和读书并列为同等地位，在人的成才阶段二者必不可少。虽然这些教育方法具有一定的历史时代感，但对于当下我们开展家庭劳动教育来说也具有重要的参考价值。最后，父母必须将优良家风言传身教给下一代，让孩子在良好的家庭劳动氛围中促进个人品德的养成，不断磨练心性。奉献工作热情，用自己的劳动创造更多的社会价值。

### （二）自身构建完整的劳动知识体系

基础知识、专业基础知识和专业知识是构成大学生知识结构基本框架不可或缺、相互支撑的三类知识。我们进行劳动不仅需要掌握一定的专业知识，其他方面的知识与技能同样发挥着重要作用。一些同学认为，大学学习专业分类庞杂，包括经济管理类、法学类、文史哲类、教育学类、理工类、农学类、医学类和艺术类等，并且学生主观以就业为主要目的和导向，把更多的精力放在专业知识的掌握上，对基础性的知识抱有可学可不学的态度。且对待不同层次的基础性知识，普遍只重视专业基础知识而忽视其他种类基础性知识。还有些同学们对基础知识的认识有偏颇，认为基础性知识的范围仅限于与本专业直接有关系的基础知识，而把诸如社会生活中的一些常识类的知识、作为思维方法的哲学知识、规范人们行为方式的伦理道德和政策法规知识等都排除在基础知识范围之外。最终导致知识面狭窄、基础知识薄弱、学习活动局限于某一专业领域、缺少一些必要基础理论知识修养，从而影响劳动能力的提升。由此可见，大学生只有通过构建合理完整的劳动知识体系才能更好地为劳动服务。

随着科学技术的快速发展，以互联网、大数据、云计算、人工智能、区块链、物联网等为代表的新知识、新技术、新工艺、新方法不断涌现，使劳动者的工作环境和工作方式发生巨大变化。生产、管理、研发、销售等不同的工作岗位对劳动者素质和技能水平的要求不断提高，越来越多的传统工作岗位将被智能机器所取代，劳动者的人机交互能力、灵活处理各种实际问题的能力及创新创造能力变得越来越重要。而且互联网将不同领域的信息有效连接起来，将生产、流通、服务等环节打通，更有利于培育出新产品、新模式和新业态。"互联网+"不仅催生了技术创新、产品创新，还带动了商业模式创新、平台模式创新、服务模式创新、盈利模式创新、机制创新、文化创新、运营模式创新和观念创新。因此，大学生要紧跟科技发展和产业变革的步伐，准确把握数字经济时代劳动工具、劳动技术、劳动形态的新变化，不断扩充和完善自身知识体系和结构，在学习和生活中培养和树立互联网的思维逻辑，不断提升自身的创造性劳动能力。

扩展阅读2-4

### （三）培养应具备的职业劳动能力

新时代培养大学生树立正确的劳动职业能力至关重要，职业劳动能力的形成有助于大学生形成正确的劳动观，在未来社会实践和工作中取得更好的成果。

1. 专业能力

专业能力是判断个人能否具备胜任具体一种职业的能力，还是判断我们是否具有任职资格关键。当学生步入大学时便开始专业知识的学习，正确对待专业知识，为未来职业生活铺路。我们未来步入职场，每个职业都需要一定的特殊技能才能胜任。例如，教师职业需要我们具有专业授课能力、语言表达能力、知识储备能力；经理职位需要有协调管理能力；医生需要具有医师资格证能力；律师需要律师资格证和法律协调能力等。因此，我们要明确自己应该具备的专业能力，用心钻研，潜心学习。

2. 创新创业能力

在新的时代条件下，创新的重要性越发凸显，创新创业是指基于创新基础上的创业活动，二者不是独立存在的，创新强调的是对新鲜事物的开拓和对原有事物的更新，而创业指的是通过实际行动而获得利益的行为。因此，从概念上看，创新是创业的基础和前提，创业是创新的成果展现和延伸。作为新时代的大学生，最为重要的是创新，提高创新意识最终促进创业能力的提升才是关键。高校培养具有创新创业能力的大学生不仅可以帮助学子更好地步入社会，同时也为社会和经济的持续稳定发展提供人才保障和技术支撑。因此，培养大学生创新创业能力必须得到足够的重视。

3. 人际交往能力

人际交往能力是衡量个人能否适应现代社会需求的标准之一，个人是否懂得各种场合的礼仪、是否懂得待人接物之道、是否能够处理各种复杂的人际关系是每个人必须掌握的一项技能。并且在社会交往中是否具有良好的性格特征、行事是否儒雅、是否具备学识修养也是我们应该重点培养的人际交往能力重要的一部分。

新时代培养大学生人际交往能力可以更好地促进其社会化的进程，形成正确的社会交往原则。树立平等与尊重原则，大学生来自不同的地方，每个人知识水平和兴趣爱好都各不相同，因此在交往过程中我们在教育学生相互尊重，平等对待，友好相处，这样我们在毕业后的工作劳动和生活中会与身边的同事相处融洽，更有利于沟通。树立诚实守信的原则，做事情要"言必信，行必果"，与人相处不虚情假意，不口是心非，否则在以后的工作中必然会吃大亏。树立包容原则，我们应培养大学生要有一颗宽容的心，我们在进行社会劳动与人接触时必然会存在一定的摩擦，严于律己，宽以待人，做事留有余地，与他人相处留有余面。树立互补互助原则，新时代大学生要认识到，我们进行的社会实践劳动是一种双向的行为，只有双方都奉献和付出，双方互惠互利，最终才能持续交往，共同成就。

4. 自我学习能力

自我学习能力是新时代大学生必备的能力之一。古人云："授人以鱼不如授人以渔。"自我学习能力是要求我们个人不但要学习渊博的知识，还要掌握自我学习的方法，树立终身学习、与时俱进的理念。首先作为新时代大学生，我们要明确动机、确定目标。目标是指引我们实施劳动行为的关键，根据目标我们选择相应的自学方式，合理地计划时间，适当寻求专业指导。同时，养成自学的习惯，大学学习更多强调要养成学习习惯、每次学习都要有课前预习和课后复习的习惯、合理运用工具辅导书、善于查阅文献资料等。培养自学习惯会使我们接受到的知识更加全面和扎实，为未来实践提供坚实基础。

5. 与人合作能力

在工作和学习中，我们要重视人与人之间的协调、交际、合作的能力。在工作中我们要认识到合作的重要性，在与人交往中学会看到别人与自己之间的差异，从不同角度看待问题。新时代，大学生要学会互相帮助，互补共赢，共赢是一个民族发展的至高境界，培养当代大学生要真正做到摒弃私心杂念，树立"人人为我，我为人人"的观念。在与他人合作的过程中提高自己的能力，丰富自己的思考，不断完善劳动实践能力，通过合作获得成功。

同时，我们要学会珍惜对手，感谢对手。竞争是不可避免的，竞争的存在才是人类不断进步的动力。因此，我们要在学习和工作中树立公平有序的竞争意识，怀有感恩和感激之心，取长补短，更快进步。

6. 问题解决能力

问题解决能力是指人们运用观念、规则和一定的程序方法对问题进行分析，提出解决方案的能力。问题解决能力是完成一项任务所体现出的一种素质，能力的提升与人的实践能力是不可分的。新时代大学生提高解决问题的能力，首先，要培养自己准确分析、判断问题的能力，这一步听起来容易，但至关重要。如果我们没有准确地分析出问题所在，那我们制定的解决方案就不能起到作用。其次，我们要有勇于解决问题的态度，态度决定成败。当我们遇到问题时不要想着逃避，这样只会增加我们解决问题的难度。发现问题，第一时间就是去解决，而不是推诿。提高自己的执行力。高校培养学生解决问题的能力，掌握解决简单问题的经验，这样在未来的劳动实践中才可以更好地规避风险，取得成就。

7. 信息处理能力

信息处理能力是对于既定的目标任务，可以快速顺利地选择恰当的手段，自主全面地对信息进行处理的能力。首先，信息收集对我们认识问题、理解问题、解决问题有很大帮助，信息收集的宽度和广度是我们完成解决一切任务的条件和前提。其次，是对信息判断能力，所谓判断就是在收集到的众多信息中，挑选出必要信息、次要信息及无关信息的能力，有效地挑选判断信息，从中选取最恰当的部分，服务于我们任务目标。最后，是信息表现能力，采取一定的表现方法和形式对信息进行整理和表达，随着信息社会的发展，人们对接收到的信息有了更高的要求，选择恰当的形式表达自己的观点、意见和看法使信息得到更好的表达。作为新时代的大学生，正处在"信息爆炸"及"信息饥渴"环境中，掌握信息处理的能力，有助于帮助学生在复杂多变的社会环境中选择更有利于自身发展的主要方面，为自身发展服务，为社会劳动服务，为社会贡献力量。

在新的时代背景下，我们会遇到更多新的机遇，同样也会遇到更大的挑战。无论是个人的发展还是国家的发展都需要大学生树立正确的劳动观，用正确的劳动观指导学生们的实践行为，并运用到未来的工作中。高校承担着培养社会主义建设者和接班人的重要职责，必须重视学生劳动观培养工作，为国家输送更加优秀的青年人才。同时，学生树立正确的劳动观也会为实现个人价值和梦想铺路，规范自身行为，最终有所成就。

## 复习思考

1. 1957年，毛泽东在《关于正确处理人民内部矛盾的问题》中明确指出，受教育者应当在德、智、体、美、劳多方面都得到全面和谐的发展，把受教育者培养成有文化、有社会主义思想觉悟的劳动者。这种观点正确吗？为什么？

2. 为什么说劳动是创造价值的唯一源泉？

3. 新时代培养大学生树立正确的劳动职业能力至关重要，需要培养哪些职业劳动能力？

## 实践活动

### 参观博物馆

博物馆是城市进程的缩影，也是城市的明信片。参观博物馆不仅可以感受民俗民风，也可以了解到为城市发展付出艰辛劳动的劳动者们所做的杰出贡献和优秀事迹。为加深大学生对于劳动含义的理解，感受劳动促进了社会的进步与发展，以班级（30人左右）为单位，组织一次博物馆参观实践活动。

<活动记录表>

| | |
|---|---|
| 活动计划 | |
| 活动难点及解决办法 | |
| 心得体会 | |
| 教师评语 | |

## 参考文献

[1] 马克思.1844年经济学哲学手稿[M]. 北京：人民出版社，1979.
[2] 马克思，恩格斯. 马克思恩格斯全集：第1卷[M]. 北京：人民出版社，1995：456.
[3] 马克思，恩格斯. 马克思恩格斯全集：第1卷[M]. 北京：人民出版社，1995：248.
[4] 马克思，恩格斯. 马克思恩格斯文集：第1卷[M]. 北京：人民出版社，2009：156.
[5] 马克思，恩格斯. 马克思恩格斯文集：第1卷[M]. 北京：人民出版社，2009：531.
[6] 马克思，恩格斯. 马克思恩格斯文集：第8卷[M]. 北京：人民出版社，2009：174.
[7] 马克思，恩格斯. 马克思恩格斯文集：第2卷[M]. 北京：人民出版社，2009：53.
[8] 马克思，恩格斯. 马克思恩格斯文集：第2卷[M]. 北京：人民出版社，2009：43.
[9] 马克思，恩格斯. 马克思恩格斯文集：第5卷[M]. 北京：人民出版社，2009：207-208.
[10] 马克思，恩格斯. 马克思恩格斯文集：第9卷[M]. 北京：人民出版社，2009：550.
[11] 马克思，恩格斯. 马克思恩格斯文集：第1卷[M]. 北京：人民出版社，2009：501.
[12] 马克思，恩格斯. 马克思恩格斯文集：第10卷[M]. 北京：人民出版社，2009：289.
[13] 马克思，恩格斯. 马克思恩格斯文集：第2卷[M]. 北京：人民出版社，2009：53.
[14] 马克思，恩格斯. 马克思恩格斯全集：第4卷[M]. 北京：人民出版社，2009.
[15] 习近平. 坚持中国特色社会主义教育发展道路 培养德智体美劳全面发展的社会主义建设者和接班人[N]. 人民日报，2018-09-11(1).
[16] 习近平. 在全国劳动模范和先进工作者表彰大会上的讲话[N]. 人民日报，2020-11-25(2).
[17] 习近平. 习近平谈治国理政（第1卷）[M]. 北京：外文出版社，2018：46.
[18] 习近平. 在庆祝改革开放40周年大会上的讲话[M].北京：人民出版社，2018：42-43.
[19] 习近平. 在全国劳动模范和先进工作者表彰大会上的讲话[M]. 北京：人民出版社，2020：4.
[20] 习近平. 在知识分子、劳动模范、青年代表座谈会上的讲话[M]. 北京：人民出版社，2016：7-8.
[21] 孙岩，钟文娜，陈亚男. 新时代劳动价值观研究[J]. 中国劳动关系学院学报，2019, 33(1)：118-124.
[22] 吴学东. 马克思劳动思想研究[M]. 北京：中国社会科学出版社，2018：257.
[23] 亚当·斯密. 国民财富的性质和援引研究（上卷）[M]. 郭大力，王亚南，译. 北京：商务印书馆，1972.
[24] 陈治国. 关于西方劳动观念史的一项哲学考察：以马克思为中心[J]. 求是学刊.2012（6）.
[25] 中共中央马克思恩格斯列宁斯大林著作编译局. 马克思恩格斯文集：第9卷[M]. 北京：人民出版社，2009：550.
[26] 许慎. 说文解字[M]. 北京：中华书局，2006：292.
[27] 陈鼓应. 庄子今注今译（下）[M]. 北京：中华书局，2007：744.
[28] 孙诒让. 墨子间诂[M]. 孙启治，点校. 北京：中华书局，2001.
[29] 郭静. 新时代大学生劳动教育的现实途径研究[D]. 大连：辽宁师范大学，2020：6.
[30] 肖凯悦. 新时代高校劳动教育的现状与对策研究：以青岛部分高校为例[D]. 青岛：青岛科技大学，2022：5.
[31] 郑银凤."90后"大学生劳动观教育研究[D]. 成都：西南交通大学，2016：6.
[32] 马克思，恩格斯. 马克思恩格斯全集：第4卷. 北京：人民出版社，2009.
[33] 中共中央文献研究室编. 毛泽东年谱：1893—1949（上卷）[M]. 北京：中央文献出版社，2002：86.
[34] 转引自叶剑英选集[M]. 北京：人民出版社.1996：397.
[35] 毛泽东. 毛泽东选集（第4卷）[M]. 北京：人民出版社.1991：1428.
[36] 中共中央文献研究室. 建国以来重要文献选编（第19册）[M]. 北京：中央文献出版社.1998：6.

[37] 卞秋华. 毛泽东思想中的劳动观蠡测[J]. 学理论，2013（13）：46.
[38] 毛泽东. 毛泽东选集（第 4 卷）[M]. 北京：人民出版社，2003：1314.
[39] 毛泽东. 毛泽东文集（第 7 卷）[M]. 北京：人民出版社，1999：399.
[40] 毛泽东. 建国以来毛泽东文稿（第 7 册）[M]. 北京：中央文献出版社，1992：396.
[41] 中共一大会址纪念馆编. 中共一大代表早期文稿选编（1917.11—1923.7）（上）[M]. 上海：上海人民出版社，2011：84.
[42] 毛泽东. 建国以来毛泽东文稿（第 11 册）[M]. 北京：中央文献出版社，1996：492.
[43] 邓力群. 文化巨人毛泽东（3）[M]. 北京：中央民族大学出版社，2003：1016.
[44] 毛泽东. 毛泽东文集（第 7 卷）[M]. 北京：人民出版社，1999：270.
[45] 中共中央文件选集（1949 年 10 月—1966 年 5 月）（第 42 册）[M]. 北京：人民出版社，2013：562.
[46] 毛泽东. 建国以来毛泽东文稿（第 11 册）[M]. 北京：中央文献出版社，1996：149.
[47] 邓小平. 邓小平文选（第 2 卷）[M]. 北京：人民出版社，1994：57.
[48] 邓小平. 邓小平文选（第 1 卷）[M]. 北京：人民出版社，1994：276.
[49] 江泽民. 江泽民文选（第 2 卷）[M]. 北京：人民出版社，2006：372.
[50] 江泽民. 论科学技术[M]. 北京：中央文献出版社，2001：119.
[51] 胡锦涛. 胡锦涛文选（第 4 卷）[M]. 北京：人民出版社，2016：370.
[52] 胡锦涛. 在 2010 年全国劳动模范和先进工作者表彰大会上的讲话[N]. 人民日报，2010-4-28（1）.
[53] 习近平. 在知识分子、劳动模范、青年代表座谈会上的讲话[N]. 人民日报，2016-4-30.
[54] 习近平. 向全国广大劳动者致以"五一"节问候[N]. 人民日报，2014-5-1.
[55] 习近平. 庆祝"五一"国际劳动节暨表彰全国劳动模范和先进工作者大会隆重举行[N]. 人民日报，2015-4-29（4）.
[56] 习近平. 在同全国劳动模范代表座谈时的讲话[N]. 人民日报，2013-4-29（2）.
[57] 习近平. 在知识分子、劳动模范、青年代表座谈会上的讲话[N]. 人民日报，2016-4-30（2）.
[58] 习近平. 在乌鲁木齐接见劳动模范和先进工作者、先进人物代表向全国广大劳动者致以"五一"节问候[N]. 人民日报，2014-05-01（1）.
[59] 习近平. 习近平谈治国理政（第 1 卷）[M]. 北京：外文出版社，2018：46.
[60] 习近平. 在庆祝改革开放 40 周年大会上的讲话[M]. 北京：人民出版社，2018：42-43.

# 第三章

# 新时代大学生劳动教育实施

## 引导案例

### 天津多所高校开展劳动教育实践活动别样过"五一"

天津北方网讯"五一"假期，我市多所高校开展形式多样的劳动教育实践活动，加强培育新时代大学生的劳动精神，引导学生在志愿服务和社会实践中以劳树德、以劳增智、以劳强体、以劳育美。

5月1日，天津科技大学启动"本科生校内义务劳动"活动，在各学院相关负责教师指导下，学生们纷纷走上校园一线岗位开展劳动体验。该校海洋与环境学院30个团支部的青年学子准备了写有对校园劳动者感恩与祝福的"心意卡"，在劳动节当天将这些卡片送给学校保安、保洁、食堂、宿管等工作人员。

天津职业技术师范大学外国语学院团委举办"角色互换 与你同行"的劳动教育活动，学院80余名团员向学校后勤工作人员当面表达感谢，送上节日祝福，并"变身"宿管、保洁、安保等工作人员，在专业人员指导下，开展清洁楼道、餐厅保洁、维护校园秩序等劳动体验。

天津理工大学明理农场假期仍是一片繁忙景象，学生分批来到农场进行耕种实践，该校农耕指导老师穿梭田间，手把手教学生正确使用农具及种植蔬菜。"我们打造'劳动+'系列融合课程体系，将劳动教育充分融入思政课程、专业教育等教育教学活动中，各学院还把'三会一课'开在劳动现场，把劳动能力培养、劳动习惯养成贯穿立德树人全过程。"该校学工部副部长袁卫国说。

天津医科大学启动开展"迎盛会 庆五一 同劳动"劳动月主题活动，活动包括组织全校同学对宿舍、教室等学校公共场所进行环境卫生大清扫；邀请我市及全国五一劳动奖章获得者、劳动模范和先进工作者进行宣讲，弘扬劳动精神；组织学生用镜头和笔墨聚焦校内爱岗敬业的教职员工，引导学生崇尚劳动、尊重劳动。

天津商业大学开展"践行劳动教育，弘扬劳动精神"主题实践活动，活动包括组织学生积极参与一场专题学习、一门劳动教育课、一次居家劳动实践、一期劳动实践分享，鼓励大家从身边小事做起，感悟劳动之美。

资料来源：天津多所高校开展劳动教育实践活动_央广网 http://edu.cnr.cn/sy/sytjB/20220504/t20220504_525815033.shtml.

## 第一节 国外劳动教育课程授课实施形式与内容

新中国成立以来,在 70 多年的教育发展史中,劳动教育模式经历了不同阶段的更新和调整,通过不断的实践形成了中国特色的劳动教育模式。2015 年和 2020 年,中国出台两个大中小学劳动教育的重要意见,彰显了劳动教育在培养社会主义建设者和接班人的重要意义。本章主要从国内和国外两个角度对劳动教育的实施进行简要论述,对继续发展国内劳动教育提供借鉴。劳动教育是培养德智体美劳全面发展的社会主义建设者和接班人的重要环节。贯彻落实劳动教育,事关社会主义教育的性质、本质和特点,对于学生的德智体美劳全面发展,具有重要的时代意义。

### 一、国外劳动教育课程的培养目标

在美国,把劳动教育放在很高的位置,从孩子早期开始就注重劳动意识和劳动行为习惯的培养,培养他们的动手能力和生存能力。在孩子成长的各个时期,他们都要从事一些力所能及的劳动。在大学阶段,学生正处在事业建构的阶段,在这一阶段,学校将更多地关注学生的职业发展趋势,引导他们进行科学、合理的职业发展规划。德国也十分重视劳动教育,认为劳动教育是素质教育的重要内容,是培养学生未来事业发展的重要方面。日本通过立法明确指出:"关注职业和生活的关系,培养重视劳动的态度。"俄罗斯在 2015 年发布了《劳动教育发展纲要》,既继承了苏联的劳动教育的做法,又更新了劳动教育的形式和保障机制。

综合以上几个国家对劳动教育开展的情况,我们不难发现,即使各国国情不同,但是都非常重视劳动教育的发展,主要以学生的生存、发展和未来生活作为主要目标,锻炼学生独立能力,以学生未来职业发展相联系设置课程目标,为学生今后的生活与工作奠定坚实的基础。

### 二、各国劳动教育授课实施形式

#### (一)美国"实用主义"的劳动教育模式

在美国,家长让孩子从小就认识劳动的价值。美国南部一些州立中学为培养学生独立适应社会生存的能力特别规定:学生必须身上不带分文地独立谋生一周方能予以毕业。美国注重早期家庭劳动教育意识的培养,对学生劳动教育理念的培养起步较早,在家庭里,父母会鼓励孩子自主做些力所能及的家务劳动,树立劳动意识并培养自我成就感。同时,高校会组织带领学生集体参加义务植树、社区打扫服务等劳动。

将塑造学生吃苦耐劳的品质作为劳动教育目的。美国深泉学院一直将劳动作为教育理念。该校主张学生通过劳动不仅可以获得技能,更能够培养吃苦耐劳的品德和坚韧毅力。劳动贯彻整个学习生活,每位学生都会被分配到单独一项劳动任务。比如,除草打扫等,对于修葺房屋等工作量较大的劳动则由学生们集体合作完成。学生每周被安排不少于 20 小时的劳动时间，并且每天必须 6 点起床完成挤牛奶、放牧等多种校外实践，在劳动结束后投入课堂学习和演讲等。长此以往，这样的劳动形式不仅使学生的劳动能力和自律的品质能够得到锻炼，也使学生塑造了良好的团结协作精神。该学院还聘请了一批专业高素质、精通劳动教育的师资队伍。这些职工在学院农场负责不同分工任务和对学生劳作指导。有的职工不仅教授学生课堂理论知识，也对户外劳动进行深入辅导。

美国重视志愿服务，劳动教育与社区服务和志愿服务结合。一些美国大学规定学生如果积极参与社区志愿者劳动，将给予一定学分的减免。学生可以选择进入学校所在社区帮助老人、社区清洁等，这不但培养了学生劳动意识，还通过学校的学分奖励，增强了学生的劳动积极性。

美国的劳动教育的课程主要分为三类：一是基于成为家庭有效成员的劳动教育；二是基于就业的劳动教育；三是基于公民培养的劳动教育。学生通过劳动课程的学习，了解并接触当代社会形形色色的职业，以保证每个人都能根据自身兴趣、资质与特长，学习到一种或多种职业技能，经受一定的劳动锻炼，从而在中学毕业后可以自由选择职业或继续升学。如美国新泽西理工学院作为典型的劳动教育案例，该校每年在假期中给学生布置"假期项目"作业。学生参与校外实习，与社会环境、贫困问题和经济问题接触，将课堂理论与劳动实践充分结合，除了增强劳动能力之外也培育了公民责任意识。美国学校注重将学生职业方向作为劳动教育的指引，对不同年龄阶段学生开设不同目的的劳动课程。在高等教育阶段，学校会密切观察和调研学生的职业意向，引导学生参与专业实践活动，制定职业生涯规划。同时，高等院校强调劳动教育的氛围渲染。在大学劳动教育课程中，开展形式多样的实践活动。例如，义务募捐活动帮助困难群体，设立手工插画、茶艺、烹饪等兴趣班和选修课程。美国教科书上对学生各个年龄阶段应承担的家务有明确规定，这是未来独立自主地进行生涯规划的基础，美国劳动教育课程与其他基础素养教育是相互交织的。通过多样化的活动形式，把体育、艺术、爱国教育等内容融入其中，鼓励学生在劳动中获得自信心和成就感，增强合作和责任意识。同时，面向生涯教育的劳动教育，可以帮助学生认识社会规划职业发展路径，在步入大学或进入社会之前对于职业选择能有更加清晰的认识和选择。

### （二）英国"面向未来生活"的劳动教育模式

从教育目的来看，英国的劳动教育主要是培养学生具备生活、职业的技能，为未来做准备。教育课程中开设有：日常生活性劳动课程、生产劳动课程和服务性劳动课程三大类。以始于 19 世纪 80 年代英国的"新教育运动"为标志，这种新的教育重视劳动教育，表现为在课程中强调体力、手工和艺术等方面的活动。20 世纪以来，英国的劳动教育逐渐偏向于推动学生完成良好的职业准备。在当下的英国国家课程规定中，确立了"艺术与设计""计算机""设计与技术"这三门与劳动教育相关的课程。日常生活性劳动课程主要是学校为学生设立有糕点烹饪、植物种植等动手劳动课程，旨在激发学生自主创新的思维，还会邀请食品机构和企业专家来为学生的作品指导点评。例如，在"设计与技术"的课程中，就包含了"烹饪与营养"这门必修的内容，它旨在培养学生学会烹饪这项关键的生活技能。生产劳动课程注重围绕计算机课程和技术课程，计算机课程适应了当下数字化时代的发展要求，学生可以提高信息技术、数字技术、大数据和人工智能等领域的能力。设计与技术课程目标是培养学生在建筑、园艺、设计等行业中的谋生能力，在计算机课程中强调对新兴技能的掌握，在艺术与设计等课程中注重对劳动精神的培养与实践。服务性劳动课程与公民教育相联系，旨在鼓励大学生参与到团体社区的各类活动中，发挥公民个人在社会中的贡献价值。

课程设计上体现时代特性。英国高校在生产劳动课程中的时代特征非常明显。从过去培训学生手工缝纫、编织技能到现在使用信息技术和软件设备进行操作，使学生充分意识到与时俱进的劳动理念的同时还提高了社会竞争力。开发创造力课程项目来培养大学生劳动创新意识。英国高校的观点认为大学生劳动创新意识和创造能力培养是首要目标。因此，很多高校会与创意创新企业长期合作，邀请企业专家为学生讲解实际工作经验。学生可以进入企业实习。例如，英国某大学的机械专业学生为企业设计了自主采摘草莓机器人，这一研发设计得到了企业认可并投入了生产。这种校企合作进行劳动创造力开发的模式，不仅提高学生劳动积极性，也让在校大学生体验到了服务企业、社会的满足感。

### （三）德国"项目式"的劳动教育模式

在德国，孩子们的劳动义务明明白白写进了法律，6岁以上的孩子必须帮助父母干家务。例如，比尔有两个孩子，那么一位就会负责为家中花园浇水，另外一位负责翻土和除草，还要帮助父母洗餐具、收拾房间、擦洗家人的鞋子。每逢暑假，两个孩子还要顶着炎炎烈日，骑自行车挨家挨户地送报。德国家庭中的父母认为"与其让孩子坐着享受，不如教给他们劳动的技能"。德国的劳动教育教学法体现了教育方法的深度钻研，其理念强调和实践的联系，对标学生掌握知识、发展技能、培养习惯的发展。

德国的学校也开设了劳动课程。德国劳动教育渗透于多学科直通社会生活。德国十分强调和重视基础教育中的劳动技术教育，把它视为学生职业生活和社会的重要准备和基础，和学生全面素质教育的重要组成部分进行精心设计，并贯穿在基础教育的全过程。德国高校擅长使用"项目式"教学，以具体任务或项目为教学主线，辅以校园和企业实习。从整个项目决策、材料准备和项目实施阶段都让学生沉浸其中，教师负责辅导答疑。学生在完成过程中需要运用跨学科综合知识与技能，并且凸显与未来自身职业规划相关的特点。并且还采取专用教室和实习制度。德国设立精加工、烹饪、办公室管理、缝纫和编织等多种劳动技术专用教室。这些教室的设计均高度还原实际情景，使学生在"情境式"教学环境中，将今天与未来工作的真实环境结合起来。除此以外，多数高校开设劳动实践环节课程，要求每位学生自己联系一家企业，学生可以利用实习机会成为学徒。在实习期满后，由教师对学生企业劳动表现进行考核总结。德国劳动课程旨在帮助学生掌握技能、学习知识、培养习惯。劳动项目产品有多种形式：第一，文字描述形式，如企业实习报告、求职信；第二，形象描述，如拍摄形象短片、绘画、图纸制作；第三，模仿表演，如劳动过程的角色模拟；第四，最终劳动成品，如玩具、模型、服装等。

### (四)日本"三课堂活动"的劳动教育模式

日本劳动教育起始于明治时期，公立学校把"为国家劳动"作为教育理念。1978 年以后，日本提出了"劳动体验学习"的概念，主张学校要培养学生劳动意识、树立劳动品格。开设职业相关课程，组织就业体验活动，重点帮助大学生认识自我价值与职业的关系，引导他们选择适合自己的职业，做好职业规划。日本在 2016 年修改的《教育基本法》中指出，新时代要加强学生人性、生存技能和思维能力共同发展的要求。日本高校劳动教育的目的在于培养学生热爱劳动的理念，掌握劳动理论知识，参与劳动实践。通过大学道德课程、知识课程，如社会、公民课和技能课程，技术、家政课及企业实践和社会活动，志愿活动等来完成劳动教育的实施。劳动教育被赋予了法政并举的双重保障。日本的《教育基本法》明确了劳动教育的地位。在劳动管理上有不同的分工，文部科学省专门负责高等学校劳动教育问题，旨在培养服务社会的劳动人才。文部科学省专门颁布了要则和实行规则，对学校的行政政策管理十分重视。

日本从家庭、学校、社区到社会都十分注重营造终身劳动的氛围，帮助公民在成长过程中自然而然地形成正确的劳动观。尤其是在培养青少年劳动价值观上，日本动用了各方社会资源，使劳动教育成为一种常态。家庭是人生的第一课堂，因此，日本非常重视家庭教育。家庭主要通过以父母为榜样让学生参与家务劳动来实施劳动教育，青少年在家庭劳动体验过程中学习生活常识，提高自理能力，形成家庭劳动的意识。学校除了把劳动教育融入各课程、组织体验活动外，还通过与地方社区合作来实施劳动教育。日本的社区协议会是居民自治组织，"以多元主体参与为基本特征""以居民高度义务感为内生动力"[①]的社区治理机制。社区多以与学校合作的方式，组织嵌入社会的生活体验活动，帮助学生认识劳动者与社会的关系，在生活中学会互相尊重。日本社会与学校合作建设了许多劳动教育实践基地，用于学生的劳动实践教育。

重视多元化协同参与。日本和美国有着较为相似的劳动教育理念，对公民、社区、学校有着联合培养的行动计划。鼓励家庭中父母以榜样力量为学生进行示范，提高学生自理能力。社区也与学校多方合作并建立起劳动教育实践基地。虽然日本并没有一门命名为"劳动教育"的课程，但日本同样重视家庭劳动教育。因为在日本家长看来，从小培养孩子动手的能力，是孩子成长过程中一项重要的生活技能，不可或缺。

扩展阅读 3-1

日本不少高校中都拥有一块或大或小的田地，将"田地教育"作为劳动教育的特色形式，供教师对学生进行户外劳动教育的指导实践。教学田地在城市学校和农村学校都有，有的高校会和政府征用土地进行种植教育，因此，可以在校园内看到许多小菜园、花盆等。教师教学生育秧、插秧、割稻，其间还有田间管理和防治病虫害等。在非水田的田地里，学校教学生种植日常食用的蔬菜（比如西红柿、黄瓜、南瓜、茄子）和常见的园艺花草植物。

---

① 俞祖成. 日本社区治理中的多元主体参与[N]. 社会科学报，2019-03-28（3）.

### 三、国外劳动教育课程设置内容简介

国外劳动教育课程内容的设置主要以技术为主，以便于为学生的职业、生涯（计）发展做准备。有一部分国家设置了专门的劳动课程，并且形成自己的教育体系，如法国的科学和技术课程，英国的"设计与技术"，德国的"手工或劳作"，俄罗斯"工艺学"及日本的生活、家庭课程等。虽然形式不同，但是对劳动教育都有积极意义。有的把其当成独立学科对待，有的虽然未设置成独立学科，但在学校和家庭中，却始终坚持劳动教育。托马斯·莫尔在其著作《乌托邦》中，明确指出了劳动教育的内容要注重与生产活动相结合。[①]裴斯泰洛齐重视学生的手工劳动，把手工劳动看作是学生最基本的一门课程。[②]卢梭则着重于农业的基础劳动、接近自然状态的手工业和其他实际技术的培养。[③]莫尔认为，课程内容应该兼顾脑力劳动和体力劳动，既要在学校学习专业劳动知识，也要去农田中劳动。马卡连柯在其著作《论共产主义教育》中提到的劳动教育内容是：生产劳动，如养猪、当工匠等。庄坚俍指出俄罗斯是以"工艺学"为载体的劳动教育模式。[④]"工艺学"主要是以材料加工技术、食品加工、建筑修理、手艺学、信息技术等为专业的教学内容，使其具备一定的劳动基础和技能。而随着时代的发展，俄罗斯劳动教育课程的内容要求也在及时更新，体现培养理念现代化。英国的劳动教育课程主要以促使学生养成生活、职业的技能，为未来做准备而设计课程内容，非常重视日常技能的学习。到了职业中学阶段，会要求学生进行社区实践，培养他们的综合实践能力。美国的劳动教育课程分为三个方面，即培养有效的家庭成员、加强就业指导和国民素质的培养，根据学生的不同发展阶段设计劳动课程的内容，高等教育时期更加关注学生的职业发展，除了制定科学合理的职业生涯发展规划外，还重视其他技能的培养，学校会开设更为丰富的综合实践活动课程。例如家政、手工、木艺、园艺和烹饪等，通过学科渗透的方式，体现劳动教育的课程内容。德国的劳动技术教育分为理论与实践情况，根据各州的情况设置劳动课程，总的上课模式为理论教学全班上，实践教学则分组上。课程设置主要以学生及其活动为中心的专业教学方法和以教学活动社会化为主要教学方式，采用了"请进来、走出去"的形式，让更多的人参加到教育活动中来。[⑤]俄罗斯的"工艺学"课程设置有技术、劳动训练、美术等，分为必修课和选修课，实践内容占70%，理论占30%。此外，芬兰是全球首个把劳动教育列为必修课的国家，他们从2014年起就把重点放在了跨专业技能的培养上。将与劳动相关的课程，如手工课、家政课等与劳动课结合，体现了劳动教育具有的作用既是综合的又是实用的，在很大程度上提高了学生的综合能力。

综上所述，国外有关劳动教育的课程内容各有特色，但也存在一定共性。整体上看，这些国家都是根据本国实际情况和学生身心发展特点来设置课程内容，目的是为学生的生存、发展、就业做准备。从形式上来看，主要以实践为主，理论知识教授比较少，且

---

① 托马斯·莫尔. 乌托邦[M]. 北京：商务印书出版社，1982.
② 裴斯泰洛齐. 裴斯泰洛齐教育论著选[M]. 北京：人民教育出版社，2001.
③ 卢梭. 卢梭全集[M]. 北京：商务印书馆，2012.
④ 庄坚俍，高磊. 劳动教育的国外模式与课程实施[J]. 思想政治课学，2021，(2)：77-81.
⑤ 傅小芳，周俪. 德国基础教育中的劳动技术教育[J]. 比较教育研究，2005，(2)：35-40.

不拘于课程形式，重视身体发展与智力发展的结合。从内容上看，反映出个体和社会的发展相结合，开设很多与生活技能相关的课程，让学生具备独立生活的能力。此外，还与学生未来职业发展相结合，以为未来生活做准备为目的。

## 四、国外劳动教育的实施经验

### （一）课程定位：趋向技术教育

从国外劳动教育的发展历程可以看出，大多数国家或地区劳动技术教育课程的演进大致遵循"手工"（或劳作、手工艺）、"工艺"至"技术"的过程，这与社会需要的劳动技能日益复杂有关。在这个过程中，劳动教育的内涵日益丰富，不再仅仅包含手工制作、家政等简单的生活劳动，对新技术的认识与应用也逐渐成为劳动技术教育的重点。同时，为了培养满足经济发展需要的人才，提升毕业生就业水平，部分国家在劳动技术课程中设置职业认识与体验模块，从小学甚至从幼儿园开始对学生进行职业教育。从发展趋势来看，国外劳动教育的课程定位越来越趋向于技术教育，并将其逐渐蕴含于技术教育之中。

### （二）教育内容：兼具丰富性和层次性

国外劳动教育在教学内容设置上各有偏重，但从整体上看，都非常重视与社会生活的联系。课程内容可以归纳为手工、家政、技术、社会体验活动四类。手工类课程主要培养学生的劳动技能和劳动情感，主要包括纸工、编织、木工、陶器、缝纫等手工制作，这类课程大多面向低年级学生；而家政课程更多地面向女学生，注重培养学生从事家庭劳动的兴趣和能力，课程内容主要包括食品、膳食和健康，会安全使用厨具，学会管理家庭生活等；技术类课程占整个课程的比例较大，注重培养学生的技术素养，为学生未来的职业选择做准备，课程内容包括技术的相关概念、技术的应用等，这类课程多面向中高年级学生；社会体验活动在校内外以实践活动的方式开展，主要培养学生的劳动态度和职业兴趣，活动类型包括班级和学校活动、社团活动、义务服务活动、职业前途探索活动等，这类课程适合各年龄段的学生。

### （三）课程体系：关注系统性与连贯性

国外劳动教育重视课程设置的系统性和连贯性，即一般从小学甚至幼儿园开始，直至高中甚至大学，对课程进行整体设置规划，重视学习阶段之间的衔接。课程的实施遵循学生身心发展的阶段性和连续性，低年级学生接受的劳动教育多为手工、家政、社会体验活动（公益服务等）、基本的技术知识等，主要培养学生良好的劳动态度、习惯，基本的生活技能及对职业的初步认识；高年级学生接受的劳动教育更多的是技术、社会体验活动（职业体验等），主要目的是让学生了解各类职业，培养职业兴趣，为未来职业选择做准备。通过设置循序渐进的课程来逐步实现劳动教育的最终目标，保证了课程的系统性和连贯性。

### （四）实施途径：整合资源、多渠道灵活进行

国外劳动教育教学实施方式非常灵活，能够充分整合校内外资源，通过多种多样、

灵活有趣的方式实施教学。课程实施的方式大致可以归纳为三种：一是开设系统的劳动技术课程，二是借助各种教育教学活动实施劳动技术教育，三是二者兼备，相辅相成。一个国家或地区并不局限于采用一种方式实施教学，也有可能三种方式同时存在。在教学场所上，不仅仅局限于学校教育，还非常重视家庭在劳动教育中的作用，同时注重发挥社区的作用，调动整合校内外资源，全方位为学生开展劳动技术教育。

### （五）师资培养：注重培养教师的专业性

国外非常注重对劳动技术教育教师的培养，尤其是技术教师，开设专门的师范专业，探索并规范劳动技术教师教育培养的课程标准，设置劳动技术教师资格考试制度，为劳动技术教育的顺利开展提供了高质量的教师保障。

## 第二节　国内高校劳动教育课程授课实施形式与内容

### 一、国内高校劳动教育的课程定位

#### （一）课程目标定位

劳动是创造物质财富和精神财富的过程，是人类特有的基本社会实践活动。劳动教育是发挥劳动的育人功能，对学生进行热爱劳动、热爱劳动人民的教育活动。大学生劳动教育是以学生获得各种劳动体验、形成良好的技术素养、增强创新精神和实践能力为目标，强调动手与动脑相结合，以探究性、操作性为特征的一门实践活动课。当前实施劳动教育的重点是在系统的文化知识学习之外，有目的、有计划地组织学生参加日常生活劳动、生产劳动和服务性劳动，让学生动手实践、出力流汗、接受锻炼、磨练意志，培养学生正确劳动价值观和良好劳动品质。

#### （二）课程性质定位

大学生劳动教育课程是一门综合性强、操作性强的学科。采用课堂讲授，结合小组讨论、校内校外劳动实践的教学方法。通过课程讲授使学生掌握基础理论与知识；通过小组讨论培养学生独立思维能力；通过校内校外实践，结合家庭、学校、社会各方面的力量，注重教育实效，实现知行合一，帮助并促进学生形成正确的世界观、人生观、价值观。了解社区实际情况，引导学生将理论与实践相结合，培养学生发现问题、解决问题能力。

#### （三）劳动教育在课程体系中的地位及作用

大学生劳动教育是一门面向全体学生开设的公共必修课程，在高等学校教育教学中占有非常重要的地位。对增强学生的劳动观念、磨练意志品质、树立艰苦创业的精神及促进学生多方面的发展具有重要的作用。

1. 有利于锤炼大学生艰苦奋斗的精神品质

劳动是奋斗与幸福之间的实践联结点，幸福不仅在于享受劳动创造出来的成果，而且在于体验劳动创造的过程，虚幻、不现实的幸福往往是因为缺少劳动及其创造的过程。人类在劳动活动中展现出的不惧艰苦、不计回报、无私奉献的精神状态，推动了自我价值和社会价值得以实现，这种实现价值的过程，就是人们通过艰苦奋斗体验幸福的过程。因此，在劳动教育中引导大学生深入学习，加强实践，积极投身暑期"三下乡"、"大学生志愿服务西部计划"、"青年红色筑梦之旅"、科普宣传等社会实践活动进行服务性劳动，奔赴革命老区、走进贫困地区、深入广大基层，通过社会调查、实地走访、义务支教等多种形式开展劳动实践活动，有利于大学生在劳动实践中磨炼意志和增长才干，不断丰富人生阅历，通过坚守艰苦奋斗的精神底色及传承艰苦奋斗的优良传统，将理论和实践相结合，将个人的前途命运和国家民族的发展同频共振，以此能够不断锤炼自身艰苦奋斗的精神品质。

中共中央、国务院《关于全面加强新时代大中小学劳动教育的意见》指出劳动教育要引导大学生"树立正确的择业观，具有到艰苦地区、行业工作和面对重大疫情、灾害等危机主动作为的奋斗精神和奉献精神"，从大学生主体维度来看，加强大学生劳动教育有利于锤炼大学生艰苦奋斗的精神品质，增强大学生职业认同感、归属感及为国家和人民服务的社会责任感，进而能够推动大学生积极弘扬和践行劳动精神、劳模精神。

2. 有利于增强大学生的职业认同感、归属感

职业认同感、归属感是人们在工作和职业中获得的劳动幸福和成就，由此能够对自己的职业产生高度肯定和认同。而一种职业能够使自己的才能和能力尽情发挥，没有过多的阻力使自己获得最大限度地满足，并能通过劳动实现自身价值和社会价值相统一，使自己在劳动中收获自豪感和成就感。因此，大学生要树立与时代要求相统一和自身能力能够充分发挥的职业价值取向和职业理想。当前，大学生对就业取向仍存在诸多误区，有许多大学生的就业心态呈消极化，过度追求经济价值，缺乏奉献精神等。通过劳动教育，引导大学生正确认识劳动、认可劳动的价值，能够有效帮助其纠正错误的就业观念，引导大学生认清就业形势，正确进行自我评估，明确自身定位，树立正确且科学的职业理想和就业取向，并通过不断提升自身的职业就业技能和综合素质，将个人职业追求与社会需求紧密结合，通过多方位、多渠道就业，明确实现自我理想和目标的途径。另外，通过劳动教育可以有效消除劳动等级、尊卑之分的错误观念，促进大学生形成积极服务基层的就业选择，以勤俭、奋斗的劳动，在劳动岗位上形成爱岗敬业、精益求精的劳动态度，提高其就业择业、适应社会、服务人民的能力，进一步为自身良好社会责任感的形成奠定基础。

3. 有利于强化大学生的社会责任感

大学生的社会责任感是养成其社会行为的关键因素，当大学生对自身的责任有了基本认知之后，通过亲身实践会对自身的社会价值和生命价值产生认同，在这一思想意识的指引下，会形成有利于社会的价值观念和行为表现，积极履行自身的社会责任，促进自身角色社会化的转变。劳动教育具有显著的社会性特征，能够引导大学生在积极的劳动实践中适应和融入社会生活，因此，大学生自身也要通过不断的劳动锻炼成长为未来社会所需的高素质、高水平的复合型和应用型专门人才。习近平总书记也曾强调："中国

梦是国家的梦、民族的梦，也是包括广大青年在内的每个中国人的梦。"①大学生是"造梦者"，更是"圆梦者"，不仅需要具备综合的能力素质和劳动素养，也要将圆梦内化为自身的社会责任和价值追求。为此，通过各类的劳动教育实践活动，激发大学生的奋斗热情和创造活力，引导其融入、了解、服务社会的过程中，立足本职，从基础做起，充分运用专业技能走进经济、教育等亟须快速提升的地区和领域进行劳动锻炼和志愿服务，以此形成对自身责任的感性认知和理性思考，进而能够肯定和认同自己的切身劳动对国家和社会的创造价值，有利于引导大学生勇担时代责任，形成奉献基层、服务人民的价值选择。

4. 有利于大学生弘扬和践行劳动精神、劳模精神

我们能稳步迈进新时代、走向新征程，离不开劳动模范的辛勤工作和默默付出，他们用真实的劳动付出和立足本职、勤勉敬业的劳动态度所凝聚的崇高品质，是我们开拓创新、继往开来的强大精神动力。为此，对大学生进行劳动教育，一是有利于培养青年学生勤俭的生活习惯。进入大学后，部分大学生或因为惰性，或因为松懈，亲自进行劳动的行动力和执行力较差，又惧怕劳而无获，对其加强劳动教育，有利于使其在与他人的协作劳动中感知劳动的创造性价值，能够尊重、珍惜自己和他人的劳动成果，克服精致利己、铺张浪费的不良习性。二是有利于培育大学生实干的奋斗精神。在劳动过程中，引导学生在鲜活的劳动实践中以干劲、闯劲、钻劲，练就踏实肯干、真抓实干、埋头苦干的作风，能够使大学生对学习、工作和生活秉持积极态度，锤炼其脚踏实地、主动作为的精神品质。这里的奋斗精神就是指实干，"实"要讲实话、办实事、求实效，"干"就要"诚实劳动、脚踏实地劳动"。三是有利于激发大学生敢于求新求变的创新创造精神。在劳动教育理论学习和实践锻炼下，大学生敢于冲破思维定式，对旧事物予以批判，在进行体脑劳动时，充分运用自己的学科知识和专业技能，不望而却步和停滞不前，创造出具有独创性的观点、方法或者实质性的事物，这一过程既使学生创新创造意识和能力逐步提升，又能反之来激发新时代青年开拓创新和敢为人先、不断提升自身创新创造的意识和积极态度。四是有利于引导大学生在劳动中养成奉献精神。当前，大学生劳动的意义要在"我要劳动"的基础上转变为"我愿意为他人和社会劳动"，以劳动奉献来实现自身的社会价值。因此，引导学生深入基层进行劳动服务，能够激励学生以高度的责任感和使命感完成本职工作，以自觉之责任、忘我之劳动、无私之奉献，在党和人民需要之处尽情发挥自己的才能，不断以"我将无我，不负人民"的劳动精神和奉献精神锤炼自我、成就他人。

扩展阅读 3-2

5. 有利于促进大学生劳动素养的综合提升

《意见》中指出劳动教育具有四重育人价值，即"劳动能树德、增智、强体、育美"。在推进学生全面发展的过程中，加强劳动教育对大学生德智体美等

---

① 习近平. 中国梦是民族的梦，也是每个中国人的梦[N]. 人民日报，2013-08-06.

综合素养的提升有直接促进的作用。一是以劳树德，劳动能增强人的德性修养。通过一系列的劳动理论和实践教育，能够引导大学生养成良好的社会主义品德，促进自我劳动价值观念、家庭责任感和社会公德意识的提升，进而不断加强自身的德性修养。二是以劳增智，大学生能在劳动中增强劳动技能，丰富劳动知识，达到提升和扩展劳动能力的目标。另外，大学生将所学知识通过劳动实践和应用，能更好地了解自己的优势和潜能，直面自己的劣势和不足，通过提升自己的认知、实践能力，能够有效培养其创造性思维。三是以劳强体，劳动本身就具备身体运动的效能，大学生通过劳动不仅能够进行身体运动，还能在劳动过程中激发自身蕴藏的潜能，不断思考和调整自身行为以达到最佳的劳动效果，借此可以强化意志品质，增强心性锻炼，进一步增强体质，"野蛮其体魄"。四是以劳育美，在劳动中可感悟人生、生活和社会之美。马克思曾说："人是按照美的规律来建造的"，深刻指出了人美感的产生和发展与劳动密不可分，美的根源就在于对劳动的真理性认识。劳动本身就是美，在劳动实践过程中，能使大学生体会劳动之美，充实审美体验，培养其劳动光荣且崇高、劳动伟大而美丽的审美观念，使其能够发现劳动美，感知劳动美并尝试创造劳动美。因此，劳动不仅创造了社会生活，更有助于大学生追求、向往和创造美。

## 二、国内劳动教育的培养目标

《意见》明确了劳动教育总体目标。通过劳动教育，学生能够理解和形成马克思主义劳动观，牢固树立劳动最光荣、劳动最崇高、劳动最伟大、劳动最美丽的观念；体会劳动创造美好生活，认识到劳动不分贵贱，热爱劳动，尊重普通劳动者，培养勤俭、奋斗、创新、奉献的劳动精神；具备满足生存发展需要的基本劳动能力，形成良好劳动习惯。通过各教学项目的完成，训练学生包括身体运动、生产劳动、生命行动、社会活动的"动商能力"。通过本课程学习应达成以下课程培养目标：准确把握社会主义建设者和接班人的劳动精神面貌、劳动价值取向和劳动技能水平的培养要求，全面提高学生劳动素养，使学生能做到以下几点。

### （一）树立正确的劳动观念

高校开展劳动教育要加强大学生的劳动观教育，使其形成正确的劳动观。以马克思的劳动观念来说明劳动的重要意义，使大学生认识到劳动是整个社会发展的根本，正确理解劳动是人类发展和社会进步的根本力量，认识劳动创造人、劳动创造价值、创造财富、创造美好生活的道理，尊重劳动，尊重普通劳动者，牢固树立劳动最光荣、劳动最崇高、劳动最伟大、劳动最美丽的思想观念，使大学生尊重劳动与劳动者。在劳动教育中，培养大学生以劳动为荣的观念、增强大学生热爱劳动的情感态度、培育大学生诚实劳动的品质。

### （二）具有必备的劳动能力

高校开展劳动教育要帮助大学生掌握必要的劳动能力。通过劳动教育，使大学生学习通用劳动科学知识，丰富大学生劳动知识储备，掌握基本的劳动知识和技能，正确使用常见劳动工具，增强体力、智力和创造力，具备完成一定劳动任务所需要的设计、操作能力及团队合作能力，引导大学生深刻理解劳动与劳动教育；让大学生了解与掌握日常所需的劳动技能，能正确使用日常所需的劳动工具，要增强大学生的体力、智力和创新能力，使大学生具备完成劳动任务必要的设计与操作能力。

### （三）培育积极的劳动精神

高校开展劳动教育要帮助大学生培育积极的劳动精神。领会"幸福是奋斗出来的"内涵与意义，继承中华民族勤俭节约、敬业奉献的优良传统，弘扬开拓创新、砥砺奋进的时代精神。通过劳动教育，使大学生懂得并继承中华民族勤俭节约、敬业奉献的优秀传统，努力奋斗、接续创新的劳动精神。

### （四）养成良好的劳动习惯和品质

高校开展劳动教育要帮助大学生养成良好的劳动习惯。通过劳动教育，使大学生能够打理好自己的日常生活卫生，平衡好学习与生活习惯，养成良好的消费习惯并且能够自觉自愿、认真负责、安全规范、坚持不懈地参与劳动，形成诚实守信、吃苦耐劳的品质。珍惜劳动成果，养成良好的消费习惯，杜绝浪费。

## 三、国内劳动教育实施方针

高校劳动教育课程设置要做到三个方面相互贯通、前后互动和内外结合，注重顶层设计的作用，如国家有关部门出台的相关政策及学校发出的通知等。

### （一）坚持育人为本

落实立德树人的根本任务，始终坚持实践育人，将社会主义核心价值观教育融入实践全过程，引导大学生在实践中观察社会、认识国情，加深对国家路线、方针、政策的认识，树立正确的世界观、人生观、价值观，坚定走中国特色社会主义道路。

教学过程要完备自身的体系，教学过程的顺利实施能有效保障劳动教育的效果。教学设计是以课程标准为依据，结合学生的特点而进行的构想和计划，主要包括教学目标、重难点、教学方法等内容，其目标是改善课堂教学的质量与效率，保证学生的学习效果。在劳动课程的教学设计中，重点研究了"为什么学""学什么""如何学"等问题。"为什么学"要明确学劳动的相关知识的原因？它对学生发展有什么作用？大家只能够对这些问题进行简要回答，而教学设计则可以从内因和外因的角度系统、全面、明确地对此进行回答。简而言之，教学设计回答"为什么学"的问题是系统而全面的，设计的内容也是科学而又符合学生需求的。"学什么"要明确教学的重难点，分层次地对劳动教育进行阐述，主要包括理论层面和实践层面，既要不断挖掘马克思主义劳动理论，也要在专业技术上和职业方面提升创新创业能力。"如何学"指的是教学的方法，高校要依托先进的劳动教学技术，有针对性地进行方法论的教学与应用。

### （二）坚持理论联系实际

坚持教育与生产劳动和社会实践相结合，学生应主动运用所学理论或方法去思考、解决问题，实现"学"与"用""理论"与"实践"的统一，提高社会实践的育人实效。

要结合时代发展和实践需要，坚持问题导向，既要坚持马克思主义劳动观的基本立场、基本观点、基本方法，也要理论联系实际，创新马克思主义劳动观教育的理念、方法、载体和内容。新时代的劳动教育，不是计划经济时期工厂劳动、农业劳动、义务劳动的"复制版"，也不是用劳动教育取代课堂知识教育、思想政治教育、心理健康教育的"替代版"，更不是对西方国家劳动教育体制机制的"模仿版"，它是扎根中国大地、汲取中华优秀劳动文化、与社会主义现代化强国战略相适应、与时代新人培养目标相贯通的"升级版"。劳动教育是"知行"相互衔接的有机整体，在知晓意会的基础上，培养学生的基本劳动能力，使之形成良好的劳动习惯和行为习惯。

### （三）坚持课内与课外相结合

建设实践育人的工作机制，将劳动教育与专业教育有机结合，融入学生培养方案和课程体系中，渗透到思想政治理论课、通识课程和就业指导课程中，坚持集中与分散、平时与假期相结合、内外结合，综合实践、技术、实习、社会实践等方面的实践活动课程，落实在社会实践、志愿服务和校园文化建设中，贯穿学校人才培养全过程，确保实践活动全员覆盖、深度影响。

### （四）坚持受教育、长才干、做贡献

劳动教育前后要互动，既要衔接高中阶段的内容，又要为大学生后续发展做好基础。新时代劳动教育的重心在于劳动理念教育、劳动价值培育、劳动品格培养、劳动精神传承，使学生能够理解和形成马克思主义劳动观，牢固树立劳动最光荣、劳动最崇高、劳动最伟大、劳动最美丽的观念。学生要通过劳动实践在思想意识和道德修养方面受教育，在专业和职业技能上受锻炼，增长解决实际问题的才干，为社会建设作出贡献，力所能及地做实事、办好事。

### （五）坚持整合资源

依托课程的评价机制，高校劳动教育课程要建立实用的考评体系。主要包括考评的内容、考评的主体、考评的标准及考评的方式，所有的内容都要结合高校劳动课程的实际情况而制定，这样才能真正发挥评价促进发展的实效，提升劳动课程教学质量，实现劳动课程育人的目标。将实践育人作为一项系统工程来抓，调动校内外各方面的积极性，制定社会各方面支持大学生社会实践的制度，为大学生社会实践创造有利条件，努力推动全社会共同参与、大力支持大学生社会实践。

## 四、国内劳动教育实施的形式

### （一）"思政课"与"专业课"融入劳动教育

思想政治课程作为高校提升大学生的思想政治素养，坚定理想信念，提高道德水平的主要依托。同时也是培育大学生正确劳动观念、积极劳动精神的主要方式。思想政治理论课主要有四门课程，这四门主要课程内容都与劳动紧密相连。具体来看，一是教师

在讲授《马克思主义基本原理》课程时，学习马克思主义基本原理与方法论的内容，使高校大学生领悟劳动是人类、社会生存与发展的基础，劳动对个人全面发展和社会快速发展的价值意义。从哲学角度使大学生了解并建立马克思主义劳动观的知识体系，纠正大学生懒于劳动、不劳而获的错误思想，用马克思主义劳动观理论解决为什么要劳动的问题。二是教师在讲授《毛泽东思想和中国特色社会主义理论体系概论》课程时，可以让学生认识马克思主义中国化两次飞跃的历史脉络与两大内容成果，从而领略到中国要实现中华民族伟大复兴劳动必不可少，劳动者为社会主义建设付出的巨大努力不能被忽略，应使大学生意识到作为中华民族复兴的追梦人所肩负的社会责任与历史使命。三是教师在讲授《中国近现代史纲要》课程时，使学生在中国近代历史进程中体悟到，近代中国是中国人民顽强反抗的要求民族独立与解放的历史，是追求幸福生活与美好未来的奋斗史。从历史中思悟当下，为中国建设奉献出自己的力量。四是教师在讲授《思想道德与法治》课程时，重点引导大学生树立正确的劳动观念，在艰苦奋斗中追逐青春梦想，在劳动中、奉献社会中实现自己的人生价值。

专业人才的培养既要让其有扎实的专业理论，也需要掌握一定的专业技能。而劳动可以对大学生的专业知识与专业技能的运用起到桥梁与纽带作用，这关乎大学生未来就业与前途。因此，高校各个专业教师在教授专业课内容的同时，还应挖掘专业内容中与劳动教育相关的部分。例如，哲学专业中有关马克思主义劳动观的内容，经济学专业中有关劳动经济学等。在各专业课实践环节中，教师可以增加劳模精神、工匠精神、先进人物事迹的讲述，让学生认识到个人成功与劳动密切相关，让学生领悟到理论与实践相统一的道理。大学生要想熟练运用专业技能和增强自身专业技能只有在劳动实践中才能实现。在劳动中艰苦奋斗、扎实进步，利用自身才能，不断锻炼自己，才能在以后社会竞争中脱颖而出，才能在奋斗拼搏中服务祖国与人民，创造美好人生价值。

## （二）校企联合劳动教育模式

校企合作是以社会需求为导向、学校和企业共同参与培养人才、最终实现双赢的一种教育模式，是高校人才培养模式改革的有效手段。党的十九大报告提出：实现高等教育内涵式发展，深化产教融合、产学研结合、校企合作是高校内涵建设的重要抓手。近年来，很多高校坚持以经济社会发展需要为导向，主动服务国家战略，面向产业、行业需求优化相关学科设置，通过校企深度合作，推进产学研合作办学、合作育人、合作发展。实施校企合作对大学生开展劳动教育，有利于聚焦劳动教育突出的社会性和实践性特点，使劳动教育内容更加全面、教育资源更加丰富、教师队伍更加多元、教育场景更加真实。通过前沿的专业知识传授、系统的技术工艺培训、先进的生产设备操作、优秀的企业文化引领，实现德育、专业教育和创新教育统一，达到专业认同、技能培养、知行统一、育人育德的目标。

社会在劳动教育中要发挥支持作用。充分利用社会各方面资源，为劳动教育提供必要保障。各级政府部门要积极协调和引导企业公司、工厂农场等组织履行社会责任，开放实践场所，支持学校组织学生参加力所能及的生产劳动、参与新型服务性劳动，使学生与普通劳动者一起经历劳动过程。鼓励高新企业为学生体验现代科技条件下劳动实践新形态、新方式提供支持。工会、共青团、妇联等群团组织及各类公益基金会、社会福利组织要组织动员相关力量、搭建活动平台，共同支持学生深入城乡社区、福利院和公共场所等参加志愿服务，开展公益劳动，参与社区治理。

1. 校企合作有效促进大学生劳动教育与思想引领的紧密结合

劳动教育的核心在于思想引领，目的在于价值塑造。校企"双元"开展系统化劳动教育，各类资源共建共享，从中可以挖掘的思政教育元素丰富多样，通过学生真实的实践认知体验有效地调动其主观能动性，强化劳动素养、创新品质、职业精神和社会责任感的培养。校企联合设置劳动课程、组织实习见习等生产劳动实践，引导大学生重视并积极投身劳动实践，激发劳动热情和创造潜力，培养良好的劳动习惯，筑牢"崇尚劳动、尊重劳动、热爱劳动"的价值观；企业劳动者的示范引领和企业文化的感染影响，有利于弘扬新时代劳动精神和工匠精神，培养大学生热爱劳动人民、报效国家和奉献社会的情感追求；依托行业、企业组织各类社会实践和志愿服务活动，帮助学生更加真实地认识国情、了解社会、了解民情，更加深入地体会社会分工的细化及产业结构的变化，更加理性地认识自我、评价自我、发展自我，在知行合一中树立正确的世界观、人生观、价值观。

2. 校企合作有利于体现大学生劳动教育的时代特征

劳动教育具有鲜明的时代特征。随着生产力发展，社会分工日益细化，产业种类更加多元，劳动形态也发生了重大变革，经济社会的发展对社会劳动力与人才结构都提出了更新、更高的要求。中共中央、国务院《关于全面加强新时代大中小学劳动教育的意见》强调，劳动教育要"结合产业新业态、劳动新形态，注重选择新型服务性劳动的内容"。企业在经济社会发展中扮演着重要角色。在区域经济结构调整、产业转型升级中，各企业要抢抓市场机遇，勇于开拓创新，不断提质增效，在产业新业态、劳动新形态及专业劳动者素养等方面掌握第一手资料。校企合作开展大学生劳动教育，能够帮助高校聚焦行业、企业的改革发展需求，丰富大学生劳动教育专业化、时代化的相关内容，促进课程内容与职业标准相结合，通过传授行业前沿新知识、新标准、新规范和企业生产新技术、新工艺、新设备，有效地促进高校人才培养供给侧和企业、产业发展需求侧的全方位融合。

3. 校企合作能够丰富大学生劳动教育的实践载体

大学是实践场景最为密集的学段，实践是大学生的主要课堂。大学生劳动教育应指导学生掌握基础劳动理论和劳动知识技能，强化日常生活劳动，重点突出生产劳动和服务性劳动实践。校企合作开展大学生劳动教育，在校园作为劳动实践育人主阵地的基础上，由企业提供劳动实践平台和实习场地，拓展了大学生劳动实践特别是专业技能型、生产服务型劳动实践场所。校企双方联合制定人才培养方案，创新劳动教育形式，结合学科专业为大学生提供多样化的劳动实践项目和管理实践岗位，促进理论教育与实践锻炼紧密结合，为大学生专业学习、技能提升和职业发展提供坚实可靠的平台。校企双方协同整合社会各类劳动教育资源和力量，加大与主管部门、行业协会、有关社会团体的交流合作，多渠道推进专业化、行业性大学生劳动实践基地建设，有利于大学生劳动教育与社会实践、公益服务、创新创业等多方位融合，从而促进劳动教育更好地从学校走向社会。

### （三）竞赛类劳动教育模式

科技竞赛是由政府组织牵头，高校、协会或群众组织承办的各类竞赛活动，如团中央、科技部、教育部等部门联合举办的全国大学生挑战杯大赛、人力资源和社会保障部组织的中华人民共和国职业技能大赛等。我国针对大学生组织的竞赛类实践活动数量众多、丰富多彩，有综合性的，也有学科类的，为大学生提供了足够多的科技竞赛平台。

1. 中国"互联网＋"大学生创新创业大赛

我国举办的"互联网＋"大学生创新创业大赛是由教育部与政府、各高校共同主办，每年举办一届，是目前我国影响范围最大的创新创业赛事。大赛举办的目的在于"以赛促学，培养创新创业生力军；以赛促教，探索素质教育新途径；以赛促创，搭建成果转化新平台"。参赛的类型主要以"互联网＋"现代农业、"互联网＋"制造业、"互联网＋"信息技术服务、"互联网＋"文化创意服务、"互联网＋"社会服务、"互联网＋"传统产业、"互联网＋"新业态、"互联网＋"公共服务、"互联网＋"技术支撑平台为主。

2. 中华人民共和国职业技能大赛

人力资源和社会保障部从2020年起举办全国职业技能大赛，2020年12月10日，第一届全国职业技能大赛在广州开幕。首届大赛以"新时代 新技能 新梦想"为主题，设86个比赛项目，共有2500多名参赛选手，是新中国成立以来规格最高、项目最多、规模最大、水平最高的综合性国家职业技能赛事。中共中央总书记习近平发来贺信，强调各级党委和政府要高度重视技能人才工作，大力弘扬劳模精神、劳动精神、工匠精神，激励更多劳动者特别是青年一代走技能成才、技能报国之路，培养更多高技能人才和大国工匠，为全面建设社会主义现代化国家提供有力人才保障。李克强作出批示，指出提高职业技能是促进中国制造和服务迈向中高端的重要基础。

3. 大学生创业大赛

大学生创业大赛每两年举办一次，大赛以在校大学生和毕业生为主要参赛对象，为高校学生提供自主创业的平台，同时为各位学生丰富创业知识、相互沟通创业心得、提供创业思路提供一个良好的平台。高校学生是最具有创业优势的群体，大学生对未来都充满着希望和激情，这是作为一名创业者应有的素质。大学生具有较高层次的技术优势，用智力换资本是大学生创业的特色和必然之路。现代大学生具有创新精神，因循守旧不再是大学生毕业后的首选，只有充分运用创新精神，把学到的理论知识学以致用，提高自身能力，增加社会实战经验，才能在创业实战中实现自己的理想，证明自己的价值。

组建创新创业项目。创新创业项目以其广泛的影响力，在大学生中具有较高的参与度。大赛丰富了高校劳动实践活动，借助创新创业项目，不仅激发了大学生的积极性和主动性，也丰富了劳动教育的教育形式，促进劳动教育创新发展。高校还应该设立专门的劳动教育实践场所，配备专门劳动工具，向老师与学生同时开放，既要鼓励大学生进行思维的创新，也要将创新劳动转化为能够看得到的劳动成果。值得一提的是，高校要大幅度补齐创新创业布局，并广泛开展宣传，使学生都能切切实实地感受到劳动的幸福感和获得感，深刻地体会到诚实劳动才是寻找解决办法的内在要求。同时，高校还应重视创新创业平台与学科培养的有效衔接。不但要扩充创新创业平台的教育工作者队伍，建设合理有效的一系列课程，能够支持激励大学生参与教师的课题，用这种方式磨砺学生的动手能力，造就大学生的独创性思维；还要充分运用大学生的主观意识和行动，借助创新创业平台的实践，更好地让大学生付出劳动，大幅提高实践能力。

## （四）依托学生社团组织开展劳动教育模式

学生社团作为高校学生课外生活的主要场所，具备广泛的学生基础，又因其受到学生的喜欢，因此高校依托学生社团开展劳动教育实践有助于唤起学生想要参与劳动的主观意志。各个学院创立可以对接的社团组织平台，组织宣传引导大学生积极加入各类社团，使得劳动教育实践活动学生社团成为高校专业的劳动教育实践基地。在开展丰富多彩的社团活动的同时，将劳动实践活动贯穿其中，如理论普及宣讲团，重点在学校大学生骨干培训班和学生理论学习社团中招募组建实践团队，结合学校共青团学习宣传贯彻习近平总书记重要讲话精神"四进四信"活动开展，深入农村乡镇、城市社区、厂矿企业等，主要围绕习近平总书记重要讲话精神和治国理政新理念新思想新战略，讲好红色故事等，开展形式多样的普及宣讲活动；国情社情观察团，重点在全校招募组建实践团队，成员包括不同专业背景的大学生、校园媒体记者等，深入城镇、乡村及各类企业事业单位等，在深入观察和调研脱贫攻坚、全面建成小康社会的过程中，深刻理解我国经济社会发展的新面貌新成就；传承红色基因团，充分发挥红色资源优势和区域历史遗迹，侧重选择具有特殊意义的纪念地，组织学生开展中国的传说采风活动，重点组织学生对遗留下来具有重要纪念意义、教育意义或者史料价值的旧居、旧址、遗址、遗迹、纪念物、标语、红色歌谣、红色传说、风俗礼仪、民间传说等，采用文字、声音、图像、视频、歌谣等适当方式进行原生态的记录和采集，并结合学校提供的网上平台，对采集的作品进行展示和宣传，同时保护和传承民间故事，开展丰富多彩的具有教育意义的实践活动。组织学生对革命旧址进行参观见学，通过重走红军路、重听红故事、重读红书籍等活动，使其思想得到洗礼，心灵得到启迪；依法治国宣讲团，围绕习近平总书记重要讲话精神，深入到城镇乡村、社区街道宣传宣讲习近平总书记关于全面推进依法治国的重要论述，深入观察和体会中国共产党在建设社会主义法治国家、发展社会主义市场经济、推动社会主义文明进步所取得的新变化新成就；科技支农帮扶团，重点在涉农学院中组建由专业教师和学生组成的实践团队，到相关县域或当地农业部门或农广校进行合作，开展农技人员培训、农业科普讲座、先进农技推广、为农民提供"田间地头"的生产实践指导等服务活动；教育关爱服务团，组织大学生深入乡镇农村、到中西部地区基础教育薄弱、教育资源匮乏的贫困县（乡），协助当地教育部门开展教师培训，帮助当地优化教育资源、提升教学质量。同时，以关爱留守儿童为活动重点，组织大学生团队开展课业辅导、素质拓展、亲情陪伴等活动；文化艺术服务团，依托艺术学院、校大学生艺术团（队）和文艺类学生社团，组织大学生暑期文艺演出队，以弘扬时代精神、倡导文明新风为目标，以反映社会主义核心价值观为主要内容，精心编排基层人民群众喜闻乐见、贴近基层生活实际的文艺节目，到乡镇农村开展巡回演出；爱心医疗服务团，重点发挥附属医院和医学、护理专业大学生志愿者的作用，前往农村基层开展流行性疾病防治宣传、基本医疗卫生知识普及等活动，为农民进行健康普查和常见病治疗，结合基层实际需求培训当地医务人员，捐送部分药品和医疗器械，协助建设乡（村）医疗站；美丽中国实践团，主要依托学校相关专业的学生和学生环保类社团，到农村基层、县域城镇和城市社区，围绕环境污染、水资源保护、垃圾处理、气候异常、资源开发、自然灾害预防等，开展科普知识宣讲、社会调查研究、开展建言献策等活动。在社会实践结束时，开展优秀个人社会实践成果展，分享个人假期社会实践成果，可以是心得体会或调研报告，结合参与的科技支农、文化宣传、教育帮扶、医疗卫生服务、环境保护、法律援助等实践活动来撰写实践成果。还可以邀请劳动榜样进行宣讲，劳模先进事例进行展示，使学生在参加社团活动时有所思、有所悟，用榜样的力量激发大学生积极劳动的热情。

  高校通过自身渠道为劳动教育社团组织提供校内外劳动实践资源，可以利用志愿服务性劳动实践活动去锻炼大学生。志愿服务性劳动实践活动是以学生为中心，组队原则自愿、内容设计自主、团结协作、理性沟通，有目的性地进行劳动实践，以此充分发挥学生参与劳动的积极性和创造性。高校在这个过程中，要开展劳动过程监管与劳动结果评析，以确保劳动教育社团组织活动可以顺利开展。比如，对志愿服务性劳动实践活动进行事前审查、事中调控、事后监管等一系列措施，并且还要确保学生的安全，为学生社团组织开展劳动教育主题实践活动提供保障。社会实践活动具有较强的专业性、较高的规范化、较完善的保障措施，可以作为高校劳动教育的主要载体。在社会实践活动中融入劳动教育，能够实现高校劳动教育育人目标，对于高校丰富劳动教育实践活动十分有效。例如，让学生下基层，进乡村。乡村是学生了解社会与国家发展的主要途径，高校可以与村委会协商组建大学生培养方案，在乡村建立实践活动场所，使得学生在校学习期间也能走入乡村进行调查研究。高校也可以跟当地政府商议，建设多所具有专业人员和实践设备的劳动教育实践基地，为劳动教育实践活动提供专门的区域与项目。不论是在乡村建立劳动教育实践场所还是政府建立的劳动教育实践基地，都能够锻炼大学生身心素养，还能够为学生未来就业与乡村振兴奠定基础。

### （五）强化校园文化熏陶培育劳动教育模式

  校园文化对学生有潜移默化的影响。在校园里尊重劳动、热爱劳动的校园文化，可以有意无意地陶冶大学生的劳动思想。因此，高校可以从以下方面加强校园劳动文化建设：一是大力倡导"四最"劳动观念。首先，高校应该借助传统的方式宣传劳动文化。例如，在校园人员经过较多的地方悬挂有关劳动的标语或横幅；在校园公共区域内安放尊重劳动相关话语的牌子；在各学院宣传栏中可以绘画劳动文化手抄报等方法，使学生在任何时间任何地点都能感受劳动文化的魅力。其次，高校应该借助学校中的其他手段宣传劳动文化。比如，运用校园广播站讲述大国工匠的故事，还可以利用学校大屏幕播放身边优秀劳动者的故事，

扩展阅读 3-3

让学生耳濡目染劳模的奋斗历程，在心里扎下一颗劳动的种子，为以后生根发芽做好铺垫。与此同时，还能借助高校官方公众号、微博、视频号等一些网络媒介，大力宣传劳动教育文化活动，或是将劳模精神、先进劳动者的故事投入到网络上，以此来在学校营造浓厚的劳动氛围。二是要在学校里广泛开展各种形式的劳动教育活动。高校大学生劳动教育活动是丰富大学生课外活动的一项重要内容。高校学生劳动教育活动主要有以下几个方面：将劳动周、劳动月和劳动重要节日相结合开展。例如，与 4 月植树节、5 月劳动节、3 月雷锋日等节日结合，开展主题活动；高校举办各种大型群体劳动。比如，组织劳动技能竞赛、劳动精神征集、征文比赛等重点展出精品；还可以邀请劳模、优秀工匠等举办讲座，以形成浓厚的校园劳动气氛，促进劳动精神的传播。

## 五、国内劳动教育实施内容

### （一）崇尚劳动和热爱劳动的劳动价值观教育

《意见》中强调"劳动教育要注重培养大学生勤俭、奋斗、创新、奉献的劳动精神"。而大学生正确劳动价值观的形成是培养其科学劳动精神的基础和根本。劳动价值观是"人们对劳动价值和意义的定位和根本看法"，主要包括对劳动价值的认识、对劳动的情感态度及对个人劳动和社会劳动的评判等内容。正确的劳动价值观有利于培育大学生吃苦耐劳、积极进取、甘于奉献和求实创新的顽强意志，反之则会抑制学生的劳动热情、积极性和创造性，易形成好逸恶劳、不劳而获的消极情绪和懈怠心理。当前，社会劳动形态的变化使得人们对脑力劳动和创造性劳动的需求日益增加，人们对劳动价值及意义的评价更多取决于劳动创造性"质"的飞跃，而非当初体力劳动"量"的多少。大学生如何认识劳动，如何看待劳动，如何对待劳动者是其准确进行劳动选择和判断、促进其积极实现劳动理想的根本，这在本质上规定了劳动价值观有两个方面的教育内容。一是关于劳动价值的认识教育。长期以来，我们一直忽视劳动对人自身本质力量实现的重要意义，使得劳动失去其本质和丰富的内涵。在今天，我们既要教育引导大学生认识劳动本身，即劳动是创造人并实现人的存在的前提，更要有效运用马克思主义劳动观和中国特色社会主义劳动思想这一理论武器，认真体会劳动在创造人、创造价值、创造财富、创造美好生活中的重要意蕴。二是关于如何正确看待劳动及劳动者的教育问题上，要引导大学生认识到一切幸福和快乐都源于劳动，国家富强、民族振兴、人民幸福的实现根本上要依靠劳动者的创造。因此，要树立劳动光荣、创造伟大，而非寻求捷径的价值取向，特别是对即将要融入社会的大学生来说，令其能够在丰富多样的生活劳动、生产劳动、服务性劳动的实践、体验和创造中，深入自然、社会、真实世界，增进对劳动者的具象认知和亲近情感，平等对待劳动者的劳动尊严、劳动地位及劳动付出，这是大学生处理各种人际关系的基础和前提。

### （二）提倡"热爱劳动"的劳动情感和"诚实劳动"的劳动态度教育

在《心理学大词典》中定义"情感"一词为"人们对客观事物是否满足自己的需要而产生的态度体验"，人们对于劳动的感情取决于劳动给人带来的情感体验及周围人对劳动的评价，当产生积极体验时，人们会由衷地对劳动产生情感认同，并由此激发自身的劳动热情及参与劳动的积极性，若是重复性的机械劳动则会带来的消极体验，会使得大学生对劳动的看法和态度带有主观色彩，易于形成对劳动的偏见认识和错误观念。而劳动态度是人在劳动价值观支配下、在长期劳动情感体验基础上所产生的一种崇尚劳动、尊重劳动、热爱劳动的心理倾向。因此，对大学生进行劳动情感和态度教育，一方面要引导大学生深入了解劳动人民是推动我国形成、发展和实现人民幸福生活的根本力量，了解我国革命、建设、改革的进程是中国共产党带领伟大劳动者辛勤劳动、诚实劳动、创造性劳动的过程，进而增进其对劳动的热爱和对劳动人民的敬爱之情。另一方面要教育和培养学生勤劳和诚实的劳动态度，使实干、奋斗成为当代青年的核心标识。2013年4月28日，习近平总书记与全国劳动模范代表在座谈会中进行交流，"人世间的美好梦想，只有通过诚实劳动才能实现；发展中的各种难题，只有通过诚实劳动才能破解；生命里的一切辉煌，只有通过诚实劳动才能铸就。"由此可见，诚实劳动始终是大学生实现奋斗梦、青春梦、出彩梦最宝贵的基石，这就要求大学生在学习和生活中始终保持诚实守信的合法劳动意识，积极践行诚实劳动，自觉弘扬和传承诚实的优良传统美德，使诚实劳动的价值观念成为全民信奉。

### （三）提出以"创造性"为载体的劳动科学知识教育

"创造""创新""科技强国"等词汇已经成为新时代的独特标识。习近平总书记在党的十九大报告中多次提及创新，并强调科技创新是国家赖之以强、企业赖之以赢、人民生活赖之美好的利器。当代大学生思想活跃、观念新颖，富有十足的活力、激情、想象力及创造性，是创新创造创业的重要源泉，理应关注我国科技发展前沿，走在创新创造的前列。而科学的前沿知识是大学生更好地适应社会生产力、以真才实学服务国家、更好地满足用人单位需要的重要保障。为此，中共中央和国务院印发的《中国教育现代化2035》中强调"要注重教育实效，实现知行合一。"知是行的前提条件，劳动科学知识的学习是大学生做出合理性、科学性劳动选择时必备的基础要素，高超科学的劳动知识和技能能够提升大学生的劳动素养，创造出更多更好的劳动成果和更加丰富的社会资源。因此，对大学生进行科学知识教育可以从以下几方面入手，一是可以充分利用劳动教育课程、思政课等专业课程加强大学生马克思主义劳动观教育，重视而不拘泥于对学生的劳动知识传授，深化大学生对劳动价值、本质、规律的认识和理解，引导大学生内在感知劳动对人、价值、财富及美好生活等方面的创造作用。二是加强大学生劳动法律法规知识、劳动就业知识及劳动心理健康知识等方面的教育。大学生在校期间的勤工俭学、实习实践，毕业就业过程中的权益保障与劳动法律法规、劳动就业等方面的内容高度关联，牵涉着大学生的切身利益，但在实际教学中，学校劳动法律法规和职业就业等相关内容开设较少，而且多数大学生劳动法律的理论基础薄弱，维权意识匮乏，很难有效利用法律途径分析和解决问题。为此，要对大学生加强劳动法律法规和政策教育，使大学生系统地、深入地学习劳动法律知识，增强其运用法律武器合理维护自身权益的行动自觉，进而不断提升其法律综合素养。另外，大学生面临着高素质高人才日益激烈的竞争，面临着社会、家庭、就业、情感等多重压力，若不能正确对待，会对自身的生理和心理健康乃至行为表现产生负面影响。近年来，大学生因焦虑、抑郁等心理问题自杀、失联等事件的发生，时刻在警示加强大学生劳动心理健康教育的紧迫性。因此，学校要将劳动教育与心理健康教育有机结合起来，通过劳动心理疏导缓解学生的学业和就业竞争压力，引导大学生劳逸结合，避免学生坐享其成、不劳而获等负面思想的滋生。

### （四）倡导自觉自主的劳动习惯养成教育

在我国古代，"习惯"一词最早也被写作"习贯"，"习"指鸟类数次振动翅膀学习飞翔，而"贯"指我国古代串钱串贝所用的绳索，意指循序不间断，古人最早是通过观察鸟类学习飞的过程来揭示习惯的内涵。学者关鸿羽认为习惯"是大脑中建立的一系列条件反射，是在有规律的、重复出现的刺激下，形成稳固的神经联系，也是在反复练习中养成的行为、语言、思维等方面的生活方式"，即习惯是后天培养、训练、教育及环境等多因素共同作用的结果，这也意味着习惯的养成需要长时期和渐进式的情景再现和反复训练，劳动习惯的养成亦是如此。据调查显示，我国学生平均每天劳动的时间仅为 12 分钟，与美国学生的劳动时间相差 6 倍，大学生更是深受"佛系""宅"文化影响，不愿劳动，积极主动地进行劳动的良好习惯尚未形成，会对大学生自主管理、独立分析和解决问题能力的形成产生影响。因此，既要通过劳动知识和技能的学习使学生具备满足生存发展所需的基本劳动能力，又要引导大学生通过参与适当的生产劳动、公益劳动、实习实训劳动和家务劳动等劳动过程，来感知劳动创造美好生活的幸福和快乐，进而增进大学生的潜意识自觉，使其能够自觉自主进行劳动，养成良好的劳动习惯。

扩展阅读 3-4

扩展阅读 3-5

### 复习思考

1. 西方劳动教育模式对我国劳动教育模式有哪些影响？
2. 你认为我国的劳动教育模式有哪些独特之处？

### 实践活动

为了使学生更好地在社会实践中感受劳动的价值，推动基层社会的进步与建设，以班级（30人左右）为单位，组织一次"下社会，去服务"实践活动。

<活动记录表>

| 活动计划 | |
| --- | --- |
| 活动难点及解决办法 | |

| 心得体会 |
|---|
|  |
| 教师评语 |
|  |

## 参考文献

[1] 托马斯·莫尔. [M]. 北京：商务印书出版社，1982.

[2] 裴斯泰洛齐. 裴斯泰洛齐教育论著选[M]. 北京：人民教育出版社，2001.

[3] 俞祖成. 日本社区治理中的多元主体参与[N]. 社会科学报，2019-03-28（3）.

[4] 卢梭. 卢梭全集[M]. 北京：商务印书馆，2012.

[5] 庄坚俍，高磊. 劳动教育的国外模式与课程实施[J]. 思想政治课学，2021，（2）：77-81.

[6] 傅小芳，周俪. 德国基础教育中的劳动技术教育[J]. 比较教育研究，2005，（2）：35-40.

[7] 习近平. 中国梦是民族的梦，也是每个中国人的梦[N]. 人民日报，2013.

# 第四章

# 新时代大学劳动教育与创新创业教育、专业实训的关系

## 引导案例一

### 从大学时代的创新思维到世界 500 强

20 世纪 70 年代的两次石油危机对美国经济产生了深刻的影响。由于能源价格的高涨，物价上涨给美国企业的经营带来了很多困难。如何合理利用物流，成了当时很多物流从业人士着重考虑的问题，社会急需一种全新的物流服务方式。

1971 年，出身于美国海军陆战队的弗雷德·史密斯退役后开始了他的事业。史密斯在大学的毕业论文中就开始论述如何有效利用基地的问题，在大学毕业后，进一步检验其理论的正确性，在 1973 年正式开始组建联邦快递公司，使用 8 架小型飞机开始提供航空快递服务。公司推出全美国次日到达的门到门航空快递服务，并以及时性、准确性及可信赖性为原则。

由于联邦快递的出现，各个企业的经营者，开始意识到传统的物流政策限制了自由竞争，不利于经济的发展。以 1978 年航空货物运输政策改善为契机，在 20 世纪 80 年代，美国政府出台了鼓励自由竞争的政策，促进了现代物流（logistics）的诞生。

进入 80 年代以后，航空快递运输大量出现。由于企业大量采用 JIT 的生产方式，翌日送达的要求逐渐增多，给航空快件运输的发展带来了巨大的推动作用。在联邦快递公司之后，涌现了诸如 UPS、DHL 等众多的航空快递企业。80 年代中期开始，一般货物的快递运输得到了迅速的发展，与此同时，卡车运输业者也积极地加入航空快递业的竞争行列。

1989 年，联邦快递为了扩大势力收购了飞虎航空公司，一跃成为美国航空业界的最大企业，并且开了物流企业收购航空公司的先河。

资料来源：从大学时代的创新思维到世界 500 强－就业创业服务网 http://jyfww.asu.edu.cn/info/1061/9684.htm.

### 引导案例二

#### "大国工匠"走进高职校园播种"工匠"种子

0.02毫米，相当于一根头发丝的五十分之一。这是我国载人潜水器"蛟龙号"组装工作中提出得近乎苛刻的要求。能实现这个精密度的只有"蛟龙号"载人潜水器首席装配钳工技师顾秋亮，他凭着精湛的技艺，为海底的探索者安装上特殊的"眼睛"。

日前，这位全国首批"大国工匠"、全国五一劳动奖章获得者走进无锡商业职业技术学院，手把手地指导学生们实训。

在该校机电技术学院实训室，顾秋亮挨个观察每组学生的专业实训操作，给学生们示范。课堂上，同学们就专业实训中遇到的难题向顾秋亮抛出了一个个问题：加工部件如何才能更光滑？如何才能做到像顾老师操作的那么的精准和细致？"要练就工匠技术，就得甘坐冷板凳，苦练基本功。"对学生的问题，顾秋亮都一一耐心地回答。

当日，顾秋亮还以"技能报国，匠心筑梦"为题为无锡商业职业技术学院师生做主题报告。在报告中，顾秋亮分享了自己从学徒到"大国工匠"的成长故事，介绍了"蛟龙号"项目研制成功的艰辛历程，细述了他苦练钳工技术，攻坚克难，在追逐梦想路上的点点滴滴。他用三个"心"来阐述自己理解的"工匠精神"。他说，"工匠精神"就是对待工作要做到"我的工作无差错，我的岗位请放心"，要有坚持专注，坐得住冷板凳的"耐心"；要有不断琢磨，追求精益求精的"精心"；要有饱含热情，专业敬业的"尽心"。

"在短短一天的活动中，学生们领略了'大国工匠'的风采，感悟了大师锲而不舍的品质和精神，对'工匠精神'的内涵有了更深的认识。"无锡商业职业技术学院党委委员、纪委书记王建锋说："学校今后还会开展更多类似的活动，努力培养学生精益求精、追求卓越的意志和品质，引导他们涵养'以技报国，为国争光'的情怀。"

资料来源：中国教育新闻网 https://baijiahao.baidu.com/s?id=1717951186369879717&wfr=spider&for=pc.

## 第一节　大学生劳动教育与创新创业教育的关系

随着科学技术的迅猛发展、人工智能时代的来临及人才强国、创新驱动发展战略和"中国制造2025"的深入实施，新时代劳动的创造性特征更加鲜明，劳动价值的体现标准日益突出"知识型、技能型和创新型"的特点。高校劳动教育要注重围绕创新创业，重视新知识、新技术、新工艺、新方法的应用，使大学生能够在劳动实践中创造性地解决实际问题。大学生是创造性劳动的关键主体之一，因此，创新创业教育、实习实训、社会实践作为高等教育的重要组成部分，要求高校在开展劳动教育时体现社会发展的新态势、新需求，强化对大学生的创造性劳动教育，加快建设一支知识密集、智力密集、适应时代发展需要的新型劳动者大军。

## 一、创新与创业

随着"大众创业、万众创新"口号的提出，祖国大地上掀起了"大众创业""草根创业"的新浪潮，形成了"万众创新""人人创新"的新态势。党的十八届五中全会明确了"创新、协调、绿色、开放、共享"五大发展理念。在这五大发展理念中，"创新"一词排在第一位。而在创业过程中的首要问题，便是创新思维的培养。

### （一）创新

创新是一个民族的灵魂，是一个国家兴旺发达的不竭动力。科学的本质就是创新，历史上的科学发现和技术突破无一不是创新的结果。20世纪的相对论、量子论、基因论、信息论的形成，都是创新思维的成果。随着新经济时代的到来，特别是进入21世纪后，人们对创新和创造的关注度已陡然超过历史上的任何一个时期。

1. 创造、创意与创新

①创造的含义。在《辞典》中创造被解释为发明或制造前所未有的事物。在《辞书》中创造一词之意义历经改变。古代本无创造的概念，后来才逐渐形成。其意义的演变，有时和灵感相混，有时则指无中生有的能力，后来又认为与想象有关。如今指的则是新奇性。在用法上，创造原来只用于诗歌，后来才扩展到全部艺术领域，最后则应用到整个人类的文化领域中。②创意的含义。在《辞海》中创意被解释为有创造性的想法、构思等；提出有创造性的想法、构思等。在《辞典》中将被解释为表现出新意与巧思。"创意"既是一个名词又是一个动词，是具有新颖性和创造性的想法。③创新的含义。在《新华字典》里创新的基本解释为创建新的，继承与创新有一定的辩证关系。简单地说，就是利用已存在的自然资源或社会要素创造新的矛盾共同体的人类行为，或者可以认为是对已有的一切所进行的替代、覆盖。创新是以新思维、新发明和新描述为特征的一种概念化过程。创新起源于拉丁语，原意有三层含义：第一，更新；第二，创造新的东西；第三，改变。创新是人类特有的认识能力和实践能力，是人类主观能动性的高级表现形式，是推动民族进步和社会发展的不竭动力。恩格斯说："一个民族要想站在科学的最高峰，就一刻也不能没有理论思维。"[1]同样在新时代，一个民族要想走在时代前列，就一刻也不能停止理论创新。因为创新在政治、军事、经济、社会、文化、科技、教育等各个领域都具有举足轻重的作用。国家的发展、民族的振兴、企业的进步、个人的蜕变，这些都离不开创新思维。

扩展阅读 4-1

2. 创新思维的含义

创新思维是指用新颖独创的方法解决问题的思维过程，即创新思维要求突破传统思维习惯与逻辑规则，以新颖的思路来阐明问题、解答问题。创新思维能够揭示客观事物的本质及其内在联系，以感知、记忆、思考、联想、理解能力为基础，以综合性、探索性和求新性为特征，从而产生新颖独特的具有重大社会价值的成果。一般而言，创新思

---

[1] 马克思，恩格斯. 马克思恩格斯全集：第三卷[M]. 北京：人民出版社，1971：467.

维有广义与狭义之分。

广义上的创新思维是指在创新活动过程中发挥作用的所有思维活动，既包括直接提出新的解决方法的思维方式，也包括非直接参与创新的思维方式。也就是说，广义的创新思维是指在创新活动过程中直接或间接使用的所有思维方式，包括逻辑思维和非逻辑思维。

扩展阅读 4-2

在对创新思维活动进行研究时，人们更加关注与解决问题直接相关的思维活动，即狭义的创新思维。与广义的创新思维活动不同，狭义的创新思维专指在创新活动中提出创新思想的活动形式。一般情况下，人们所说的创新思维，大多指狭义上的创新思维。

3. 创新精神的含义

创新精神是指要具有能够综合运用已有的知识、信息、技能和方法，提出新方法、新观点的思维能力和进行发明创造、改革、革新的意志、信心、勇气和智慧。创新精神属于科学精神和科学思想范畴，是进行创新活动必须具备的一些心理特征，包括创新意识、创新兴趣、创新胆量、创新决心，及相关的思维活动。

创新精神是一种勇于抛弃旧思想、旧事物，创立新思想、新事物的精神。例如，不满足已有认识（掌握的事实、建立的理论、总结的方法），不断追求新知；不满足现有的生活生产方式、方法、工具、材料、物品，根据实际需要或新的情况，不断进行改革和革新；不墨守成规（规则、方法、理论、说法、习惯），敢于打破原有框架，探索新的规律，新的方法；不迷信书本、权威，敢于根据事实和自己的思考，向书本和权威提出质疑；不盲目效仿别人的想法、说法、做法，不人云亦云、唯书唯上，坚持独立思考，说自己的话，走自己的路；不喜欢一般化，追求新颖、独特、异想天开、与众不同；不僵化、呆板，灵活地应用已有知识和能力解决问题。所有这些，都是创新精神的具体表现。

4. 创新精神的培养

培养和践行创新精神，就是在现有的思维模式上，提出有别于常规或常人思路的见解，并以此为导向，利用现有的知识和物质，在特定的环境中，本着理想化需要或为满足社会需求，而改进或创造新的事物（包括产品、方法、元素、路径、环境），并能获得一定有益效果的行为。创新精神是一个国家和民族发展的不竭动力，也是一个现代人应该具备的素质。创新精神属于科学精神和科学思想范畴，是进行创新活动必须具备的心理特征。

（二）创业

1. 创业的含义

创业在《辞典》中的解释为开创事业。引用《孟子·梁惠王下》："君子创业垂统，未可及也。"《三国演义·第二十回》："吾高祖皇帝起身何地？如何创业？"创业是创业者对自己拥有的资源或通过努力对能够拥有的资源进行优化整合，从而创造出更大经济或社会价值的过程。

## 2. 创业精神的含义和特征

创业精神的含义。创业精神是创业者在创业过程中的重要行为特征的高度凝练，主要表现为勇于创新、敢当风险、团结合作、坚持不懈等。

创业精神的特征。①冒险是创业精神的天性。没有敢冒风险和承担风险的魄力，就不能成为成功的创业者。创业必然存在风险，如果不敢为人先，那成功永远只能是别人的。很多人都存在固有思维，容易受一些条条框框的影响，即便有创业的想法，往往也难以付诸实践。中外无数成功的创业者虽然成长环境、成长背景和创业机缘各不相同，但无一例外都是在极不成熟和外部环境极不明晰的情况下，敢于做"第一个吃螃蟹的人"。②合作是创业精神的精髓。社会发展到今天，行业分工越来越细，没有谁能一个人完成创业所需要完成的所有事情。创业永远都不会是一个人单打独斗，你要找到属于自己的团队，培养人才，善于分工，并能把这种合作精神扩展到企业的每个员工，并懂得放权，用人不疑，疑人不用。在面临困境时，团队成员能团结一心，"心往一处想，劲往一处使"。③执着是创业精神的本色。创业的道路是坎坷的，尤其是创业之初往往是非常艰辛的，而且不少创业者的创业之路是非常漫长的，只有执着地坚持下去，才能有看到彩虹的一天。在选择了创业的同时，也就是选择了面对更多困难、迎接更多挑战，而创业精神就体现在战胜困难与迎接挑战的过程中。因此，创业者必须坚持不懈，只有知难而进，在战胜困难中学会成长，才能抓住属于自己的机会。

扩展阅读 4-3

## 3. 大学生创业能力培养

能力在《辞典》中被解释为本领。《吕氏春秋·离俗览·适威》："民进则欲其赏，退则畏其罪，知其能力之不足也，则以义继矣。"成功的创业者应具备以下能力。

组织指挥能力：建立有效快速的指挥机制，使各要素与各环节能准确无误地高效运转。

谋略决策能力：通过各种渠道认真听取、分析各方面意见，并不失时机地做出科学合理的决策。

创新创造能力：要有强烈的时代感和责任感，敢于开拓进取，不断创新，并保持思维的活跃。不断吸取新的知识和信息，开发新产品，创造新方法，使自己的事业不断充满活力和魅力。

选人用人能力：能够知人善任，善于发现、使用、培养人才，充分调动他们的主观能动性。

沟通协调能力：善于妥善安置，处理与协调各种人际关系，建立和谐的内外部环境。

社交活动能力：创业者在从事经济活动过程中，通过各种社会交往活动，扩大企业影响力，提高企业的经济效益。目前"朋友经济"在经济活动中的作用日益显现。社交圈日益成为创业信息、资金、经验的"蓄水池"，有时甚至在商业活动中能起到四两拨千斤的作用。扩大社交圈，通过人际交往掌握更多信息、寻求更大发展，日益成为成功创业的捷径。

语言文字能力：语言文字能力主要是指口头表达能力，表现为一个新创企业企业主对演讲、对话、讨论、答辩、谈判、介绍等各方面所具有的技巧与艺术的运用。文字能力主要是指书面文字的表达能力，对创业者来说主要是指对企业发展规划、战略报告、总结执行等方面的能力。

经营管理能力：创业条件中资金不是至关重要的，最重要的是创业者个人的经营管理能力。经营管理能力是一种较高层次的综合能力，是运筹性能力。它涉及人员的选择、使用、组合和优化，也涉及资金聚集、核算、分配、使用、流动。作为创业者，只有学会效益管理、知人善用及最大化地充分合理地整合资源，才能形成市场竞争优势。

领导决策能力：领导决策能力是一个人综合能力的表现。一个创业者首先要成为一个领导决策者，如同战场上的指挥员一样，要具有感召力和决策力及统揽全局和明察秋毫的能力。在混乱不堪的情况下，能比别人更快、更准确地判断问题的所在，并以自己的认识来处理问题。

扩展阅读 4-4

大学生培养创业能力需要树立崇高的理想和志向，以项目和社团为载体，增强创新意识和创业精神，有意识地培养创业的意志品质。在树立崇高理想的基础上，与实际学习目标结合起来，在学习过程中不怕困难和挫折，严于律己，出色地完成学业。同时，应积极参加各种实践活动，在确立目的、制订计划、选择方法、执行决定和开始行动的整个实践活动中，实现意志目的，锻炼意志品质。在此基础上，还应加强意志的自我锻炼，注意培养和提高自我认识、自我检查、自我监督、自我评价、自我命令、自我鼓励的能力。此外，培养健全的体魄，积极参加体育活动，也是锻炼坚强意志品质的重要途径。

### （三）创新创业教育

#### 1. 创新创业教育的基本含义

最初，创新教育与创业教育是两个互相独立的概念。2010 年，在《教育部关于大力推进高等学校创新创业教育和大学生自主创业工作的意见》颁布后，正式将创新教育与创业教育合并为创新创业教育，并提出要"在高等学校开展创新创业教育，积极鼓励高校学生自主创业""创新教育旨在引导学生打破墨守成规的思维定式，培养创新意识、创新精神及创造性思维的一种教育理念和模式。创业教育旨在引导学生从事商业实践的教育模式，其目的是使学生从被动的求职者转换为岗位的创造者。"

创新创业教育不仅是对创新教育与创业教育词汇的叠加，本质上是在理念和内容层面上对传统创新，创业教育的超越，[①]其根本宗旨在于培养具有创业精神和能力的创新型人才。科学地界定创新创业教育的内涵与外延，有利于厘清内涵中各要素之间的关系，为进一步推进创新创业教育的发展奠定理论基础。

"作为教育领域的新概念，创新创业教育的基本价值取向为创业能力、创业意识、创新精神。根据这一点我们能够得知，创新创业教育在概念层面上可以说是一种全新的教育实践、教育体制和教育理论。作为一种新型理念，创新创业精神能够更好地适应社会

---

① 岳晓东，袭放. 创新思维的形成与创新人才的培养[J]. 教育研究，1999(10)：9-16.

发展，是顺应时代潮流的产物。"①作为一种全新的教育观念和教育形式，创新创业教育是知识经济时代的产物。创新创业教育能够有效结合专业教育、创业教育、创新教育。为了帮助大学生进行创新创业，学校采取相应的措施对大学生创业实践活动质量进行提升，并对教学模式进行创新，提高大学生进行创新创业的自信心，树立大学生创新意识，并且利用多种高等教育方式、大学生创新创业教育方式，实现大学生综合能力的提高。

2. "互联网+"创新创业

"互联网+"代表着一种新的经济形态，它指的是依托互联网信息技术实现互联网与传统产业的联合，以优化生产要素、更新业务体系、重构商业模式等途径来完成经济转型和升级。"互联网+"计划的目的在于充分发挥互联网的优势，将互联网与传统产业深度融合，以产业升级提升经济生产力，最后实现社会财富的增加。

"互联网+"计划具体可分为两个层次的内容来表述。一方面，可以将"互联网+"概念中的文字"互联网"与符号"+"分开理解。符号"+"意为添加与联合，表明"互联网+"计划的应用范围为互联网与其他传统产业，它是针对不同产业间发展的一项新计划，应用手段则是通过互联网与传统产业进行联合和深度融合的方式进行。另一方面，"互联网+"作为一个整体概念，其深层意义是通过传统产业的互联网化完成产业升级。互联网通过将开放、平等、互动等网络特性在传统产业运用，通过大数据的分析与整合，试图厘清供求关系，通过改造传统产业的生产方式、产业结构等内容，来增强经济发展动力、提升效益，从而促进国民经济健康有序发展。

扩展阅读 4-5

扩展阅读 4-6

3. 当前我国高校创新创业教育的发展现状

2010年，教育部颁布《关于大力推进高等学校创新创业教育和大学生自主创业工作的意见》（教办〔2010〕3号），提出要在高等学校开展创新创业教育，正式将"创新"融入"创业教育"。

2012年，创新创业教育方面的研究走向了系统化与规范化的道路，以《教育部关于全面提高高等教育质量的若干意见》为具体例证，为中国高校在创新创业教育工作方面的部署作了全方位的指导，从师资队伍到课程建设，从实践基地到资助体系，都得到了规范化的建构。因此，我国高校的创新创业教育正式步入多元探索阶段，在国家、组织与高校等多方面的合作推进之下，高校也纷纷开始了本校课程的探索与建构，为打造多层次与系统化的课程体系奠定了基础。在这一背景下，高校关于创新创业教育的研究迈入了一个新的阶段，不论是研究主题的拓展与深化，还是发文数量的逐年递增，都意味着该领域的研究开启了新进程。从打破纯粹的理性论辩模式，到开拓研究的深度和广度，高校创新创业教育在实践发展的经验反思与教训总结下拉开了帷幕。同时，宏观的理论概念研究受到学界冲击，高校便将研究的目光转向实践问题，从对学生创新创业能力的

---

① 王占仁. "广谱式"创新创业教育导论[M]. 北京：人民出版社，2012：12.

培育到学校教育体系与模式的革新，从基地建设到新型课程教学方法的打造，使得创新创业教育的问题研究、影响因素研究及实现路径研究等成为新的课题。但课题的分散性与多维性，也造成了创新创业教育理论在构建完整体系上的困难。

2015年，李克强总理提出"大众创业、万众创新"的号召，并将这一号召写入了国务院政府工作报告之中，创新创业教育活动在政府的大力支持下轰轰烈烈地开展。高校作为培育创业人才的重要基地，更应对创业教育愈发重视，积极开发创新创业课程，建立创新创业基地，采取一系列举措发展创新创业教育。

以创新创业教育问题为切入点来看，学界对如何提升大学生创新创业能力、培育创新创业人才、构建新型课程体系、打造优质的实践教学方式等问题普遍较为关注。石萍萍在《大学生创新创业教育的问题及对策》中提到当前我国创新创业教育仍处在起始阶段，创新创业的体制及系统的孵化建设体系都处在孕育之中，且由于师资力量的短缺和目前创新创业教育机制本身的问题，创新创业的大学生群体的自主意识与开创精神有待提升。该文进而还提出了一揽子的建设性措施，从构建并完善创新创业体制到培育强有力的师资队伍，从建立系统科学的创新创业的孵化基地到培养创新型人才，都在一定程度上促进了我国创新创业的理论发展与实践革新。[①]居占杰、刘洛彤两人从大学生创新精神与创业能力培养角度出发，研究分析了当前创新创业教育领域存在的问题，它们具体表现在：学生主体性与积极性的欠缺、教学方法的传统性与激进性、教学计划的"一刀切"、课程体系的业余化、评价考核体系的固化等。[②]鲁钊阳在《本科创业创新教育实施问题及对策研究》中，从大学生、大学教师、高校三者的实际角度出发，阐述了有关高校创新创业教育的诸多问题，如作为教育主体的学生对创新创业教育态度的消极性、授课老师对理论教育的不重视及高校对创新创业教育本身态度的暧昧等，而这些因素无疑制约了本科创业创新教育的开展与实施。[③]

4. 国外发达国家创新创业教育的经验与启示

以美国、英国、日本、德国高校创新创业教育的发展模式为例，每一种发展模式，其指导理念、课程体系建设等方面都有鲜明的特色，可以为我国高校发展创新创业教育提供参考。

美国高校创新创业教育经验。在过去的三四十年，无论是理论还是实践方面，美国都是最早发展创新创业教育的，并已经形成了一套较为完整的创新创业教育体系，设立了专门的创新创业教育管理机构，配备了强大的专业教师队伍。创新创业教育发展为美国全社会提升了创新能力。政府制定了特色创新创业教育政策，在发展创新创业教育的过程中制定和完善了一套与创新创业教育相关的法律法规，保证了创新创业教育的有序进行，同时还制定了一系列关于税收、金融等方面的优惠政策，为相关主体进行创新创业教育提供了稳定的制度保障。高校是创新创业教育的实践体，创新创业教育的成功离

---

[①] 石萍萍. 大学生创新创业教育的问题及对策[J]. 教育与职业，2016（24）：60-62.
[②] 居占杰，刘洛彤. 创新创业教育背景下大学生创新能力培养问题研究：基于G大学经济学专业本科生调查的分析[J]. 湖南师范大学教育科学学报，2016，15（2）：71-75.
[③] 鲁钊阳. 本科创业创新教育实施问题及对策研究[J]. 教育评论，2016（3）：89-92.

不开良好的氛围环境与文化。①美国拥有完善的高等教育系统，这使得高校达到创新创业教育人才的培养目标成为可能，重点培养大学生创新意识创造性思维和创业能力，美国高校在转变文化价值取向及与工商界保持密切联系上进行了不断努力，许多美国高校采取成立了创业研究中心、资助创业中心等方式鼓励和支持大学生创业，营造良好的创新创业与文化环境。②以社会为先导，力求多元发展。美国高校创新创业教育得益于高校的改革，这是美国创新创业教育的特点。高校只有通过竞争，才能争取到最有潜质的学生、最优秀的师资及可观的资金捐赠，高校的改革并非行政化改革，而是要具有一定的社会基础、学生基础与教师基础的，使创新创业教育与自身优势文化结合在一起并在各模式中体现特色的发展理念的改革。例如，"美国创业教育联盟"的加入，以及美国各大基金会、校友会在资金筹集，商业运营创业实践等方面的支持，综合地推动了创新创业教育的发展。③创新创业教育与专业教育的有机融合。美国目前有100多个创业教育中心，它们的发展依托于传统体系，由此保证了稳定的师资、课程等供给，成为高校与外界保持密切联系的重要纽带，充分调动了跨学科资源。高校在专业教育中融入创新创业教育的相关内容，与创业教育中心互为补充，例如，斯坦福大学建立了较为完整的课程体系并始终坚持三项基本原则，即文科与理科相结合、教学与研究相结合、专业教育与创新创业教育相结合。在专业教育中融入创新创业教育，侧重于培养学生的创业能力和创新思维；在基础课方面拓宽基础性课程，打破学科的界限以强化学生的通识教育；在综合课程方面进行跨学科渗透和整合，增加综合性的学科课程。

英国高校创新创业教育经验。20世纪80年代，英国开展高等院校创业教育启动项目，在课程体系中融入了创业教育的内容，目的是降低就业压力。而英国政府意识到应提升大学生的全面素质，培养创新能力，适应全球化知识经济时代的挑战。①政府提供稳定的资金保障。与美国高校创新创业教育获取资金的渠道不同，英国高校创新创业教育主要依靠政府资助。自20世纪80年代以来，为了提高国家创新能力与水平，推进大学知识从理论转向实践，政府为大学生创业提供了大量的资金，80%的资金来源于公共资源。通过高等教育创新基金、科学创业挑战基金等基金会投入高校的创新创业教育中，英国政府还通过各种机构为大学生创业提供充足的资金。②高校是创新创业教育的主阵地。首先，英国高校为激发大学生创新创业的热情与激情，在开设创新课程和建立创业项目的基础上，还定期举办各种创业竞赛，并给予一定的竞赛奖金，从而实现"以赛促创"的效果。例如，"牛津大学21世纪挑战"作为一项国际性创业竞赛，其在2007年比赛奖金高达65万英镑，其目的是培育更多有创新创业潜质的学生和巨大经济效益的企业。其次，英国高校联动全社会支持网络资源，为学生创新创业带来便利。高校联合政府机构、成功创业者、中小企业等社会力量，为大学生创新创业提供源源不断的支持与帮助。因此，社会关系网络成为大学生创新创业的社会资源，大大降低了创新创业的风险，还获得了大量资金与人脉资源。最后，英国高校注重探索教与学的创业教育课程模式。如何将创新创业真正融入大学的文化与核心价值观体系建设中，如何将创新创业融入大学的其他课程中都是一直需要思考的问题，为解决这些问题，进一步提升教与学的质量，英国高校普遍以大学文化核心价值观及教学目标为切入点，探索新的创业教育课程模式，使学生在接受理论的同时获得更多的实践机会。③充分利用多功能研究中心。高校创新创业教育的发展离不开师资团队建设，为了给学生提供更好的师资力量及各种咨询服务，英国高校成立了创业中心、企业中心等机构，为进行创新创业的学生提供稳定的场所、资金等，并帮助学生联系相关企业，引进许多资深的成功创业者，为学生创新创业教育的实践活动提供更加科学有效的指导。此外，还以短期讲学的方式培养新企业，使培训内容更有针对性。

日本高校创新创业教育经验。日本发展创新创业教育虽然起步较晚，但是充分吸收和结合了美国与欧洲创新创业教育的优秀成果，形成了以培养"创业精神"为目标的创新创业教育模式，日本高校通过积极调整产业结构来配合创新创业教育人才培养战略。日本发展创新创业教育成功的关键在于通过推进政、产、学协同发展来提升国家的创新能力。在开展创新创业教育时，政府产业界和社会分别为高校的创新创业教育发展创造有利的条件，体现了对创新创业教育的重视。在政府方面，日本连续出台《科学技术基本计划》和《科学技术创新综合战略》，科技创新能力与日俱增。在《综合创新战略2019》中指出，要构建国际研发合作及成果推广网络，利用科技创新助力实现可持续发展目标。当地政府及高校积极营造良好的创业氛围，紧跟社会生活的变化变革课堂教学，并善于寻求国际合作，促进创新创业。

德国高校创新创业教育经验。经过约半个世纪的发展，创新创业教育已在德国高校逐渐形成了各具特色的创新研究和创业教育体系，同时还保留着"洪堡理念"即学术自由、大学自治、教授治校及教学与科研相统一的传统，强调非功利性。①创新创业教育注重针对性和实践。德国发展创新创业教育直接推动了德国微小企业的创办与发展，提供了更多的就业岗位，满足了市场上创新型人才的需求。德国的创新创业教育能够因地制宜、因材施教，更注重针对性，根据自身情况和市场需求探索和发展创新创业教育模式。例如，职业培训学校传授专业技能，侧重于生存性创业教育，综合类大学则强调创新精神和创业能力及商业模式运作等方面的培养。德国高校注重将创新创业教育与实践相结合，对创新创业教育的目的与社会责任有更深刻的认识与理解，通过在实践中挖掘创新创业机会与意识，形成新的理念并运用到商业模式运作中。②多方参与和推动创新创业教育的发展。首先，德国创新创业教育的发展离不开政府和社会各界，特别是企业的鼎力扶持。例如，西门子、拜耳、大众等公司定期举行各种创意大赛，同时设立诸多公司研究课题和社会公益创业项目，激发大学生参与创新创业教育实践活动的热情与积极性，关注创新创业动态与前沿技术的发展、革新。其次，在资金方面，政府为大学生创业与高校创新创业教育提供了最大的支持与帮助。1999—2001年，德国政府为高校创新创业教育的发展投入了4200万马克，同时德国各大高校还在政府的投资引领下成立了许多创业基金与创新公司，为了进一步将高新技术知识高效地转化到市场，2005年柏林洪堡大学自筹资金创办了创业服务公司，截至2008年已累计收入450万欧元。当时的合作伙伴有柏林阿德勒斯霍夫高科技产业园、柏林公共发展银行、伯克利的西门子高科技企业化中心（TTB）等。最后，整合资源并完善创新创业教育网。此网主要由一个咨询委员会负责，参与者在入网之前要自愿签订协约，通过分工协作实现创新创业教育的资源共享与整合优化。③引进兼职教师成为一大特色。德国创新创业教育的教师大多是兼职教师,"他们大多是拥有丰富创业经历、商业管理经验和成功创业生涯的知名企业家,一般以讲师的身份给大学生授课"。[①]相比高校全职教师,兼职教师能够更准确地把握创新创业教育的内涵,将理论与实践真正融合到一起,给予学生更有建设性的意见。

通过比较美国、英国、日本、德国这四个典型国家的高校创新创业教育发展经验,可以发现,它们虽然各具特色,但也存在共性。特色主要体现在:美国高校创新创业教育强调社会力量的全程参与。英国高校创新创业教育强调高校是培养学生创新创业意识和能力的主阵地,同时注重全面素质的培养。日本高校创新创业教育强调分类地、有针对性地进行指导。德国高校创新创业教育则强调高校要与企业建立密切关系。而共性体现在:各国高校都普遍重视创新创业教育在国民教育中的地位,同时将其融入人才培养的过程中;统筹处理好高校、企业和政府之间的关系,形成多元主体共同参与创新创业教育;重视师资建设,打造具备丰富创新创业经验的复合型师资队伍;在专业教育中融入创新创业教育。这些共性是发展创新创业教育规律的客观反映。汲取国外高校创新创业教育的优秀经验成果,可以推动我国高校创新创业教育的发展。

## 二、新时代大学劳动教育与创新创业教育的关系

### (一)劳动教育与创新创业教育的内在联系

2020年,教育部颁布了《大中小学劳动教育指导纲要(试行)》文件,进一步明确了劳动教育在加快构建德智体美劳全面培养的教育体系中的重要作用。劳动教育是新时代党对教育的新要求,是中国特色社会主义教育制度的重要内容。劳动教育与创新创业教育高度统一、相互融合、相辅相成,创新创业教育离不开劳动教育的价值引领,而劳动教育也致力于解决现实中的创新创业教育难题,只有将二者有机融合,才能在最大合力的作用下全面提升大学生综合素质与能力。劳动教育与创新创业教育在以下三个方面具有内在一致性。

强调实践一致。创新创业教育与劳动教育都是建立在实践基础之上的,强调教育的实践性,创新创业教育是通过项目孵化、实践实训等方式帮助大学生自主创业,培养创新精神和创业能力;劳动教育则是通过让学生参与实习、勤工俭学、志愿服务等,培养其尊重劳动、热爱劳动的情感。

培养目标一致。创新创业教育与劳动教育都旨在培养创造性能力,创新创业教育是以培养创新型人才为目标,注重培养学生的创新性思维;而劳动教育以"辛勤劳动、诚实劳动、创造性劳动"为培养目标,注重建立在学识与技能之上的创新劳动。

培养过程一致。创新创业教育与劳动教育都强调与其他专业相结合,并贯穿人才培养的全过程。创新创业教育依托于专业教育基础并进行创新创造,提升学生的创新精神、创业能力,同时关注人才培养模式的转型与课程体系建设,以提高人才培养质量;劳动教育通常与专业课、思想政治教育、社会实践、校园文化等相结合,旨在树立正确的劳动价值观,养成良好的劳动习惯,具备扎实的劳动知识和技能,并通过劳动教育促进学生积极就业,实现个人价值。

---

① 杨茂庆,袁琳,基于德国经验的中国大学创业教育思考[J]. 职业技术教育,2011(10):8.

### （二）劳动教育融入大学生创新创业教育的实践意义

1. 劳动教育和创新创业教育的融合，可以满足教育融合发展的迫切性要求

劳动教育和创新创业教育的融合不仅突出时代特征，还有利于推动学校培养出更多社会所需的创造性劳动者。在国家关于全面加强新时代学生劳动教育的意见中，提出劳动教育需要围绕创新创业的相关内容，培养学生的就业创业能力，使学生树立正确的择业观。劳动教育和创新创业教育的深度融合，是推动新时代学校教学改革发展的有力举措，也是培养学生劳动性能力和素质的有效途径。

2. 劳动教育和创新创业教育的融合，可以突出其学校教学的客观性

在学校教学改革发展中，无论是单独的劳动教育，还是创新创业教育，都可以培养学生的实践能力和创新精神。目前劳动教育和创新创业教育深度融合的客观需求有很多，不仅可以让劳动教育和创新创业教育之间相互为补充，培养更多实践创新型人才，还能通过二者的融合教育，提升新时代学生劳动精神、创新创业理念和服务意识。目前，很多高校构建劳动教育和创新创业教育有关的实践平台，这在学生之间提供了良好的沟通、交流桥梁，还有助于学生在实践创新和发展中充分了解劳动教育的实质内涵和创新创业教育的意义，提升学生的学习质量和文化水平。

### （三）当前我国高校劳动教育融入创新创业教育的问题和困难

1. 高校劳动教育融入创新创业教育的认识不足

当前，我国高校劳动教育与创新创业教育融合发展缺少完整的体系与理论支撑，更缺少相关的实施体系。高校在开展创新创业教育的过程中，往往对劳动教育认识不足，要贯彻落实德智体美劳全面培养的教育方针，就要将高校劳动教育与创新创业教育高度融合、协同发展。目前，高校创新创业教育未与劳动教育融合的局限性体现在以下两方面：一方面，虽继承了马克思主义劳动观点"劳动是人类的本质活动"等相关思想，但并未完全将理论运用到实际问题的解决中；另一方面，混淆了劳动教育的概念与内容，将其当作普通的劳作与务工。对在高校创新创业教育中如何进行劳动育人、如何将两者有机融合等问题，仍然缺乏完整的理论框架与实施体系。

2. 高校劳动教育融入创新创业教育中的社会协调机制僵化

目前，高校劳动教育融入创新创业教育中的社会协调机制过于僵化，并未实现理论与实践的有机结合。高校承担培养社会主义建设者和接班人的重要职责，为学生传授理论知识和培养其专业能力，在劳动教育方面帮助学生树立正确的劳动价值观和创新劳动能力，但高校的能力有限，还需家庭、企业、劳动模范等社会力量发挥其应有作用。尤其在实践教学中，只有各界力量形成一股合力，才能使劳动教育在创新创业教育中从理论持续深入实践，充分发挥协同育人的作用。

3. 高校劳动教育融入创新创业教育的实施过程虚化

将劳动教育融入高校创新创业教育的实践活动中，主要有三种形式：一是在校内教师指导进行模拟演练；二是利用社会、企业及行业资源等校外实践基地，开展创新创业教育实践活动；三是组织学生参加各种大赛。通常情况下，创新创业教育实践活动的开

展无法真正融入劳动教育，大多数是分离的状态，片面强调课堂教授，教学内容虚化，使学生无法正确理解创新创业教育实践活动的价值与目的；或者忽视劳动教育在创新创业教育实践活动中的引领作用，使劳动教育虚化，无法体现劳动教育的真正作用。

4. 高校劳动教育融入创新创业教育的方式单一

目前，我国高校普遍以课程学习和专题讲座的形式将劳动教育和高校创新创业教育融合在一起，注重理论讲授，忽视实践环节。同时教学内容过于死板和理论化，缺乏个性化，在融合教育的过程中，劳动教育与专业教育在课程设置上存在脱节现象，无法充分激发学生对劳动的热情及创新创业的认同感，使劳动教育往往流于形式，无法达成教育目标。

5. 高校劳动教育融入创新创业教育中劳动价值的影响减弱

马克思主义理论认为，劳动价值是劳动力产生的使用价值，并能够产生价值增值的使用价值，其来源于使用价值，又服务于使用价值。但是，当前高校在劳动教育与创新创业教育融合发展的过程中，往往将教学内容泛化，缺少具体的内容支撑，更加注重大学生三观、集体主义等方面教育，没有凸显劳动教育对大学生在创新创业教育中的作用，因此，高校劳动教育融入创新创业教育中劳动价值并未产生突出影响。

### （四）劳动教育融入创新创业教育的措施

1. 提升教育与实践的理念

首先，学校需要摒弃对传统创新创业教育目标的功利化认识，结合立德树人的教育要求，制定培养学生劳动价值观、创新创业精神、挑战精神的创新创业教育目标。同时，在创新创业教育目标的建立中，应该将劳动价值观的塑造当作其基础性目标之一，加大对新时代学生敬业精神、奉献精神、合作精神的培育。劳动教育和创新创业教育的融合，还可以以强化学生创造性劳动能力和水平为出发点，全面落实有关学生的劳动教育和创新创业教育。其次，大学生创新创业教育需要与劳动教育合理融合，加强学生正确的劳动价值观的培养，使学生能够领悟劳动创造生活、创造财富的重要性。最后，学校可以结合当今时代发展特点，优化有关学生个性化培养的方案，以培养学生劳动内在热情、创造性劳动能力为目标，带领学生参与到创新创业实践项目的探究、学习中，提升学生的学习能力。

2. 完善协同育人课程体系

劳动教育和创新创业教育的协同发展，是落实立德树人根本任务的重要载体。在培养大学生创新创业教育过程中，为了推动二者融合教育工作的开展，学校不仅需要构建完善的协同育人课程体系，使创新创业教育知识和德育劳动教育知识之间融合，还要重点开发二者融合教育的课程体系和课程内容，让教学内容更好地满足学校教学改革和发展要求。创新创业教育教师也可以结合大数据时代、人工智能时代发展特点，全面优化劳动教育和创新创业教育的方法，运用案例分析教学法、多媒体实践教学方法，全面提升学生的创新能力、劳动精神。为了培养学生在创新创业中的实践能力，学校可以构建劳动教育和创新创业教育融合发展的实践平台，有效将社会劳动实践项目和创新创业项目引入到教学中，全面培养学生的劳动精神，让学生将所学知识更好地应用到实践当中。

3. 创建融合教育师资队伍

大学生创新创业教育工作在开展中，创建融合教育师资队伍，可以促进学校教学工作的一体化建设，达到资源共享、优势互补、强强联合的教育目标。在创建融合教育师资队伍中，学校可以鼓励和支持教师参加社会兼职，锻炼教师的实践能力，也可以运用课余时间参与企业和实训基地挂职锻炼，全面提升教师的融合教育能力。在构建"双师型"教师队伍时，可以让劳动教育教师和创新创业教师之间相互学习、共同进步，积极探究将二者融合的教育方法和内容，不断促进劳动教育和创新创业教育工作的合理开展。此外，学校需要加强劳动教育教师和创新创业教师综合能力的培养，要求劳动教育教师积极学习创新创业教育的相关内容，而创新创业教育教师需要积极学习劳动教育的相关内容，提升教育水平。

## 第二节　大学生劳动教育与专业实训的关系

以校内外实训基地为载体，以生产过程为场景，以劳动教育课程群设置为抓手，将校内外实训基地打造成以教学过程实践性为前提、以学生参与主体性为核心、以课程组织动态性为关键的专业实训型劳动教育基地，建立企业文化体验、职业素养培养、生产岗位实践、职业发展探索为主题的四大课程群，从而实现劳动教育与校内外实训基地课程融通、基地融通、文化融通和实践融通。

### 一、专业实训

#### （一）实训与专业实训

1. 实训的含义

实训，在《辞海》中解释为"实习（践）"加"培训"；本源自 IT 业的管理实践和技术实践；目前引入到"营销管理"和"商务管理"专业。实训是"实习（践）"加"培训"的形式，具有融合传统课堂教学和顶岗实习的优势，通过模拟实际工作环境，用来自真实工作的实际案例进行教学，实训过程强调理论与实践相结合，注重学生的参与式学习。通过实训能够让学生在最短的时间内提升专业技能、实践经验、工作方法和团队协作能力等。

实训是职业技能实际训练的简称，是指在学校控制的状态下，按照人才培养规律与目标，对学生进行职业技术应用能力训练的教学过程。具体包括以下内容：从时空上分，有校内实训和校外实训，包括教学见习、教学实训和生产实训；从形式上分，有技能鉴定达标实训和岗位素质达标实训，包括通用技能实训和专项技能实训；从内容上分，有动手操作技能实训和心智技能实训，包括综合素质要求（创业和就业能力统称跨岗位能力）实训。

2. 专业实训的含义

专业实训是指在学校控制的状态下，根据人才培养规律和专业培养目标，使学生在真实或仿真环境中进行的应用能力训练的教学过程。专业实训具有实训内容的学科性、实训过程的完整性和实训条件的常态性等特点。专业实训作为连接课堂教学和实践之间的重要环节，是高校培养的人才适应社会需求的重要保障。

《教育大辞典》认为，实训教学是"学校中相对于理论教学的各种教学活动的总称。旨在使学生获得感性知识，掌握技能、技巧，养成理论联系实际的作风和独立工作能力"。[①]作为实训教学中的一类，专业实训是指在学校的组织下，按照人才培养的规律，借助学校的实训中心等平台，通过模拟实际工作环境，对来自真实工作项目的实际情况进行实践教学。教学过程突出理论结合实践的特点，更强调学生的参与式学习，能够短时间内使学生在专业技能、实践经验、工作方法和团队合作等方面有所提高。

扩展阅读 4-7

### （二）专业实训教育的发展现状和存在问题

1. 当前我国高校专业实训教育的发展现状

近年来，实训实践教学模式在国内外高校都备受欢迎，实训形式也多样化，有的院校采用模拟实习型进行实训实践教学；有的院校则采用试验基地型；还有的院校采用工学结合型或综合一体型实训中心（工业中心）来进行实训教学。但不论采用哪种形式都收到了良好的实训教学效果，引起了高校教育界的高度关注与重视。艺术设计专业的办学特色就是根据学生的专业和将来的职业岗位，培养面向建筑生产第一线的应用型人才。因此，实训教学便是培养这种应用型人才必备的基本条件之一。

实践教学是培养应用型人才的重要环节，而实训又是实践教学的核心，实训教学是提高学生应用能力的重要指标。自 2005 年起国家在实训教学方面便给予了大力扶持，实训实践教学因此也得到了前所未有的重视。实训教学的建设可以提高学生获取、吸收理论与实践知识的能力；可以增强学生分析、解决工程中实际问题的能力；可以提高学生指导或动手操作的能力；可以激发学生工程设计与技术创新的能力；可以加强学生与他人友好合作的团队协作能力等。在我国，一直以来坚持理论联系实践的教学方式，在加强学习理论的同时，强化技能实训，将理论学习、技能实训和公司实习"三位一体"结合起来，强化学生的专业技能。

2. 国外专业实训的发展现状

在美国，一些社区学院比较重视学生动手能力和实践能力的培养，采取"三位一体"（社会实践、学校学习和全面素质）的教学方法，将社会与学院融为一体，实训部分占 40%～60%；在德国，一些学院采取"双元制"教育，将"理论与实践相结合，学院和企业密切联系"，十分重视实训教学，实训教学与理论教学所占学时几乎相同，并规定学生在学习期间，实训部分不能少于两个学期；日本的一些大学非常重视学生专业必备知

---

① 顾明远. 教育大辞典：第三卷[M]. 上海：上海教育出版社，1991：255.

识和技能的培养,培养出的毕业生多数可以直接就业,深受企业和社会的欢迎。

目前,学徒制和工学交替是国外职业教育实训教学的主要方式。比如,英国就是典型的"工学交替"制,也就是人们常说的三明治教学计划。这种教学制度分为三个阶段:学生中学毕业后先在企业工作实践一年,接着在学校学习完成两年或三年的课程,然后再到企业工作实践一年,即所谓的"1+2+1"或"1+3+1"教育计划。此外,英国还实行第二、四年在学校学习理论,第三年到企业进行为期一年的实践培养模式。德国则采用典型的学徒制,实训教学任务由企业和学校共同承担,但主要实训教学活动在企业进行(每周3~4天在企业学习技能,1~2天在学校学习),学生与企业签订学徒合同,并享受学徒工资,企业指派师傅指导和监督学生在企业接受生产技能的培训。学徒制和工学交替的优势在于突出了企业在学生实践能力培养方面的比重,增加了学生在企业实习实训的时间和机会,有助于提高学生的直接顶岗能力,但这两种方式的开展需要配套的法律法规作为保障。

3. 国内专业实训存在的问题

我国高等教育实训教学经过20余年的发展从总体上说取得了较大的成绩,但由于主观和客观的原因,仍然存在很多问题,主要表现在以下几个方面对实训教学重视不够。

①高等教育是一种以培养学生的理论和实际应用技能为主旨的教育。高等教育培养的学生应在具有必备的基础理论知识和专业知识的基础上,重点掌握从事本专业技术领域实际工作的基本能力和基本技能。然而由于受我国长期以来所形成的传统教育观念的影响,高等院校仍然沿袭传统的教育模式,在教学内容方面重理论,轻实践。以理论教学为主,把实训教学放在次要位置。如此一来,势必导致其培养的学生缺乏实践技能,实际动手能力不强,不能满足社会对高等人才的需求。②实训教学设施投入严重不足。我国高等院校实训教学建设跟不上学校发展的速度,独立设置的高等院校多为地级市所创办的大学,它们的发展往往受地方财政的影响。一些地方政府只给学校人头费,不足以支撑实训教学的正常开展。加之绝大多数高等院校自身的"造血"能力不强,根本拿不出足够的资金去添置和更新教学设施,以至于实验室设备老化、陈旧,实验、实训开出率较低,基地建设停滞不前。③师资队伍建设有待加强。一是"双师型"教师缺乏。目前在大部分高等院校里,年轻教师占有较大比例,这些教师大都是"从学校到学校"没有企业一线的具体工作经验,实际动手能力普遍比较差。而由这些教师为主组成的师资力量在实训教学方面基础必然薄弱,其理论教学常常与实践相脱节。二是实训教学教师中兼职教师数量过少。不利于实训教学做到"三个贴近"(贴近生产、贴近技术、贴近工艺)。④实训教学管理有待完善。目前大部分院校采取的是由各系(部)对下属实验室及实习基地独立进行管理的方法,由于人、财、物分别属于不同部门,导致不同系(部)协调比较困难,学校在宏观管理上难度较大,管理效率低、推诿扯皮现象时有发生。具体表现为:一是对实训教学的设备仪器、人员、场地、经费不能很好地进行合理调配,未能充分利用好现有的教学资源和充分发挥其办学的效益,人为地使原本数量不足的实训教学设施更加匮乏。二是由于各系(部)均追求大而全的设施,出现争资金、抢场地的问题,人为地造成许多矛盾。三是对实训教学的组织难以做到统一、规范的管理,不

能科学合理地安排。⑤行业、企业的主体作用难以发挥。在我国对企业是否必须参与职业技术人才的培养和如何参与，在法律法规上没有硬性规定。大多校外实训教学基地是靠关系建立和维持，难以稳定。此外，企业追求经济效益的最大化与高职教育追求人才培养"零适应期"的目标存在矛盾，很多企业不热衷基地建设也不太愿意接受学生实训、实习。因此，我国实训教学虽然也注重发挥企业的作用，但尚未真正过渡到"双主体"，即以学校和企业为主体。

4. 通过完善专业实训体系来解决当前存在的问题

①加强实训过程管理，丰富劳动教育的形式，切实将实践教学纳入教学质量监控体系。学校充分利用"工学云"顶岗实习管理平台，与实训单位共同加强实训过程管理，通过在线监控、定期检查、实地观察、资料抽查和学生评教等方式，对实践教学过程与教学成效进行全方位、全流程、实时动态化的过程管理。要在实习实训中强化劳动流程、劳动标准、劳动检查等制度的学习，通过劳动工具的改进、劳动组织方式的优化、新技术在传统劳动中的运用，增强对劳动观念、劳动习惯、劳动制度、劳动过程与成果的思考和劳动精神的培养。学生可以在企业师傅指导下参与企业生产和技术创新，提升劳动素养。②完善实训考核评价体系，确保劳动教育实效。学校要建立以育人为目标，融入劳动教育的实训考核评价制度，建立顶岗实习劳动过程性评价与终结性评价指标体系。学校要会同实习单位，根据学生实习岗位职责要求制定具体考核方式和标准，实施考核工作。将实训中学生参与劳动活动及表现、运用专业知识与技能创造性地解决问题等方面，纳入考核评价，激励学生更重视劳动，更积极地参与劳动，更认真地从事劳动，使学生在参与中感悟劳动的快乐与意义，进而形成更加主动参与劳动的意识。要把劳动教育评价结果作为衡量学生全面发展情况的重要内容。③加强实训安全教育，强化劳动安全意识。在确定实习单位前，学校须对该单位进行实地考察评估并形成书面报告，内容包括：单位资质、诚信状况、管理水平、实习岗位性质和内容、工作时间、工作环境、生活环境及健康保障、安全防护等八个方面。实习单位应与学校一起对实训的学生进行安全防护知识、岗位操作规程教育和培训并进行考核，教育学生遵守安全操作规程，注意保密工作，严格遵守劳动纪律、工艺纪律、操作纪律、工作纪律，加强生产岗位安全、人身和财产安全、防盗、防抢、防骗、防传销、防网络犯罪的教育，强化实习实训学生劳动安全意识，增强学生安全生产、文明生产的意识，确保学生在履行岗位职责的同时，依法维护自己的合法权益。④加强实训法律法规教育，防范和化解劳动风险。学校在实训教学中要加强劳动法律法规、就业指导、职业生涯规划等内容的教育，帮助学生了解劳动与经济、与社会、与职业、与健康之间的关系，了解劳动合同订立的基本规定，劳动合同的履行、变更、解除与终止、劳动争议的处理等问题，有针对性地开展学生实训权益保障、学生劳动权益保障、工伤权益保障、劳动报酬权益保障、休息休假权益保障、就业权益保障方面的劳动法律知识指导。通过加强制度建设，制定学生实训工作具体管理办法和安全管理规定、实训学生安全及突发事件应急预案等制度性文件。在制定过程中，须充分征求、吸纳实习单位意见。学生参加跟岗实习、顶岗实习前，学校、实习单位、学生三方应签订实习协议，明确各方的责任、权利和义务，协议约定的内容不得违

反相关法律法规，确实保障学生权益，防范和化解劳动风险。⑤推动实训基地建设，拓宽劳动教育育人渠道，进一步深化产教融合、校企合作，双主体育人，依托原有基础，内建外联，因地制宜、扎实地推进实训劳动教育基地建设。推动建立功能完善，设备齐全配套的校内实训劳动教育基地，重视新知识、新技术、新工艺、新方法应用，创造性地解决实际问题，丰富基地劳动实践教育内涵，使学生增强诚实劳动意识，积累职业经验。选择合法经营、管理规范、实习设备完备、符合安全生产法律法规要求的实训单位共建企业实训劳动教育基地，运用企业的职业文化育人，强化安全生产、劳动流程、劳动规范、劳动保护等的教育，引导学生建立职业精神，形成良好的劳动习惯。

扩展阅读 4-8

## 二、新时代大学劳动教育与专业实训的关系

### （一）专业实训与劳动教育的内在联系

应在教育学生爱劳动、会劳动的基础上，引导学生懂劳动之义、明劳动之理，深入理解劳动作为人类本质活动的基本规律。不能把劳动教育简单地理解为劳动实践或劳动体验，或者只是把劳动教育集中在实习实训、实践育人层面，这些做法都不利于劳动教育目标的实现。因此，新时代加强高校劳动教育，必须注重加强课程的主渠道、主阵地作用，在劳动教育课程建设上破题出新。大学阶段劳动教育则重在理解，大学生不仅要爱劳动、会劳动，更要懂得劳动，能够"明劳动之理"，深入理解劳动的本质规定、劳动的普遍意义、劳动作为人类本质活动的基本规律、未来本专业领域劳动发展的基本形态、本专业的基本劳动法律保障与劳动伦理要求等，由衷认可并懂得劳动最光荣、劳动最崇高、劳动最伟大、劳动最美丽的道理。传统劳动科学教育罕见于劳动经济学、人力资源管理、劳动法学、社会保障学等具体学科中，彼此之间没有形成合力，不利于学生形成对劳动本质问题的整体性认识。学校将劳动教育纳入人才培养方案的同时，要求各专业结合专业特点，组织2~4课时的专业实践体验活动。劳动教育渗透进必修课程、学科和专业课程中，与劳动实践构成了高校劳动教育多元课程体系，对学生劳动知识、劳动技能、劳动态度、劳动精神等方面的培养各有侧重，又互相融合，共同促进学生劳动素养的提升。主要从以下几方面理解专业实训与劳动教育的内在联系。

1. 强化"专业+"劳动实践

以专业实践活动为核心，完善实践教学体系，将工匠精神培育融入生产劳动，让学生在专业实习、实训过程中感受劳动的乐趣，获得劳动创造价值的直观感受。加强校内外实践基地建设，发挥专业优势，探寻多样化的实践平台，充分挖掘劳动教育资源，满足不同专业、不同层次学生的劳动实践需求，凸显专业特色。比如，校企共建实体化的智能化精密制造产教园，为机械制造类专业学生提供劳动实践岗位。

2. 丰富"生活+"劳作体验

生活即教育，将劳动教育融入学生的校园生活，从日常着力、细节入手，培养学生良好的生活劳动习惯。通过制定劳动公约、劳动任务清单等方式，学生自觉参与校舍卫

生保洁、垃圾分类处理、校园护绿、环境美化等力所能及的劳动。推行公寓红色网格管理，实施常态化督导检查和考核评比。利用校园景观绿地，由专业人员带领学生进行耕地播种、锄草收割等田间劳作，感受春耕秋收的中华传统文化之趣。

3. 拓展"服务+"公益活动

搭建丰富多样的公益劳动和志愿服务平台，不断扩展服务性劳动的渠道与载体，为学生提供到企业、工厂、农场等参与社会劳动的机会和条件，在与普通劳动者一起经历劳动过程中增长见识，强化社会责任感。把劳动教育融入各类志愿服务活动，组建学生志愿服务队，运用自身专业技能为老百姓办实事。开展文明监督岗、勤工俭学、校园清扫等公益服务性劳动，引导学生在劳动实践中自我教育、自我管理、自我服务。

4. 要准确把握新时代劳动教育价值的系统性

《关于全面加强新时代大中小学劳动教育的意见》明确指出，劳动教育是中国特色社会主义教育制度的重要内容，直接决定社会主义建设者和接班人的劳动精神面貌、劳动价值取向和劳动技能水平。这里要特别注意劳动精神面貌、劳动价值取向和劳动技能水平"三位一体"的系统性、整体性要求。不能把新时代的劳动教育理解为只是针对劳动精神面貌、劳动价值取向的教育，而忽略对学生劳动技能水平的培养，更不能把劳动教育"窄化"为劳动技能水平的培养，而忽略对学生劳动态度、劳动品德、劳动价值观的塑造。新时代高校劳动教育除了要着力培养学生胜任未来职业生活的劳动能力外，还要以习近平新时代中国特色社会主义思想为指导，进行系统的马克思主义劳动观教育。

5. 新时代大学劳动教育形态要与时俱进

新时代的大学生劳动教育面向的主要群体是"00后"，他们伴随着互联网长大，对劳动的认识与上一代人、上两代人有很大差异。针对这一特点，新时代的劳动教育必须直面质疑，及时更新教育形式，使青少年认识到，技术进步只不过是人类的劳动方式、劳动领域、劳动岗位发生了新的变化，但人的劳动精神和很多劳动技能仍是人机协同、智慧劳动、创造性劳动的重要基础。新时代劳动教育的开展要考虑以下两点：一是劳动形态，要与时俱进，不能犯把劳动等同于体力劳动的错误；二是教育形态，需要一定的课程，关键是要考虑怎样让间接的劳动教育在教育实践中得到强化。劳动教育要以体力劳动为主，让学生亲历劳动过程，通过动手实践、出力流汗、接受锻炼、磨练意志，形成良好的劳动习惯和劳动责任感，培养正确的劳动价值观和良好的劳动品质。

（二）劳动教育融入大学生专业实训教育与实践的意义

1. 在专业实训中提高劳动实践热情

劳动热情是人在参与劳动实践过程中所表现出的积极、主动、友好的态度。美国科学家杜利奥曾说过："没有什么比失去热忱更让人觉得垂垂老矣。"劳动热情能够体现出一个人的精神状态，具有劳动热情的人在工作中能够更加主动担当、积极作为。李大钊曾说过："我觉得人生求乐的方法，最好莫过于劳动。一切乐境，都可由劳动得来；一切苦境，可由劳动解脱。"劳动带给参与者的远不止有限的结果，更有精神上的愉悦、幸福感和成就感。大学生在参与实训的过程中，围绕实务问题，参与实践劳动，使大学生对专业知识和专业技能的掌握由简单到复杂，由生疏到熟练，通过克服一个个学习挑战，完成一个个实训任务，体验动脑动手的有趣过程，感受完成任务带来的快感，在劳动实践中充分发挥自身的天赋和潜力，体会劳动实践带来的幸福感和成就感，从而提高劳动热情。拥有劳动实践热情的大学生更能够在实训中全身心投入，遇到困难时不气馁、不逃避，也更愿意主动寻找方法去解决问题，用积极的态度对待劳动实践。

2. 在专业实训中深化对劳动价值观的认识

劳动价值观是马克思的基本观点。马克思认为，劳动不仅是谋生的手段，更是通向客观世界与主观世界的媒介，也是实现人性至美至善、彻底自由的必由之路。劳动价值观反映出一种劳动品德，如辛勤劳动、诚实劳动和创造性劳动等。实践表明，只有对劳动价值观有正确认识的人、才能积极投入劳动中并享受劳动带来的诸多乐趣，然而在现实当中，一些同学不理解劳动的含义也不愿意劳动，他们片面地认为劳动仅仅体现在体力劳动方面，认为劳动就是"干苦力"，忽视了学习也是一种劳动。这种错误的认识导致他们在实际的学习过程中，对于一些能给自己带来收益性的学习任务，如考研升学、就业出国等，表现得积极主动；而对于一些以培养学生正确劳动价值观为目的的学习任务，如参与实训的教学环节，则提不起兴趣，也不愿主动参加，发自内心对劳动产生抵触情绪。我们一直强调要热爱劳动、勤于劳动，而劳动的形式可以是多样的，参与实训就只是劳动实践的一种形式，也是为大学生塑造劳动品格、端正劳动态度提供了一个广阔的练兵场。在参与实训的过程中，能否兢兢业业地完成学习任务，是否勇于担当负责；在困难挫折面前，能否展现坚韧的毅力，想方设法战胜困难，这都体现了对待劳动的态度。其实，在实训中，大学生不应简单地将其看成获得学分的任务，而是应深入地体会其中蕴含的劳动价值，发展性地看待劳动。另外，大学生在劳动的过程中通过与同学、指导老师、企业及行业相关部门的专家学者等不同群体的合作交流，可以更加直观地感受他人的劳动态度与劳动行为，从而引导学生在潜移默化中形成崇尚劳动、尊重劳动的劳动价值观。

3. 在专业实训中培养技术革新和创新意识

意识的培养是一个由具体到抽象，再由抽象到具体的过程。创新意识是人们运用新颖独特的方式来解决问题的思维过程，是一种产生新思想的思维活动。创新意识的培养要求大学生具备敏锐的观察能力，能够察觉问题所在，并突破传统思维方式，重组或重建已有的知识和经验。构建出新的思想来指导技术创新。从创新意识形成过程来看，首先有理论知识的学习，其次是实践知识的学习，最后是理论联系实践才有了创新。只有获得知识，才能发展学生思维，从而提供创新的条件。高尔基说："人的天赋就像火花，它既可以熄灭，也可以燃烧起来。而使它燃烧成熊熊大火的方法只有一个，就是劳动，再劳动。"实训可以说为大学生提供了一个培养创新意识的训练场。在学习了理论知识的基础上，大学生通过形式丰富的实训项目，锻炼实践动手能力，将所学专业知识与实践相结合，在实践中加深对理论的认识，这个过程更有利于学生迸发出出其不意的创新想法，并由此产生一些研究成果。另外，大学生可以通过参与相应的职业技能比赛、创新大赛、创业项目路演等多种方式,加快创新项目的转化、促进技术的革新,优质项目甚至还可以直接与企业进行合作,实现科研成果的变现。

4. 在专业实训中培育核心职业素养

职业素养是劳动者对社会职业了解与适应的一种综合体现,主要体现在:职业信念、职业行为习惯及职业知识技能。其中,职业信念是人们愿意为自己选择的工作执着追求、奋斗的动机。职业行为习惯是在职场上通过长时间的学习,塑造一种职场综合素质。职业知识技能是做好一份工作必备的专业知识和能力。在大学期间着重培养大学生职业素养,如毕业答辩、毕业论文设计、毕业实习等都是为了能够更快地适应职场生活。职业素养是通过后天培训实践获得的,专业实训实习为大学生培育职业素养提供了机会和平台。首先,实训可以增强大学生的岗位意识。当大学生毕业走向社会后,大多数人还是从一线基层工作做起,虽然是基层岗位,但也有其特有的作用。常言道"干一行、爱一行、专一行",这是一种岗位职责,更是一种可贵的职业信念。要增强岗位意识,就要深入生产一线去真真切切地感受,去脚踏实地地实践,只有这样才能增强大学生的职责感。其次,实训可以培养大学生的团队合作精神。任何一个企业和行业在运行中都离不开团队的协调运作。最后,实训可以培养大学生的服务意识和服从意识,而这两种意识往往是当代大学生最欠缺的。

扩展阅读 4-9

5. 实训可以培养良好的职业行为习惯

在专业实训中,通过营造良好的实训体系,提前让大学生对职场有所认知和感悟。因为校园和职场有天壤之别,应尽快改变大学生思维、尽早融入企业氛围,将自己的工作能力、工作态度与职场中人对接,尽快完成从大学生到职场人的转变。另外,通过与工人师傅、技术人员的交流沟通,大学生可以学习他们身上勤奋刻苦的优秀品质和敬业奉献的良好作风。

6. 大学生通过实训加深对职业知识和技能的学习与运用

"纸上得来终觉浅,绝知此事要躬行",事实上,理论知识和实践能力是相互促进、相辅相成的。经过动手实践后,我们会对实践过程中出现的问题进行反思并总结经验规律,进而指导今后的实践。随着理论和实践的不断加强,调动两种知识的能力也会不断提升。通过实训实习,学生可以获得锻炼和试错的机会,将书本知识应用于实践,在实践过程中一旦发现能力不足,就会继续深入学习相关的理论知识,从而验证、指导实践。

扩展阅读 4-10

(三)当前我国高校劳动教育融入专业实训教育的问题和困难

1. 劳动教育与专业实训课程教学结合不够紧密

专业实训中的劳动教育不单单是让学生动手实践、整理场地、出汗出力,还需要让学生认识到劳动的意义和价值,体验劳动的快乐,在劳动中获得自豪感。但是在实际中,学校在教学中大都比较重视专业知识和操作技能的有机结合,往往会忽视劳动价值观念和劳动品质的培养。如果将现有的教学方式、评价体系套用在专业实训劳动教育中，那么很有可能会影响劳动教育的实施和现有专业实训课程的教学效果。

2. 大学生对劳动教育的重要性认识不足

部分学生对劳动教育存在认识偏差，片面地将劳动教育课程理解为打扫卫生，做劳动，觉得没有技术含量，认为自己是来学习专业知识的，不是来做体力劳动的。所以在专业实训中开展劳动教育时，有学生会产生抵触情绪，配合度低。

3. 高校要以劳动实践优化专业实训

在教学环节中，实习实训等实践活动具有重要意义，它不仅有助于大学生掌握必要的劳动技能，增强对工作岗位与未来社会的适应能力，而且能够激发学生的探索精神、创新精神，涵养精益求精的工匠品质。目前，高校专业实践整体状况不容乐观。一些教师由于担心学生出现安全问题，不愿意主动进行教学实践。一些企业不愿意接受学生实习或者把接受大学生实习视为吸纳廉价劳动力的一种方法，不认真负责地对学生进行专业引领。一些学生也会因升学或怕吃苦等原因应付实习实训。加强劳动教育，高校要把大力优化实习实训、切实提高各专业实践教学质量作为重要突破口。

4. 对学生劳动价值观的引导、劳动精神的培养、劳动习惯的养成等重视程度不够

一些高校的人才培养方式注重理论知识的学习与实践，对学生劳动价值观的引导、劳动精神的培养、劳动习惯的养成等重视程度不够，存在只有劳动无劳动教育的现象，劳动教育内容和形式还比较传统，没有为劳动教育注入新内涵，难以适应新时代对劳动教育的要求。受历史、社会、家庭、学校等多方面因素的影响，一些大学生还存在着劳动观念淡漠、不珍惜劳动成果等现象。有调查显示，虽然大部分大学生能够认识到劳动的价值和重要性，有着正确的劳动价值观念，但当涉及个人利益时却往往采取双重价值标准，难以做到知行合一。究其原因，是其既有传统思想观念的影响，也有现实社会环境的影响，一些消极的传统劳动观念仍然是影响劳动教育开展的深层次因素，劳动教育推进机制的不完善也影响着高校劳动教育的开展。受到家庭、学校、社会和传统文化的一些消极影响，部分大学生身上还存在劳动观念不够端正、劳动意识比较淡薄、劳动素养比较缺乏、劳动情怀比较缺失等问题。

### （四）劳动教育融入专业实训的措施

建立激励机制，将劳动素养纳入学生综合素质评价体系，制定从中小学到职业院校再到高等院校的一整套评价标准，把劳动素养评价结果作为衡量学生全面发展情况的重要内容，发挥综合评价"指挥棒"的作用，将评价结果作为评优评先和学校录取的重要参考或依据，使新时代劳动教育体系变得更加完善。

1. 培养目标的融合

将劳动教育的培养目标科学融入每次课程的教学目标、课程标准及人才培养方案中。首先，将劳动教育目标融入专业人才培养方案中。将人才培养目标定位为"培养熟练掌握专业技能，并具有正确劳动价值观和劳动习惯，遵守劳动纪律的较高素养的技能型人

才"。其次，将劳动教育目标融入专业课程的课程标准中，使课程目标中的素质目标符合劳动素养的要求。在思想认识方面，要牢固树立"劳动最光荣、劳动最崇高、劳动最伟大、劳动最美丽"的观念；在情感态度方面，要深刻体会用劳动创造美好生活，懂得劳动不分贵贱、热爱劳动、尊重普通劳动者，培养勤俭、奋斗、创新、奉献的劳动精神；在劳动习惯方面要形成良好的劳动习惯。最后，将课程标准中的课程目标分解在每次课堂教学中，在每堂课的教案中明确本次课程的知识目标、技能目标、素养目标（含劳动教育目标）。

打造优质劳动教育理论必修课程。借助智慧树平台，以线上线下混合式教学模式开设《大学生劳动教育概论》课程，使学生掌握通用劳动科学知识，深刻理解马克思主义劳动观和社会主义劳动关系，培育新时代劳动精神、创造性劳动能力和诚实守法的劳动纪律与职业道德，树立正确的择业就业创业观，发扬到艰苦地区和行业工作的奋斗精神。

2. 课堂模式的融合

创设合作探究课堂，构建"以赛促学、以赛促教"的学习共同体新课堂模式，以小组为单位，构建"教师为主导、学生为主体""我帮你、一起学"多向交流的教师—学生—企业"学习共同体"的教学模式。在教的方式上表现为从传递、讲解、评价的教学转向触发、交流、分享的教学，教师变为课堂学习的设计者。

在劳动教育课程中设立劳动实践项目群，普及与学生职业发展密切相关的通用劳动科学知识，打造劳动教育系列"金课"。筑牢劳动精神宣传阵地，选出优秀学生典型，开展本科生"自强之星"、研究生"励志之星"的评选活动，发挥榜样作用，培育崇尚劳动的良好校园氛围，让劳动精神入脑、入心、入行。

3. 教学方法的融合

针对当前劳动教育与专业课程在的前期规划不足、评估系统欠缺、课程劳育目标缺失、课程实施流于形式等问题，对课程实施进行"系统性"构建，主要包括以下几个方面：①课程目标系统性构建：课程设置及课程教学围绕专业人才培养目标展开，课程内容、课程设计围绕课程标准展开。因此，在将劳动教育融入专业课程时，必须自上而下地建立相应的劳育标准，即上至专业人才的培养方案、课程标准，下至每次课的课程目标都应明确劳动教育的目标。②课程资源系统性构建：劳动教育与专业课程的融合，仅靠单一的说教的方式往往收效甚微，需要多样化的课程资源，如视频案例、公益广告、动画等在课程教学中灵活运用，以提高教学效果。③课程设计系统性构建：做好课程设计，将劳动教育元素融入课程实施的课前、课后各个环节，融入课程教学的引入、实施、评价各个步骤。以产教融合为路径，持续深化劳动教育。产教融合是加强高等教育系统与社会产业系统的深度联系、破解高等教育与产业发展之间的结构性矛盾的重要战略选择，其核心特质是专业教育与产业需求无缝连接，其核心机理是建立产教协同育人的新型人才培养模式。产教融合是劳动教育与专业教育相结合的根本路径。只有依托产教融合，专业教育的劳动导向才能真正得以落实；也只有依托产教融合，劳动教育才能真正内化为高等教育人才培养体系的重要组成部分。

## 复习思考

1. 当大学毕业后你会选择创业吗？为什么？
2. 大学生应该具备哪些创业能力？
3. 如何将劳动教育融入专业实训中？

## 实践活动

为了使学生更好地了解创新创业，以小组（6 人左右）为单位，以小组成员的兴趣爱好和专长为出发点，策划一项创新创业活动，组织一次创新创业计划书设计与制作的实践活动。

<活动记录表>

| 活动计划 |
| --- |
|  |
| 活动难点及解决办法 |
|  |
| 心得体会 |
|  |
| 教师评语 |
|  |

## 参考文献

[1] 马克思，恩格斯. 马克思恩格斯全集：第三卷[M]. 北京：人民出版社，1971：467.
[2] 岳晓东，龚放. 创新思维的形成与创新人才的培养[J]. 教育研究，1999（10）：9-16.
[3] 王占仁. "广谱式"创新创业教育导论[M]. 北京：人民出版社，2012：12.
[4] 顾明远. 教育大辞典：第三卷[M]. 上海：上海教育出版社，1991：255.
[5] 石萍萍. 大学生创新创业教育的问题及对策[J]. 教育与职业，2016，（24）：60-62.
[6] 居占杰，刘洛彤. 创新创业教育背景下大学生创新能力培养问题研究：基于 G 大学经济学专业本科生调查的分析[J]. 湖南师范大学教育科学学报，2016，15（2）：71-75.
[7] 鲁钊阳. 本科创业创新教育实施问题及对策研究[J]. 教育评论，2016（3）：89-92.
[8] 杨茂庆，袁琳. 基于德国经验的中国大学创业教育思考[J]. 职业技术教育，2011（10）：8.

# 第五章

# 新时代大学生与创造性劳动

## 引导案例

### 用"舞指科技"舞出无声者的"心声"

2022年8月22日，共青团中央、全国青联、全国学联、全国少工委印发《关于颁发第十三届中国青少年科技创新奖的决定》，89名来自全国各地、具有较强探索精神、实践能力和创新潜力的大中小学生获得表彰。东北大学机器人科学与工程学院机器人科学与工程专业2019级硕士研究生曾振同学是获得该权威奖项的31名大学生之一，他创办的沈阳舞指科技有限公司经过潜心研究，为听力障碍者搭建了与世界无障碍交流的桥梁。

2017年，曾振认识了省残联的一位朋友，了解到中国手语翻译的数量严重短缺，而培养手语翻译也是一件长期且艰苦的事情，故而萌生了"能不能用科技为听力障碍者做些什么"的想法，这一想法与中国聋人协会的领导和机器人学院的王斐老师不谋而合，于是他开始组建团队，攻破技术难关，最终研发了一套可以帮助听力障碍者沟通交流的智能系统——舞指科技，这套系统由肌电臂环、云端数据、app程序组成。臂环通过接收21维手部关键点的信息还有8维肌电信号信息，完成手臂运动轨迹的信息记录，再通过AI技术和标准手语进行对比，最终将其转化为文字、语音并呈现于app端，完成了听力障碍者与世界无障碍交流的闭环。

当第一位体验者紧张地用手语打出"谢谢"的时候，曾振和他的团队感觉所有的付出没有白费，都是值得的。一场科创"寻声"之旅，就在那一声"谢谢"之后，拉开了华丽且艰辛的帷幕。技术瓶颈、人才问题、市场推广，进一步提升人们对听力障碍者群体的关注度和共情力，这一条科技创业之旅虽然走得跌跌撞撞，但更走得踏踏实实。

科技创新帮助我们解决很多曾经深深困扰我们的问题，在促进经济发展的同时，提升我们生活的质量。新时代的大学生积极投身于创新创业，在创造性劳动过程中实现一个又一个新的突破。

资料来源：东北大学机器人与科学工程学院网站—喜报：机器人学院曾振同学荣获全国青少年科技创新最高奖项！http://www.rse.neu.edu.cn/2022/0827/c2138a217725/page.htm.

## 第一节 创造性劳动的内涵

习近平总书记在2018年全国教育大会上指出:"要在学生中弘扬劳动精神,教育引导学生崇尚劳动、尊重劳动,懂得劳动最光荣、劳动最崇高、劳动最伟大、劳动最美丽的道理,长大后能够辛勤劳动、诚实劳动、创造性劳动。"其中,创造性劳动的过程是进行创新产品和创新活动的过程,创造性劳动是国家创新能力的关键,是人类实现劳动价值的重要方式,在劳动教育体系中具有重要地位。了解创造性劳动的内涵对于大学生开展创造性劳动、提升大学生创造性劳动能力具有重要意义。

### 一、劳动的创造性与创造性劳动

#### (一)劳动的创造性

马克思在《资本论》中这样描述劳动:"劳动首先是人和自然之间的过程,是人以自身的活动来引起、调整和控制人和自然之间的物质变换的过程。人自身作为一种自然力与自然物质相对立。为了在对自身生活有用的形式上占有自然物质,人就使他身上的自然力——臂和腿、头和手运动起来。当他通过这种运动作用与他身外的自然并改变自然时,也就同时改变他自身的自然。他使自身的自然中蕴藏着的潜力发挥出来,并且使这种力的活动受他自己控制。"[①]劳动的本质是实践活动,是人类最基本、最重要的存在方式。在劳动的过程中,劳动者会根据对于自然规律的认知,总结已有的经验,并充分利用新的信息与技术,发挥创造性思维,提高劳动的效率。正如《现代汉语词典》中对于"创造"的定义,"想出新办法、建立新理论、做出新的成绩或东西",劳动的过程中离不开新办法的采用、新产品的创造和新理论的建立。

劳动具有极强的能动性。人类通过付出体力、脑力开展劳动以获取生产资料,满足其生存和发展的物质需求,在这一过程中,又能动地改变其生活的自然条件与外部环境,使环境满足人类生存发展的需要。而这正是人类劳动和动物本能的本质区别,人类会创造、使用工具,可以根据自身的需求有意识地进行生产活动,充分利用身边的资源。尽管动物也会努力地谋求生存而进行筑巢、捕猎,但这更多的是被周围的环境逼迫着进行的生存竞争,是动物的本能。可以说,人类和动物的本质区别就体现在创造工具、利用工具去改造环境而不是单纯地适应环境。人类在能动地进行劳动的过程中锻炼了生存的技能,而这些劳动经验又反过来拓展了人类对于世界和自然规律的认知,提升了人类能动地应对环境变化的能力。

劳动具有极强的创造性。马克思认为,劳动是积极的、创造性的活动。对于劳动的创造性和积极性,马克思在《哥达纲领批判》中说:"在共产主义社会高级阶段,在迫使个人奴隶般地服从分工的情形已经消失,从而脑力劳动和体力劳动的对立也随之消失之后,劳动已不仅仅是谋生的手段,而是本身成了生活的第一需要。"在人类积极开展劳动

---

[①] 马克思,恩格斯. 马克思恩格斯文集:第5卷[M]. 北京:人民出版社,2009:207-208.

的过程中，人和自然界产生接触，形成了对自然界的认知，并把这种认知应用到实践中，经过反复的实践和对规律的总结，人们对自然规律的把握逐渐增强，人类的智力水平和创造性思维也不断提升。人们积极地以多样化的方式改变外部环境，创造新的工具、新的生产方式和新的物质生产资料以满足人们不断变化的认知和需求。在这一过程中，人类劳动的创造性不断增强。同时，人类的劳动离不开集体的协作，团队协作促进了人们的交流和互动，从而形成了社会关系。在社会关系中，人们不断启发着彼此的创造性思维，以完成劳动的创造性实践。恩格斯说："劳动是整个人类生活的第一个基本条件，而且达到这样的程度，以致我们在某种意义上不得不说：劳动创造了人本身。"由此可见，劳动中具备着创造性，而这种创造性也不断地提升着人类的劳动素质和对劳动本身的认知。

### （二）创造性的劳动

创造性劳动是劳动者在掌握人类对自然规律最新认知的基础上，充分利用最新的技术手段，积极发挥创造性思维，进而改造世界的实践活动。在这一实践活动中，人类会通过劳动对自然物质进行改造或创造，从而得到劳动产品。

生产过去已有的劳动产品的过程被称为非创造性劳动或重复性劳动，而生产过去不存在的新劳动产品的过程被称为创造性劳动。重复性劳动和创造性劳动的本质区别在于重复性劳动旨在复制和生产人类已有或部分已有的产品，而创造性劳动则旨在认识或掌握未知事物，发现、发明和创造人类未有或部分未有的新产品及其使用价值。重复性劳动成果是量的积累，而创造性劳动则是一个从无到有的过程，是消耗人类体力、脑力最终创造或改进某种产品、技术、方法、思想、理论的过程，是劳动成果质的突破。也正是由于无数重复性劳动成果的量的积累，才激发了创造性劳动成果质的变化。因此，对重复性劳动规律的总结，发现创新的元素，去完成创造性劳动是非常必要的。

创造性劳动的成果包括的范围非常广，既包括物质财富的创造，也包括精神财富的创造。其中物质财富主要指有形的物质产品，如蒸汽机、电灯、电话机、电视机、汽车、轮船、飞机、计算机、医学领域的新药品如青霉素，以及包含较高科学技术的智能手机、智能穿戴设备、GPS定位系统、智慧城市系统、无人驾驶汽车等，这些都属于创造性劳动带来的物质财富。精神财富主要指文化产品和社会意识的创造，如文学家创造的文学作品、音乐家创造的音乐作品、画家的绘画作品、雕塑家的雕塑作品及一些关于科学和社会意识的新理论等等。创造性劳动的成果极大程度上改善了人们的物质和精神生活，对于推动人类社会发展具有重要价值。

## 二、创造性劳动与重复性劳动的区别与联系

创造性劳动和重复性劳动都是人类开展劳动活动的重要方式。二者之间存在区别与联系。

### （一）创造性劳动与重复性劳动的区别

1. 劳动程序不同

对于重复性劳动来说，劳动过程是按照预先的程序进行的，劳动过程中的三要素，

劳动者、劳动工具、劳动对象按照预先的程序进行组合，从而开展劳动。创造性劳动则不同，其在开始之前并未有预先确定的程序，劳动过程中三要素也是以新的方式进行组合，劳动过程以新的程序开展。创造性劳动促进了社会生产力的发展，以人类成熟的智能为基础，进而形成创造力这一价值体系中的决定因素，通过对常规性劳动做出突破性的选择，在市场经济中对虚实经济的要素进行重组和集成，创造出新的价值系统。

2. 劳动生产率不同

经济社会的发展需要劳动生产率的不断提高来增加社会财富的创造与积累。创造性劳动极大地促进了社会生产率的提高，其改进劳动工具和劳动技术，降低成本，促进劳动生产率的提升。重复性劳动更偏重于劳动供给、生产要素、劳动产品量的提升，虽然也会促进劳动生产率的提高，但提升幅度上较创造性劳动还有很大差距。创造性劳动通过提升劳动生产率，突破经济的常规运作方式，不断扩大社会生产规模和能力，而重复性劳动在这一方面则具有局限性。

3. 劳动成果的分配方式存在差异

重复性劳动创造的价值更容易计量，对于耗费大量时间完成的重复性劳动，可以采用计算劳动产品数量或劳动时间的方式来统计劳动成果。因此，对于重复性劳动，劳动成果的分配可以根据劳动者在劳动过程中所付出的劳动数量与质量来进行分配。创造性劳动则是在重复性劳动基础上形成的一次劳动要素组合的飞跃，而这种劳动力的耗费难以用时间来衡量，劳动主体之间的差别更多表现为智力和创造力的差别，与体力和熟练程度关系不大。对于创造性劳动，应按劳动者在创造性劳动过程中释放出来的创造能力进行分配。

### （二）创造性劳动与重复性劳动的联系

创造性劳动和重复性劳动都是人类消耗体力和脑力创造劳动产品的过程，人类劳动的任何具体形态都要靠体力、脑力支出来实现。在抽象劳动的形态上，无论是生产人类已有或部分已有使用价值的重复性劳动，还是生产人类未有或部分未有新使用价值的创造性劳动，不同使用价值生产的劳动具体形态已经被抽取，留下的是人类劳动共同的、无差别的性质。

马克思曾说："就使用价值说，有意义的只是商品中包含的劳动的质，就价值量说，有意义的只是商品中包含的劳动的量，不过，这种劳动已经化为没有质的区别的人类劳动。在前一种情况下，是怎样劳动、什么劳动的问题，后一种情况下，是劳动多少、劳动多长时间的问题。"因此，在人类社会发展过程中，创造性劳动和重复性劳动在抽象劳动意义上都是能够创造价值的，没有高低贵贱之分。以体力消耗为主的重复性劳动和以脑力消耗为主的创造性劳动同样重要，都是社会劳动的重要组成部分。习近平总书记曾说："一切劳动，无论是体力劳动还是脑力劳动，都值得尊重和鼓励。"因此，我们对待创造性劳动和重复性劳动应该同样尊重，对待从事创造性劳动的劳动者和从事重复性劳动的劳动者，也要给予同样的尊敬。

## 三、创造性劳动的分类

创造性劳动发生于劳动过程之中,是人类劳动的特征。这种一般意义上的科技创新劳动在人类经济社会发展的初期就已经出现。[①]随着人类对自然的探索和改造日益加深,人类的劳动经验和技术水平不断增加,生产力和物质生活水平也在不断提升。劳动生产率的提高使生产过程中的剩余产品不断增加,使得一部分社会成员可以将更多的精力放在创造必要生产资料以外的活动中,即人们在技术不断进步的背景下,细化了劳动分工,对于创新的兴趣与日俱增,将更多的精力投入到对自然规律的探索和总结,对先进经验的传播,对美的事物的感知评价和创造,对维护人类健康的医疗问题的探索等。2020 年 1 月 10 日,国务院在北京举行的国家科学技术奖励大会上,习近平总书记向获得 2019 年度国家最高科学技术奖的原中国船舶重工集团公司第七一九研究所黄旭华院士和中国科学院大气物理研究所曾庆存院士颁发了奖章。李克强在会上说,要筑牢基础研究这一科技创新的根基,优化科技创新生态,增强科技创新内生动力。[②]创新精神是中华民族发展的内生动力,也是任何时代都不可或缺的重要品质。创造性劳动是创新精神的具体体现,科技创新是创造性劳动的重要组成部分。

对于这些创造性的劳动,我们可以将其分为创造性生产劳动和创造性非生产劳动两种类型。

### (一)创造性生产劳动

创造性生产劳动的重点在于生产性。生产性劳动是所有劳动的基础。生产性劳动通过创造物质财富为其他类型的劳动提供了物质基础。创造性生产劳动可以进一步细化为创造和形成新产品、革新生产技术。

创造和形成新产品是最典型的创造性生产劳动。其劳动成果能够满足随着时代变化而不断产生的新需求。例如,中国航空工业集团公司第一飞机设计研究院研制的首款超大展弦比高空低速无人机"启明星 50",是首次采用双机身布局的大型无人机,也是第一款以太阳能为唯一动力能源的全电大型无人机平台。该机是一款能够在高空连续飞行的"伪卫星",其利用高效、清洁、绿色、环保的太阳能,可长时间留空飞行,执行高空侦察、森林火情监测、大气环境监测、地理测绘、通信中继等任务。2022 年 9 月 3 日,"启明星 50"首飞成功,这标志着我国在新能源领域、复合材料领域、飞行控制领域等关键技术的又一次创新突破。[③]新产品的出现又将带来新的需求,为下一次产品创新提供宝贵的经验。

革新生产技术也是创造性生产劳动的重要组成部分。生产工艺流程改进、加工技术改进、操作方法改进、生产技术装备改进等都属于创造性生产劳动。国家能源集团宁夏煤业公司联合二十余家单位通过创造性劳动完成的"宁煤 400 万吨/年煤间接液化成套技

---

① 杨占生. 经济学: 跨世纪的批判[M]. 北京: 中国经济出版社, 1998: 42.
② 中共中央国务院隆重举行国家科学技术奖励大会[N]. 黑龙江日报. 2020-1-11(3).
③ "启明星 50"临近空间大型太阳能无人机首飞成功 https://baijiahao.baidu.com/s?id=1742960141121583082&wfr=baike.

术创新开发及产业化"项目成果获得2020年国家科学技术进步奖一等奖,他们通过创新研究和协同攻关,攻克了大型煤间接液化"卡脖子"关键核心技术,实现了从千吨级中试到400万吨的工程放大,在煤间接液化基础理论、关键技术、重大装备及材料、工程放大及系统集成技术、节能节水等方面取得重要创新成果,形成了可复制、可推广的煤间接液化成套技术,建成了全球单体规模最大的400万吨/年煤间接液化项目,实现"安全、稳定、清洁"运行,整体技术水平居于世界领先地位。[1]

以革新技术为落脚点的创造性生产劳动还体现在电子封装技术的创新上。同样获得2020年国家科学技术进步奖一等奖的华中科技大学刘胜教授带领团队完成的"高密度高可靠电子封装关键技术及成套工艺"项目在电子封装技术创新上取得了巨大的进步。微电子工业是全球经济发展的原动力,电子封装更是被誉为芯片的"骨骼、肌肉、血管、神经",是提升芯片性能的根本保障。芯片越来越小,密度越来越高,然而,当高密度芯片封装时,容易出现翘曲和异质界面开裂,导致成品率低和寿命短等产业共性难题,此外,超高速光电模块亚微米对准和高散热的非气密性封装成套工艺,也是业内难题。刘胜教授团队针对高密度芯片封装翘曲和异质界面开裂导致的低成品率,团队提出了芯片—封装结构及工艺多场多尺度协同设计方法,还针对5G通信等领域芯片研制自主可控需求,攻克了晶圆级硅基埋入扇出封装等成套工艺。成为率先突破7nm-9芯片-64核CPU芯片封装核心技术的团队。[2]

以上这些创造和形成的新产品、革新生产技术的案例都是典型的创造性生产劳动,这充分证明了创新在劳动生产中的价值,其对提升企业核心竞争力、推动技术革新、加快产业结构升级转型、促进经济高质量发展具有重要作用。

### (二)创造性非生产劳动

创造性非生产劳动主要指文化、艺术、科学、医疗、教育、社会管理等不同形式的、不创造物质财富的劳动。对于科学研究来说,创造性科学研究劳动是人们有目的、有计划、有意识地在已有认知的基础上,运用科学研究的方法,探索自然现象和社会现象的规律的认识过程。典型的例子,如"中国航天之父",两弹一星功勋奖章获得者钱学森,他在空气动力学、航空工程、喷气推进、工程控制论、物理力学等技术科学领域都作出了开创性贡献。1956年,钱学森受命组建中国第一个火箭、导弹研究所——国防部第五研究院并担任首任院长。他主持完成了"喷气和火箭技术的建立"规划,参与了近程导弹、中近程导弹和中国第一颗人造地球卫星的研制,直接领导了用中近程导弹运载原子弹"两弹结合"试验,参与制定了中国近程导弹运载原子弹"两弹结合"试验,参与制定了中国第一个星际航空的发展规划,发展建立了工程控制论和系统学等[3]。钱学森是中国近代力学和系统工程理论与应用研究的奠基人和倡导人,为我国航天事业的发展作出了巨大的贡献。同样从事创造性非生产劳动并做出巨大贡献的还有我国呼吸科专家钟南

---

[1] 宁煤400万吨/年煤间接液化成套技术创新开发及产业化项目获国家科学技术进步奖一等奖 https://baijiahao.baidu.com/s?id=1715459705148095186&wfr=spider&for=pc.
[2] 一等奖!实力占领电子封装领域制高点! https://m.thepaper.cn/baijiahao_15226495.
[3] 钱学森简介—中国科学院 https://www.cas.cn/zt/rwzt/qxsssyzn/qxsjj/.

山院士，钟院士通过创制的"简易气道反应性测定法"及流行病学调查，首次证实并完善了"隐藏型哮喘"的概念，该观点为联合国卫生组织撰写的《哮喘全球防治战略》所采用。通过研究对我国慢性咳嗽病因谱进行了系统的分析，他阐明了胃食道反流性咳嗽的气道神经炎症机制。他创制的"膈肌运动功能测定法"，首次证实即使早中期慢性阻塞性肺病（chronic obstructive pulmonary diseases，COPD）病人也有 60%存在蛋白—能量营养不良，制定了补充其基础耗能的校正公式。在抗击 SARS 疫情中，钟南山院士带领团队率先投入战斗，主动要求收治危重 SARS 患者，积极倡导国际大协作，组织了广东省 SARS 防治研究，创建了"合理使用皮质激素，合理使用无创通气，合理治疗并发症"的方法治疗危重 SARS 患者，获得了 96.2%的国际最高存活率。钟院士多次在重大公共卫生安全事件中做出贡献，挽救了人民生命财产安全。

创造性文化及艺术劳动虽然不像物质生产活动那样作为人类生存、发展的手段而存在，但其与人类的生活密切相关，丰富和发展着人的精神世界，体现着人类的本质。例如，东晋画家顾恺之创作的《女史箴图》和《洛神赋图》，法国画家莫奈创作的《睡莲》，唐代诗人李白创作的《蜀道难》《将进酒》，奥地利音乐家莫扎特创作的《虚伪的善意》《巴斯蒂安与巴斯蒂娜》《本都国王米特里达特》《卢齐奥·西拉》等作品，以及一些图腾符号等文化艺术表现形式。教育也属于创造性劳动范畴，我国著名教育家、思想家、儒家学派创始人孔子倡导"有教无类"，开办私学，教育出一大批优秀的人才。

## 四、创造性劳动的特征

随着人类社会的发展，创造性劳动也呈现出不同的特征。创造性劳动通过人类体力和脑力的消耗创造出前所未有的使用价值，满足人们各方面的需要。早期创造性劳动主要集中于劳动工具和生产方法的创新，工业化以后，创造性劳动更多体现为重大的技术变革。在新时代，创造性劳动又表现为新原理、新学说、新技术。创造性劳动与一般人类活动相比较，具有许多不同的特征。

### （一）能动性

劳动是积极的、有创造性的活动，也是一种有目的、有意识的能动活动。创造性劳动和重复性劳动都是人类独具的主观能动性的表现。人的意识支配着劳动活动，并对劳动环境的变化能动地做出反应。马克思在《资本论》中指出："蜘蛛的活动与织工的活动相似，蜜蜂建筑蜂房的本领使人间的许多建筑师都感到惭愧。但是，最蹩脚的建筑师从一开始就比最灵巧的蜜蜂高明的地方，是他在用蜂蜡建筑蜂房以前，就已经在自己的头脑中把它建成了。劳动过程结束时得到的结果，在这个过程开始时就已经在劳动者的表象中存在着，即已经观念地存在着。他不仅使自然物发生形式变化，同时他还在自然物中实现自己的目的，这个目的是他所知道的，是作为规律决定着他的活动的方式和方法的，他必须使他的意志服从这个目的。"基于此，我们可以发现，劳动是由人的意识和人的思维所决定的。创造性劳动的产生依托于人类的创造性思维。可以说，创造性思维决定了创造性劳动。培养创造性思维、锻炼创造性劳动能力有利于人类开展创造性劳动。

### （二）对象性

创造性劳动是在创造性思维的支配下，具有科学知识和先进技术的劳动者，通过发挥主观能动性，将劳动传导到劳动对象上，创造性地改变人类与自然的物质变换过程。在这一过程中，劳动者占据着主动权，在劳动过程中起主导作用。劳动对象是劳动过程的客体，是劳动的产品，体现了劳动的对象性。创造性劳动具有对象性，即创造性劳动活动开展的最终结果是产生满足人们各种需要的劳动产品。马克思曾说："自然界没有制造出任何机器，没有制造出机车、铁路、电报、走锭精纺机等。它们是人类劳动的产物，是变成了人类意志驾驭自然的器官或人类在自然界活动的器官的自然物质。它们是人类的手创造出来的人类头脑的器官，是物化的知识力量。"这些劳动产品是创造性劳动的对象，其具有使用价值，凝结着人们的创造性劳动。创造性劳动的本质特征就表现为在创造性思维的主导下生产和创造出前所未有的使用价值的过程。

### （三）实践性

创造性劳动主体是创造性思维的实践结果。在劳动实践中，只有创造性劳动的主观能动性和客观对象性相结合才能转化为有用的劳动产品。仅有创造性思维而没有实践，是不能称之为创造性劳动的。创造性思维即便再好，如果没有劳动实践，那也无法转化为有使用价值的劳动产品。我国思想家王守仁曾提出"知行合一"的构想，即认识事物的道理与实践操作是密不可分的。人对于事物的认知必须和实际行动结合起来，幻想并不能创造美好的未来。我们必须在实践中去探索，在实践中去反思，在实践中去完善，从而实现理论和实践相统一，创造出有价值的劳动产品。新时代创造性劳动的劳动者是受过高等教育、拥有较高综合素养的劳动者，他们应当接受专业的训练，不断提高自己的创造能力，并充分运用自己的智力、知识、思维、灵感来进行创造性劳动，创造出有价值的新劳动产品。

### （四）累积性

通过创造性劳动生产和创造新产品和新技术并不是一蹴而就的，而是不断重复、不断积累的一个从量变到质变的过程。因此，创造性劳动具有累积性。在社会发展的过程中，当经济发展到一定阶段，一种技术成熟且稳定后，社会生产就会以此为基础进行稳定的生产和扩张，由此出现量的积累，即量变。当数量扩展到一定阶段后，这种生产技术的能量发挥到极限，要进一步提高劳动效率，则必须创新劳动技术，对生产要素的质量和组合方式提出新的要求，即实现质变。此外，在创造性劳动探索的过程中，也往往会遇到失败和阻碍。例如，袁隆平培育杂交水稻、屠呦呦发现青蒿素、我国航天事业的发展等，这些案例都不是一蹴而就的，都是经过大量的尝试、不断地重复和坚持不懈地研究才取得了最终的成功。创造性劳动的质的变化正是以重复性劳动的量的积累为基础。可以说，创造性劳动是在重复性劳动过程中不断积累创造性因素的基础上实现创造的发展过程。

## （五）风险性

创造性劳动具有风险性。创新蕴含着挑战与风险，即任何关于创新的尝试都面对着成功或失败这两种可能。在创造性劳动开始之前到创造性劳动进行的过程中，劳动者对于其是否能够取得成功是无法确定的。大多数情况下，创造性劳动的结果是失败的。新的使用价值的创造，往往要经过长期的积累、多次的失败、艰辛的付出才能够完成。对于重大创新而言，即便最终结果是成功的，在劳动的过程中也往往伴随着多次失败。创造性劳动的过程就是和风险相伴舞蹈的过程。创新和风险相伴而生、无法分割，一切创新都是在战胜风险中实现的。失败并不可怕，在失败的过程中，劳动者积累了经验，同样也锻炼了能担风险、不怕失败的勇气和魄力。因此，创造性劳动在具有风险性的同时，也使劳动者锻炼出了不惧风险的优秀品质。

## （六）革命性

创新劳动具有革命性。这种革命性贯穿于创造性劳动的全过程。"创新劳动是对常规劳动的辩证否定，创新是对陈旧、落后甚至腐朽事物的革命。无论是政治、经济、科技创新，还是思想、观念、文化创新，以及制度、方法创新，都是一种革命。"[1]创造性劳动通过进行创新得到新的使用价值的过程，就是一种革命的实现。不能够创造新的使用价值，就不能称之为创造性劳动。正是创造性劳动及其成果的革命性，决定了它在推动生产力和人类社会发展与社会进步中的革命性作用。

# 五、创造性劳动的价值

## （一）创造性劳动推动生产力的发展

创造性劳动创造剩余价值，如在科学领域，专家利用自己的智力开展创造性活动，实现生产力水平的提升，从而创造更多的现实财富。科学家通过充满创造性的智力劳动，进一步发现、利用自然世界和人类世界的规律来创造新的可能性。随着工业化大发展，财富的创造较少取决于劳动时间的投入，更多地取决于在劳动时间内所运用的作用物的力量，这种作用物自身又和他们所花费的直接劳动时间不成比例，而是取决于科学技术水平的进步。可以说，创造性劳动的开展促进了科学技术的进步，并进一步提升了劳动生产率，带来了社会生产力的大发展，而这也为社会经济发展创造了有利条件。

## （二）创造性劳动促进人的创造力发展

马克思曾说："劳动表现不再像以前那样被包括在生产过程中，相反地，表现为人以生产过程的监督者和调节者的身份同生产过程本身发生联系。"创造性劳动的劳动者在劳动的过程中积极运用自己的智力去把握自然规律，并改造自然。"在这个转变中，表现为生产和财富的宏大基石的，既不是人本身完成的直接劳动，也不是人从事劳动的时间，而是对人本身一般生产力的占有，是人对自然界的了解和通过人作为社会体的存在来对自然界的统治，总之，是社会个人的发展。"可以说，随着创造性劳动的开展，生产力水

---

[1] 李水莲. 关于创新的哲学思考[J]. 陕西师范大学学报，2000(3).

平有了极大的提高，人类有更多的时间用于重复性劳动之外的活动，因而促使人们更多地参与创造性劳动，创造性劳动也反过来促进了人的智力和创造力的提升。

## 第二节　创造性劳动能力与方法

创新创造能力对于经济增长、综合国力提升具有极大的促进作用。2017年7月，国务院印发《关于强化实施创新驱动发展战略进一步推进大众创业万众创新深入发展的意见》，强调创新创业的重要性，指出要进一步系统性优化创新创业生态环境，强化政策供给，突破发展瓶颈，充分释放全社会创新创业潜能，在更大范围、更高层次、更深程度上推进大众创业、万众创新。创新是一个民族发展的不竭动力，提升创造性劳动能力，掌握创造性劳动方法对于促进经济发展，提升科技水平具有重要作用，创造性劳动能力要在学习工作中逐步提升，在劳动实践中逐步发展。创造性能力是在劳动过程中发现和解决新问题、提出新思路、创造新事物的能力。创造性劳动方法是开展创造性劳动过程中所用到的方法。培养创造性能力，掌握创造性方法对于提升个人综合水平乃至社会综合创造水平都是非常重要的。

扩展阅读 5-1

创造性劳动能力的重要组成部分包括创造性劳动意识、创造性劳动思维、创造性劳动知识。

### 一、创造性劳动意识

创造性劳动意识是根据社会和个体生活发展的需要，发现、发明和创造人类未有或部分未有的新的使用价值的动机，并在劳动过程中产生的渴望创新出创造性劳动成果的思维观念。创造性劳动意识是开展创造性劳动的起点，劳动者只有产生了创造性劳动意识，才会主动建立创造性劳动思维，学习创造性劳动知识，提升自己的创造性劳动技能，从而开展创造性劳动。创造性劳动意识具体表现为：劳动者主观能动意识、创新探索意识、客观求真意识、风险挑战意识。

#### （一）主观能动意识

劳动者开展创造性劳动离不开对创造性劳动的动机、意向和期望。创造性劳动的动机是引起思考或行为的主要原因，即开展创造性劳动的主要原因。这一动机来源于期望，期望是人们希望达到的目标或满足自身需求的心理活动，期望一旦成为驱使人们行动的力量，就会形成动机，成为推动人们进行某种活动的强大动力。身处社会中的人们为了自身和社会的发展，会形成对创造性劳动成果的期望，这种期望会驱使人们产生创造动机，表现出进行创造性劳动的意向，这种创造意向凝结为主动的创造性劳动意识。可以说，劳动是人类有目的、有意识的能动活动，具有极强的积极性与主观能动性。人们在认识世界、改造世界时，往往是抱有一定的目的和动机，在行动之前已经拟定了大致的计划。动物虽然也会进行某种看似预定目标和计划再去行动的行为，但其本质上仍然是动物的本能。而人类则不同，人类的劳动形式不论是创造性劳动还是重复性劳动，都是源于人类的主观意识，计划都是先于劳动行为出现的。因此，我们说创造性劳动意识体现在劳动者的主观能动意识上。

### （二）创新探索意识

创新是劳动者在物质、精神文明方面，积极地探索、创造先进的、有价值的新思想和新事物的活动过程。创新探索意识是人们对创造新思想、新事物的认知态度。创造性劳动是创造过去未有的或部分未有的新事物的过程，也是创造新价值的过程，这个过程是从无到有的开拓过程，需要不断探索，推陈出新。因此，开展创造性劳动，一定要具备创新探索意识，突破原有的思维定式，破除过去已有经验的限制和束缚，勇于突破、积极探索新思路和新方法。传统文化中的"中庸"思想的影响，往往使我们处世圆融，不敢质疑和突破，这对劳动者的创造性劳动形成了一定的限制。然而，创新探索意识则是创造性劳动开展的重要内驱力。"沉舟侧畔千帆过，病树前头万木春"，意在告诉我们创新探索意识是敢于弃旧迎新、敢于探索新鲜事物。追求新知识、新思想，创造新理念、新事物，对于劳动者开展创造性劳动具有重要的促进作用。

### （三）客观求真意识

创造性劳动的开展不仅需要主观能动意识作为动力，还需要客观求真意识的存在，来保证创造性劳动对客观规律的尊重。众所周知，规律是客观的，是不以人的意志为转移的，它既不能被创造，也不能被消灭。创造性劳动是产生和创造出前所未有的、须运用劳动者创造力的劳动方式。只有符合客观规律和需要的创造性劳动活动，才能够真正创造出具有价值的创造性劳动成果，造福自然和人类社会。创造性劳动还表现为对于真理的探寻，在创造性非生产劳动中，科研工作的主要内容就是认识世界、探寻自然世界的规律，而这一过程也正体现着客观求真意识。

### （四）风险挑战意识

创造性劳动的开展不仅需要主观能动性作为动机，需要创新探索意识和客观求真意识作为指导原则，更需要采取行动、积极实践。然而，创造性劳动不是一蹴而就、一帆风顺的，创造性劳动往往蕴含着风险和挑战，需要面对多次失败的磨练。因此，开展创造性劳动必须具有风险挑战意识。创造性劳动的劳动者面对挑战要能够迎难而上，不惧挑战，能够正确地认识风险，管理风险。即便遇到失败，也不轻言放弃，能够百折不挠，直到最终实现成功，创造出有价值的创造性劳动成果。

## 二、创造性劳动思维

思维是人脑对事物的概括和间接的反应过程。思维以感知为基础又超越感知的界限，它能探索与发现事物的内部本质联系和规律性，是认识过程的高级阶段。创造性劳动思维是人们从事创造性劳动大脑发生的反应活动。创造性劳动思维是人类对新理论、新思想、新事物认知的思考活动，是以感知、记忆、思考、联想、理解等能力为基础，以综合性、探索性和求新性、灵活性为特征的高级心理活动。创造性劳动思维是复杂的心理活动，具有初创性、灵活性、非逻辑性和不确定性。

## （一）初创性

创造性劳动思维具有初创性，即首次发现或创造新事物，而不是对已有事物的简单重复。创造性劳动思维需要打破常规思维定式，能从多角度、多层次、多结构去思考，通过独特的思维过程发现和创造新事物，不受已有知识和方法的束缚。然而，人类在进行思考和判断时，往往很难脱离思维定式的局限。思维定式是指曾经采用某一方法成功解决过某一问题，当下次再遇到类似的问题时，往往会受到上次思考方式的局限，导致仍旧采用相同的方法去思考和解决问题。这就和物理学中的惯性类似，人的大脑思维也会产生思维惯性，形成相对固定的思维模式。在我国北宋著名的政治家、史学家司马光砸缸救同伴的故事中，年幼的司马光没有按照思维定式去寻求大人的帮助或盛出缸中的水救人，而是突破思维定式，变换角度思考问题，选择砸缸救人，使同伴成功获救。

在重复性劳动中，思维定式可以帮助人们利用已掌握的劳动方法和经验快速地完成工作，但对于创造性劳动，思维定式则反而会形成阻碍，不利于创造性劳动的开展。因此，开展创造性劳动就必须突破思维定式，必须破旧立新，探索新思路、新技巧、新方法、新理论，必须追求初创性，探索过去未有的新事物。

## （二）灵活性

创造性劳动思维具有灵活性。这一灵活性体现在创造性劳动思维并无固定的思维方法和程序，其方式、方法、程序、途径都超脱出固定的框架而存在。创造性思维活动在开展时，可以迅速从一个思路转移到另一个思路，即变换不同的视角看待同一问题，不用拘泥于固定的模式，而是根据不同的对象、环境、条件，具体情况具体分析，灵活应用各种思维方式，多角度、多渠道地探究解决问题的方案。因此，创造性思维活动会得出不同的结果，总结出不同的方法和技巧。不同的劳动者运用创造性思维创造的劳动成果往往也不同。

1943年由英格瓦·坎普拉德在瑞典艾尔姆胡尔特创立的瑞典家具品牌宜家（IKEA）是一家以平实价格销售自行组装家具的品牌。宜家不同于其他家具品牌那样仅出售成品家具，而是转换思维，选择将经营的重心放在设计并出售自行组装的家具上。宜家家居设计的家具非常富有现代感并且与众不同，其中很多家具是被设计成简单套件、让顾客能够自己组装的家居产品，这和其他家具店出售的成品家具非常不同。这种不同不仅体现在产品上，还体现在价格上。宜家家居推出的产品采用"平整包装"，这使得家具的体积远比成品家具小，在包装、储存和运送上花费的成本也比较低，从而降低了产品的价格，获得消费者的喜爱。

## （三）非逻辑性

创造性思维活动在具有灵活性的同时，也呈现出一种开放、多变的状态。因此，创造性思维往往伴随着一些近似"灵感"的非逻辑思维活动。这种非逻辑思维活动往往具有极大的随机性，这是因为创造性思维会根据环境、条件、问题、对象，因人、因时、因地、因事而异。在创造性劳动中，创造性思维的这种非逻辑性特点，往往是捕获"灵感"，找到新思路的突破点，因而具有不可替代性。

很多创造性活动中都体现出创造性思维的这种非逻辑性。英国物理学家斯蒂芬·霍金曾说："推动科学前进的是个人的灵感。"霍金的生平是非常具有传奇色彩的，他的"灵感"也一直推动着他在浩瀚的物理世界中探索与收获。在经典物理的框架里，霍金证明了黑洞和大爆炸奇点的不可避免性，黑洞越变越大。但在量子物理的框架里，他指出，黑洞因辐射而越变越小，大爆炸的奇点不但被量子效应所抹平，而且整个宇宙正是起始于此。这些极具创造性的理论是在霍金"灵感"的基础上，经过大量的思考与计算得出的，是非逻辑性的体现。但霍金的研究成果又离不开前人研究的积淀，这又体现为逻辑性。因此，创造性思维往往是既包含逻辑思维，又包含非逻辑维的，是二者的有机结合。

### （四）不确定性

创造性思维活动具有不确定性。这是由于创造性思维活动的对象往往是潜在的、尚未被认识和实践的，不确定的对象。具体来说，创造性思维的对象是刚刚进入人类实践范围，且尚未被人类所认识的客体，人们对于其存在的状况还处于猜测阶段，或即便有了一定认知，但这种认知尚未完全，具有待进一步深入探究的客体。这种尚未完全被认知的对象，具有不确定性。

同时，由于创造性思维活动是旨在探索未知的活动，会受到诸多条件的限制，具有一定的风险性，并不是每次都能获得成功，甚至可能取得和设想完全相反的结果。创造性思维活动会受到自然规律、事物发展、实践的条件和水平、劳动者的认知水平和创造性能力等因素的影响。创造性思维往往是超越时代的认知背景的，如美国的莱特兄弟，他们在创造飞机的时候，人们对于这种飞行器是没有具体认知的，还有很多人认为比空气重得多的大型物体在高空受控制地飞行完全是天方夜谭。与遥远地区的人实现实时通话是否可行？在19世纪以前这几乎是难以想象的，是否能够成功也完全是不确定的，但电话的诞生最终证明了这确实是可能的，并改变了人们的通讯方式。通过生物技术由无性生殖产生与原个体有完全相同基因组后代能够成功吗？在1952年之前也是不确定的。当罗伯特·布里格斯和托马斯·J.金在1952年成功地克隆了北方豹蛙后，这个答案才确定下来。1993年，克隆羊多莉的诞生，让人们真正相信克隆技术。由此可见，创造性思维活动具有很强的不确定性，我们需要在这种不确定性面前坚定自己的想法，勇敢尝试，去换取最终的创造性劳动成果。

## 三、创造性劳动知识

掌握创造性劳动能力除了需要建立良好的创造性劳动意识、锻炼创造性劳动思维外，还必须具有一定创造性劳动知识。知识是思维能力的重要组成部分，是人们在实践过程中积累起来的认识成果，人们充分运用这些知识的思想活动便是思维。所以说，知识和思维之间会进行互相转化，知识是人类思维活动的基础，不同内容、不同层次、不同形式的知识会通过人的思维相互结合、协调、补充或对立、排斥、分离，形成各个领域、各个时代的新知识、新理论。

创造性劳动知识更是与思维活动紧密相关。创造性劳动与重复性劳动不同，在创造新产品、新技术、新方法、新思想、新理论的过程中，离不开与研究对象相关的基础知识。只有掌握足够的基础知识，才能有效辨别是否在进行创造性劳动及如何进行创造性劳动。劳动者通过对已有知识进行学习、消化、吸收、加工、组合，创造出前所未有的新使用价值。创造性劳动是在人的创造性劳动思维发展到一定阶段、创造性劳动知识积累到一定阶段才能够发生的。如果本身基础知识掌握不牢，对问题认识不够深刻，是无法掌握创造新理论、新思想、新方法、新事物的关键的，更无法激发"灵感"，也不能有效利用创造性思维去开展创造性劳动。

"知识创造理论之父"野中郁次郎将知识分为显性知识和隐性知识两大类。其中，显性知识指的是能够明确用数字、语言、图表和事物等方式加以表达或传播的知识，可以通过口头传授、教科书、参考资料、期刊、专利文献、视听媒体、软件和数据库等方式获取。隐性知识指的是一种主观的看法或情感，往往难以从具体的情境中剥离出来，是一种不能被编码的知识，只能通过非正式的学习行为和程序来获得。我们最常提到的学习知识，主要指的是学习显性知识，像学校组织的学习过程就是对于显性知识的获取和接受过程。对于显性知识和隐性知识的关系，野中郁次郎认为，二者共同组成了知识的共同体，彼此间不断碰撞、融合，产生新的知识。

创造性劳动的过程就是一个通过隐性知识和显性知识二者之间互相作用、互相转化而形成的螺旋上升的知识转化和知识创新的过程。这一过程被描述为知识螺旋（socialization、externalization、combination、internalization，SECI）模型。SECI 模型的最初原型是野中郁次郎和竹内弘高于 1995 年在他们合作的《创新求胜》一书中所提出的，这一理论对企业创新中知识创造的活动进行了具体的论述。SECI 模型将知识创新和转化描述为四个阶段，即社会化阶段、外显化阶段、组合化阶段和内隐化阶段。

### （一）社会化阶段

社会化或者称其为潜移默化，指的是将共享经验转化为隐性知识的方式，是从个体的隐性知识到另一个体的隐性知识的传播过程。在社会化阶段，个体获取隐性知识的关键是观察、模仿、实践和交流。在这一阶段，个体从他人那里获取新知识，实现隐性知识从一个主体向另一个主体的传播。知识的不同类型决定了它被创造和传播的成本及难易程度。显性知识可以通过有形的形式来实现传播，但隐性知识的创造和传播成本更高，难度更大。隐性知识的获取需要付出大量的时间和精力作为代价，或者是从实践中进行反复的思考和总结来得到。隐性知识的传播一般需要一个社会化和学习的过程。例如，在劳动实践中，学生们和导师一起工作学习时，学生凭借直接的观察、模仿和练习来学习各种技艺，这就是一个隐性知识的学习过程。在企业内部，员工可以通过观察、模仿同事的工作过程来学习隐性知识，可以通过和客户的接触交流积累经验。

### （二）外显化阶段

外显化也被称为外部明示，简单说，是指隐性知识向显性知识的转化。外显化是对认识与发现本质的概括。外显化通过类比、隐喻、概念和模型等转化手法将隐性知识显性化，转化为比较容易被人们理解和接受的形式。创造性劳动的过程正是将隐性知识转化为显性知识的过程。人们将自己的经验、知识用系统化的语言描述出来，将感性知识提升为理性知识，将经验转变为易于理解，高度精炼的概念，这一过程就是外显化阶段。很多科研项目的研究过程都是将隐性知识转化为显性知识的过程。在经济学领域，一些经济模型的研究与建立过程也属于将隐性知识转化为显性知识的过程。在企业内部，识别客户的需求，根据客户的需求或是根据生活中的"灵感"启迪创造性思维，进行新产品的研究也属于外显化阶段。

### （三）组合化阶段

组合化也被称为"汇总组合"，指的是显性知识和显性知识的组合。组合化阶段通过各种媒体产生的语言或数字符号，将各种概念进行连接和系统化，是一个建立重复利用知识体系的过程。简单来说，组合化是将显性知识转化为另一显性知识并组合的过程，主要包括信息采集、组织、管理、分析和传播。在这一过程中，信息在不断聚合过程中产生新的信息和理念。由于个体知识并不能直接共享，其进行传递的仅仅是知识中的有关观点和信息。因此，在他人接收信息后，需要对信息进行感知、分析、理解、内化，才能将其转化为自己的新知识。传统意义上学习的过程就是一个不断接收和组合显性知识的过程。通过对显性知识的学习，逐步构建和完善自身的知识体系，只有对特定事物的知识建立系统化的脉络后，才能够为创造性劳动建立一个生产新知识的思维空间。如果知识结构不合理、思维僵化、知识陈旧，劳动者就难以接收新信息，更难以理解新信息，难以建立新的思路。反之，知识越多，结构越合理，劳动者就越容易吸收更多的优秀思想，并对这些思想进行分析处理，最终提高其创造性劳动能力。

### （四）内隐化阶段

内隐化阶段也被称为"内部升华"，即显性知识向隐性知识转化的阶段。在内部化阶段，新创造的显性知识向隐性知识完成转化，目的在于实现知识的应用与创新。这一阶段中，劳动者通过对显性知识的学习、吸收、消化，将其升华为自身的隐性知识。举例来说，发现事物运动的新规律或发明创造一项新的科技成果，就是对原有的理论、学说的突破，或是对现存的技术、产品的超越，也是为现有的知识体系增添了新内容。

现有的理论、学说等非生产劳动成果和工具、技术、产品等生产性劳动成果，都是人类创造性劳动的产物，而生产这些劳动成果的人类思维和实践，产生于人脑，积淀于人脑，形成人类的思维方式。因此，显性知识隐性化的过程表面上是对现有认知和存在事物的超越，实质上是对现有思维方式的超越。这种超越的目的在于根据解决问题的需要，在人脑中对原有的知识、经验、观念、方法进行新的优化重组，实现知识结构的重塑，提升创造性劳动能力。典型的内隐化过程包括利用实习、实验等实践操作让学生总结规律来学习新知识和新方法。

## 四、创造性劳动方法

创造性劳动方法是对前人通过创造性劳动得到创造性成果所运用的各种具体方法和技巧的统称。学习创造性劳动方法可以有效激发我们的创造性思维，通过采用操作性较强的程序来进行创造性劳动，可以提升创造性劳动的效率，达到事半功倍的效果。然而，创造性劳动方法虽然对于开展创造性劳动具有促进作用，但创造性劳动并不同于重复性劳动那样，其本身并不存在固定的方法，即创造性劳动的方法起到的最终效果是不确定的。正如掌握了写作的基本方法不一定能够创造出传世的文学作品，掌握了基本的绘画方法并不意味着能够画出具有极高艺术价值的画作一样。创造性劳动方法只能提供一些创造性劳动的基本原则和可供参考的技巧。因此，在掌握了创造性劳动基本方法的前提下，劳动者必须灵活、熟练地运用这些方法，不断积累经验，开发自己的创造性思维，才能有效地开展和完成创造性劳动。常用的创造性劳动方法包括逆向思维法、发散思维法、类比法、组合创新法、头脑风暴法、奥斯本检核表法、和田十二法等。

### （一）逆向思维法

逆向思维法是指在常规的逻辑思维过程不能奏效的时候，通过运用不同于常规的逻辑推导进行思考，从而实现创造发明的想法。我们常常称之为"反其道而行之"。逆向思维并不是主张思考时违背常规，胡思乱想，而是训练一种小概率的思维模式，即在思维活动中关注小概率可能性的思维。在创造性劳动中，逆向思维是发现问题、分析问题、解决问题的重要手段，有助于劳动者克服思维定式的局限性，探索新的创造性劳动成果。很多科学研究中都曾用到过逆向思维法。例如，我国发电产业领军人物苏卫星发明的"两向旋转发电机"就是采用逆向思维进行发明创造的。在传统的设计中，发电机的构造是一个定子和一个转子，定子不动，转子动。苏卫星则采用逆向思维，颠覆了传统发电机变单向旋转发电为两向旋转发电的工作原理模式，发明了"两向旋转发电机"，真正实现了发电机一次质的飞跃，打破了世界公认的"发电机定子不动"的科学禁锢，取得了专利并实现了专利转化。苏卫星的这一发明现已成功应用于风力发电机、路灯照明、家庭用电等领域，实现了完全脱离外部电源仅依靠自身发电就能满足照明的需求，为科技发展、经济发展和国家安全作出了巨大的贡献。

### （二）发散思维法

发散思维法是从一个目标或思维起点出发，沿着不同方向，顺应各个角度，提出各种设想，探索多种途径来解决具体问题的思维方式。美国学者吉尔福特指出："发散性思维能力及其转换因素与人的创造力密切相关，凡是有发散性加工或转化的地方，都表明发生了创造性思维。"想要利用发散思维进行发明创造，就必须想得多、想得散、想得奇、想得新。有一位心理学家曾做过一个试验，他在黑板上画了一个圆圈，问在座的学生这是什么？大学生的回答非常相似，他们说，这是一个圆。而幼儿园的小朋友则给出了五花八门的回答：太阳、皮球、镜子等。法国生物学家贝尔纳曾说："学习的最大阻碍，不是未知的东西，而是已知的东西"，开展创造性劳动，必须要积极运用自己的发散性思维，不可被已有的知识局限，应勇于突破过去已有知识和方法的框架，利用发散思维，积极开展创新创造。

### （三）类比法

类比法，是一种最古老的认知思维方法，是对未知或不确定的对象与已知的对象进行归类比较，进而对未知或不确定的对象提出猜测。与其他思维方法相比，类比法属平行式思维的方法。无论哪种类比都应该是在同层次之间进行。类比法旨在从不同事物之间找出相同点，或在看似相同的事物之间找到不同之处。类比法是创造性劳动开展的重要方法。德国哲学家康德曾说："每当理智缺乏可靠的论证思路时，类比这个方法往往能够指引我们前进。"类比法是一种从特殊到特殊的，由此及彼的逻辑思维过程，在经验不足、信息不足、条件不足的情况下，运用类比法往往会发现特殊事物之间的联系。类比法在认识世界、科学研究、企业管理中都得到了广泛的运用。运用类比法取得创造性劳动成果的案例，也是数不胜数。例如，人们曾模拟海豚的流线型体型和特殊构造的皮肤，设计出具有同样体型和利用橡胶薄膜制作的"海豚皮"潜水艇；澳大利亚悉尼歌剧院以风帆簇拥的造型设计来象征这个港口城市的自由和开放等。

### （四）组合创新法

组合创新法是指利用创新思维将已知的两个或两个以上的要素、原理、手段或产品组合成一个新事物，使其在性能和服务功能方面发生变化，产生出新的价值。这种方法常常被用来进行新材料、新工艺、新产品、新设备的发明创造。以产品创新为例，劳动者可根据市场需求，通过功能组合、材料组合、原理组合得到有创新性的新的技术产物。

组合创新法包括功能组合法、构造组合法、成分组合法和材料组合法。功能组合法就是把不同物品的不同功能、不同用途组合到一个新的物品上，使之具有多种功能和用途。例如，按摩椅是按摩器和椅子功能的结合，在电风扇中添加香水盒实现净化空气和降温的作用。构造组合法是把两种东西组合在一起，使之具有新的结构并带来新的使用功能。例如，房车就是将房子和汽车两类产品组合在一起，实现二者功能的综合，消费者不仅可以满足居住需求，还可以满足交通需求。成分组合法是将两种成分不同的物品组合在一起，构成一种新的产品。例如，将柠檬和红茶组合在一起，就成为柠檬茶。材料组合法是将不同的材料组合在一起，在改善原物品功能的同时，创造新的经济效益。例如，电力工业使用的远距离电缆，内芯用铁制造，而外层则用铜制造，由两种材料组合制成的新电缆，不仅保持了原有材料的优点，还大大降低了输电成本。

### （五）头脑风暴法

头脑风暴法又称为智力激励法，是现代创造学奠基人奥斯本于1939年提出的一种创造能力的集体训练法。头脑风暴法常常用来激发创造性思维，它以小型会议为组织形式，让所有参加者在愉快的气氛中畅所欲言，自由交换想法或点子，并以此激发与会者的创意或灵感，使各种设想在相互碰撞中激起脑海的创造性"风暴"。头脑风暴法的主要环节包括确定议题、会前准备、确定人选、明确分工、规定纪律和掌握时间。当采用头脑风暴法组织群体决策时，小组人数一般为10～15人，最好由不同专业或不同岗位者组成，会议时间一般为20～60分钟，设主持人一名，主持人只主持会议，对设想不作评论。主持人以明确的方式向所有参与者说明问题和会议的规则，尽力创造融洽轻松的会议气氛。主持人一般不发表意见，以免影响会议的自由气氛，其他的与会者们则积极提出自己的想法。英国大文豪萧伯纳曾说："倘若你有一个苹果，我也有一个苹果，而我们彼此交换这些苹果，那么，你和我仍然是只有一个苹果。但是，倘若你有一种思想，我也有一种思想，而我们彼此交流这种思想，那么，我们每个人将各有两种思想。"头脑风暴法正是这种通过交流思想，实现一加一大于二的效果的过程。

## （六）奥斯本检核表法

亚历克斯·奥斯本是美国创新技法和创新过程之父，其1941年出版的《创造性想象》一书中提出了奥斯本检核表法。这一方法是针对某种特定要求制定的检核表，通常用于新潮的研制开发。通过引导主体在创造过程中对照九个方面的问题进行思考，来激发主体的创造性思维，促进其产生新设想、新方案的方法。此种方法主要思考九大问题，分别为有无其他用途、能否借用、能否改变、能否扩大、能否缩小、能否代用、能重新调整、能否颠倒、能否组合。

奥斯本检核表法被广泛地应用于创造性劳动中。尽管创造性劳动并没有可以固定参考的方法，但奥斯本检核表法为其提供了一种较为可行的思路。人们运用这种方法，激发了很多创业者的灵感，也获得了很多创造性劳动成果。比如说，对于传统的照明灯具，探索其他的用途，得到装饰灯和信号灯。

## （七）和田十二法

和田十二法，也被称为和田创新法则，是由我国学者许立言、张福奎在奥斯本检核表法的基础之上，利用其基本原理进行改造而提出的一种创造性思维方法。和田十二法较为简单易懂，也更易操作。其内容包括：加一加，即加高、加厚、加多、组合等；减一减，即减轻、减少、省略等；扩一扩，即放大、扩大、提高功效等；变一变，即变形状、颜色、气味、音响、次序等；改一改，即改缺点、不便、不足之处等；缩一缩，即压缩、缩小、微型化等；联一联，即原因和结果有何联系，把某些事物联系起来；学一学，即模仿形状、结构、方法，学习先进；代一代，即用别的材料代替，用别的方法代替；搬一搬，即移作他用；反一反，即能否颠倒一下；定一定，即定个界限、标准，能提高工作效率。这一方法由于其简单易行常常被用于启发中小学生的创造性思维，因此，对于创造性劳动的开展和劳动者创造性能力的提升也做出了许多贡献。

# 第三节　大学生创造性劳动能力培育

劳动是人类存在和发展的基础，整个人类和社会的发展，都是人类在共同劳动过程中发挥主观能动性改造客观世界而形成的。劳动的过程是获取知识、积累知识、创新知识并将知识不断吸收、整合、系统化的重要手段和根本途径。劳动者只有具备正确的劳动价值观、充足的劳动知识、良好的劳动习惯、熟练的劳动技能与从事创造性劳动所必须具备的知识、技术、智力，才能拥有创造有价值的创造性劳动成果的能力。

2018年9月10日，习近平总书记在全国教育大会上明确提出："要在学生中弘扬劳动精神，教育引导学生崇尚劳动、尊重劳动，懂得劳动最光荣、劳动最崇高、劳动最伟大、劳动最美丽的道理，长大后能够辛勤劳动、诚实劳动、创造性劳动。"开展劳动教育是贯彻落实我国教育方针的重要举措，也是进一步发展生产力、促进人的全面发展的重要抓手。创造性劳动教育是我国劳动教育的重要组成部分。新时代的大学生是中国特色社会主义的建设者和接班人，培育和提高大学生的创造性劳动能力具有重要价值。这要求新时代的大学生必须树立正确的价值导向，建立正确的创造性劳动价值观，同时理性地认识自己的专业与将来所要从事的行业，能够扎实地掌握专业知识、提升专业技能，并在实践中不断提升自己的创造性劳动意识、创造性劳动思维、创造性劳动知识，掌握更多创造性劳动方法。并在此基础上通过积极开展社会实践与专业实践，不断提升自身的创造性劳动能力。

## 一、大学生创造性劳动能力培育的必要性

### （一）新时代创造性劳动将成为主流

创造性劳动是劳动活动的重要组成部分。创造性劳动是一种独特的劳动形态，其具有能动性和积极性，是更为复杂高级的创新性劳动形式，可以创造新的产品和新的技术来创造新使用价值，满足社会和人们的需求。随着生产力水平的不断发展，科学技术创新水平和经济发展水平不断的提高，人类的脑力劳动和体力劳动都被赋予了新的内涵。数智化时代的到来极大地改善了人们的劳动方式，人们可以将更多的时间和精力放在创造性劳动上，而创新也成为经济和科技进一步发展的重要引擎。创造性劳动所体现出来的这种"创新"力量，成为经济发展指向和人民劳动奋斗目标的体现。

在中国政治、经济、文化发展的大背景下，创造性劳动所创造的巨大价值是不容忽视的。"大众创业，万众创新"是不可阻挡的趋势，创新的需求也愈发高涨，从国家到人民都需要创造性劳动，都积极参与创造性劳动。创造性劳动在未来将成为重要的劳动形式。基于此，重视创造性劳动的价值、关注创造性劳动能力的培养在新时代具有非凡的意义。

### （二）创造性劳动者需要具备创造性劳动能力

经济和科技的发展离不开持续的创新，创造性劳动在新时代必将发挥重要的活力作用。创新型的社会需要的是脑力劳动和体力劳动有机结合，且创造性脑力劳动占据重要位置。重复性劳动可能被机械化或智能化工具所逐步取代，但创造性劳动仍然需要更多的人才去完成。在数智化时代，高新技术的发展对劳动者提出了新要求。创造性劳动的参与者，即创造性劳动者必须具备创造性劳动意识、创造性劳动思维、创造性劳动知识，并掌握创造性劳动方法。简言之，在科技蓬勃发展的新时代，创造性劳动者需要具备较强的创造性劳动能力，才能够适应时代变化的新需求。因此，劳动者必须意识到创造性劳动的重要性，主动参与创造性劳动知识的学习，不断提高自己的创造性劳动意识，启迪自己的创造性劳动思维，掌握更多创造性劳动方法，最终有效提升自身的创造性劳动能力，增加自身的综合竞争能力。

### （三）大学生是创造性劳动的重要参与者

新时代的大学生作为中国特色社会主义的建设者和接班人，是国家高素质劳动者的典型代表，更是创造性劳动的重要参与者。大学生的综合素质、专业技能和创造性能力水平关系到其能否充分发挥高素质人才对产业转型升级和经济高质量发展的支撑作用。

随着数智化时代的到来，互联网、物联网、云计算、大数据、区块链、人工智能技术的发展对劳动方式的改革起到了极大的促进作用。人工智能凭借机器学习和大数据处

理技术能够高效完成重复性劳动，通过海量大数据不断训练和自我学习，提出全新解决方案，大幅提升工作效率，进而对生产、管理、研发、营销等诸多方面产生深刻的影响。高新技术的发展对于大学生掌握新知识、新技术、解决新问题、适应新变化、开展创造性劳动的能力提出了更高的要求。

习近平总书记曾说："青年是社会中最有生气、最有闯劲、最少保守思想的群体，蕴含着改造客观世界、推动社会进步的无穷力量。"青年群体是社会上最有活力和创造性的群体。大学生作为青年群体的代表，具有朝气蓬勃的青春活力、敢拼敢赢的勇气、不拘一格的创造力。而这些特质正是进行创造性劳动的必要条件。与此同时，大学生开展创造性劳动更需要具备创造性劳动意识、思维、知识和方法。大学生在学习过程中，不仅要专注于提升自己的专业知识和技能，更要掌握思维发散的能力，能够树立创新意识，用创造性思维来面对问题，用创造性能力来解决问题。创造性劳动能力不是凭空而来的，是要在劳动过程中去不断地发现和解决新问题、提出新设想、创造新事物而产生的。因此，大学生在认真学习专业知识的基础上，必须参与劳动教育，经过专业的培训，树立正确的劳动价值观、端正劳动态度、养成良好的劳动习惯、培育深厚的劳动情怀、积极的劳动精神，有针对性地提升自身的创造性劳动能力，把他们身上的活力、勇气、聪明才智、发散思维和不竭的创造力引入正确的轨道，发挥真正的价值。

## 二、大学生创造性劳动能力培育的举措

对大学生创造性能力的考查要看大学生是否树立了正确的创造性劳动价值观念，是否具备创造性劳动知识和技能，是否积极参与创新创业活动来进行创造性劳动实践及是否取得较好的结果。因此，对大学生创造性劳动能力的培育也应该从以下几点入手。

### （一）树立正确的创造性劳动价值观念

劳动价值观是劳动者对劳动的思想认识和根本看法，其直接决定劳动者的价值判断、情感取向与行为选择，更是劳动素养的核心内容。对待劳动的价值观念会显著影响劳动者对于劳动的态度、对待不同类型劳动的评价及劳动者的劳动行为。习近平总书记曾说："要在学生中弘扬劳动精神，教育引导学生崇尚劳动、尊重劳动，懂得劳动最光荣、劳动最崇高、劳动最伟大、劳动最美丽的道理，长大后能够辛勤劳动、诚实劳动、创造性劳动。"创造性劳动是劳动的重要组成部分，在新时代劳动价值观中更是明确了创造性劳动的价值。因此，培育大学生树立正确的创造性劳动价值观意义重大。新时代的大学生要在学习专业知识的同时不断提高自身的思想素质，深入学习和理解马克思主义劳动观，树立正确的劳动价值观，养成良好的劳动习惯，建立深厚的劳动情怀，塑造积极的劳动精神，辛勤劳动、诚实劳动、创造性劳动。

1. 树立正确的创造性劳动价值观

劳动价值观在人的劳动实践中起着支配作用，其在劳动中影响着人的理想信念、价值取向、思想境界、道德操守与行为准则。正确的劳动价值观会指导劳动者走上正确的道路，做出正确的选择。可以说，思想决定着行为，树立什么样的劳动价值观直接影响

着人们对劳动的态度和行为。大学生正处在劳动价值观最终形成的关键阶段，培育大学生树立正确的劳动价值观非常重要。

培育大学生树立正确的创造性劳动价值观应结合唯物史观和劳动科学知识的学习。从马克思主义理论出发，建立科学的认知体系和认知结构，加强马克思主义劳动观教育，强化对创造性劳动观念的理性认识。培育大学生的创造性劳动价值观念还应以劳动创造价值为引领，让大学生充分认识到"人民创造历史，劳动开创未来，劳动是推动人类社会进步的根本力量"的真理性意义，真正明白"劳动是财富的源泉，也是幸福的源泉"的道理，真切体验在劳动创造中"把自己的理想同祖国的前途、把自己的人生同民族的命运紧密联系在一起，扎根人民，奉献国家"的幸福感。要引导大学生意识到创造性劳动为社会和经济发展变革带来的巨大成果和深刻影响，让大学生积极主动提升自己的创造性劳动能力，积极探索创新，通过榜样的力量激励大学生将个人的事业发展与民族复兴的伟大事业紧密联系起来。例如，从事药学研究的汤斐烈，他曾和同事冒着催化氧化反应着火爆炸的危险，用高锰酸钾在中性条件下氧化对硝基乙苯，制成了对硝基苯乙酮，为我国氯霉素的合成和发展奠定了基础。[①]不论严寒酷暑，汤斐烈都坚持进行科学研究，他将一生奉献给了祖国的药学事业，生活俭朴，淡泊名利，只为世人留下宝贵的科研财富。像这样的老一辈科研工作者还有很多，他们刻苦钻研，将祖国的科研事业看得远比自身的利益重得多。他们具有正确的创造性劳动价值观，也正是在这种价值观的引领下，他们坚持不懈、严谨治学，通过自己的努力实现创造性劳动的价值。这样的榜样对于大学生树立正确的创造性劳动价值观具有强大的激励作用。

2. 养成良好的创造性劳动习惯

劳动习惯是个体在长期劳动实践训练中形成的稳定的行为模式。创造性劳动也需要良好的劳动习惯作为积淀，才能够持续不断地产出创造性劳动成果。创造性劳动能力的提升离不开大量的创造性劳动实践，而实践的前提则是对创造性劳动的正确认知和积极尝试。

然而，创造性劳动需要更为专业的知识和方法作为指导，难度也比重复性劳动更高。因此，很多人会对创造性劳动产生畏难情绪，不愿尝试。新时代的大学生需要不断提升自身的创造性能力，首先需要对创造性劳动有正确的认识，其次需要经常参与创造性劳动，养成勤于思考、乐于创造、善于创造的劳动习惯。因此，在开展劳动教育的过程中，应保证大学生参与创造性劳动的次数和频率，并提供足够的创造性劳动实践机会，帮助大学生养成良好的创造性劳动习惯。

3. 建立深厚的创造性劳动情怀

劳动情怀是劳动者在劳动价值观的支配下，在长期劳动情感体验的基础上，形成的一种相对稳定的对待劳动的心理倾向。中共中央、国务院《关于全面加强新时代大中小学劳动教育的意见》中指出："劳动教育应发挥劳动的育人功能，要对学生进行热爱劳动、热爱劳动人民的教育活动。"新时代大学生劳动教育的重要组成部分就是鼓励大学生建立

---

① 追忆老一辈科研工作者——汤斐烈. 山西省应用化学研究所 http://www.sxiac.com/a/jiceng/jiguan/2022/1228/350.html.

深厚的创造性劳动情怀。鼓励大学生热爱劳动、勤于劳动、热爱创造、善于劳动。这是因为热爱劳动、热爱创造是个人事业发展、国家综合国力提升的动力。勤于劳动、善于劳动则是能够实现个人目标、实现国家伟大复兴的重要保证。培育大学生热爱劳动、热爱创造的创造性劳动情怀，一方面要培养大学生对劳动和劳动者的真挚情怀，平等地对待体力劳动和脑力劳动，平等尊重所有的劳动者，以辛勤劳动为荣，以好逸恶劳为耻；另一方面也要在实践中培养大学生的创造性劳动意识，鼓励大学生主动思考、主动创新、主动掌握创造性劳动的方法和技巧。高校可以通过安排创造性劳动的实践活动，通过建立激励机制，对能够创新出创造性劳动成果的同学给予一定的奖励，激发大学生创新创造的热情，实现知行合一。

4. 塑造积极的创造性劳动精神

辛勤劳动、诚实劳动、创造性劳动具有内在的逻辑统一性。辛勤劳动是诚实劳动、创造性劳动的前提。"人生在勤，不索何获""业精于勤，荒于嬉，行成于思，毁于随"，辛勤劳动是中国人自古以来所坚持的劳动信念，在新时代这种观念依然具有宝贵的价值。新时代的大学生更应继承和发扬这种精神，做到"坚持艰苦奋斗，不贪图安逸，不惧怕困难，不怨天尤人，依靠勤劳和汗水开辟人生和事业前程"。

诚实劳动也是创造性劳动的前提。"不信不立，不诚不行"，诚实是中华民族的传统美德，诚实劳动是指劳动中不投机取巧、不溜奸耍滑、不破坏劳动工具、遵守劳动纪律的行为。新时代的大学生需要具备辛勤劳动、诚实劳动、创造性劳动的意识和能力，塑造积极参与创造性劳动，爱岗敬业、争创一流、艰苦奋斗、勇于创新、淡泊名利、甘于奉献的劳动精神。新时代的大学生劳动教育也要弘扬这种劳模精神和工匠精神，培养大学生精益求精的态度。创新的过程不是一帆风顺的，创造型劳动的劳动者必须认识到潜在的风险与失败的可能性，只有做到不畏艰难，百折不挠，艰苦奋斗，追求卓越，最终才能取得胜利。在新时代，经济转向高质量发展，民族创新品牌的打造离不开这种创造性劳动精神。高校在大学生劳动教育中应强调创造性劳动精神的重要性，从创造性劳动文化入手，引导大学生参与到这种创造性劳动中来，激发大学生对于创造性劳动的认可。

## （二）培养必要的创造性劳动知识与技能

创造性劳动知识是创造性劳动能力的重要组成部分。劳动者开展创造性劳动需要具备一定的知识和方法。数智化时代，科技飞速进步，海量的信息和知识被快速地创造出来，只有掌握先进的知识与技能，才能在新时代更好地开展创造性劳动。新时代的大学生，必须不断提升自身的创造能力，而这需要他们通过学习各方面的知识构建系统而全面的知识体系，增强对于前沿知识的学习，并将前沿知识与专业知识有机结合，通过开展大量的创造性劳动实践，将理论与实践结合起来。

1. 建立系统全面的知识体系

培养必要的创造性劳动知识与技能必须以建立全面系统的知识体系为基础。基础知识、专业基础知识和专业知识是构成大学生知识结构基本框架不可或缺、相互支撑的三大部分。创造性劳动需要具有发散思维，要对真实世界的客观规律有充分的了解，才能够发散自己的思维寻找到创新的突破点，因此，完成创造性劳动不仅需要掌握一定的专业知识，其他方面的基础知识和专业基础知识同样发挥着重要作用。基础知识不仅包括与本专业直接相关的内容，还包括自然规律、社会生活中的常识、人文历史类知识、作为思维方法的哲学知识、规范人们行为方式的伦理道德和政策法规知识等。尽管大学以专业作为培养人才的基本单位，但大学生的学习内容不应该仅仅局限于专业知识。如果大学生在学习过程中只重视专业知识的学习，而忽视其他基础性知识的掌握，将会导致他们知识面狭窄、基础知识薄弱、学习活动局限于某一专业领域，缺少一些必要基础理论知识修养，对于世界和客观规律缺乏全面的认知，这会极大地影响其创造性劳动能力的提升。因此，大学生要提高自身的创造性劳动能力，必须掌握基础知识、专业基础知识和专业知识，通过构建全面系统知识体系为完成创造性劳动奠定坚实基础。

高校开展劳动教育是对教育体系的完善，通过开设多样化的劳动教育课程和形式丰富的劳动教育活动，引导学生认识社会，增强社会责任感；同时注重让学生学会分工合作，体会社会主义社会平等、和谐的新型劳动关系。劳动教育必须面向真实的生活世界和职业世界，引导学生以动手实践为主要方式，在认识世界的基础上，获得有积极意义的价值体验，学会建设世界，塑造自己，实现树德、增智、强体、育美的目的。劳动教育课程可以对大学生现有的知识体系进行有效的补充，让大学生在劳动知识的学习中，完善自身的知识体系，增强对于创造性劳动的认知，掌握更为全面的创造性劳动知识和方法，从而进一步提升其创造性劳动能力。

2. 实现前沿知识与专业知识的有机结合

创新是引领发展的第一动力，新时代是创新的时代，而创新离不开创造性劳动。创造性劳动给经济社会发展带来了新的机遇。未来经济的增长离不开创造性劳动，人民生活水平的提高也依赖于创造性劳动。互联网、大数据、云计算、区块链、人工智能、物联网的出现，标志着数智化时代的来临。在数智化时代，新的知识、新的技术、新的方法不断出现，劳动者的工作环境和工作方式也发生了巨大的变化，这对劳动者的综合素质和技能水平的要求也不断提高。当以重复性劳动为主的岗位逐渐被智能机器所取代，劳动者是否掌握新知识、新技术、新工艺、新方法，是否具备创造性劳动能力，是否能够解决新时代不断涌现的新问题变得至关重要。

尽管大学生们的专业不同，未来从事的岗位也不同，但对于创造性能力的需求是相同的。互联网将不同行业的海量信息进行集中和传递，将生产、流通、服务等环节打通，不断培育出新产品、新模式和新业态。互联网和其他行业结合起来将催生出技术创新、产品创新，带动商业模式创新、平台模式创新、服务模式创新、盈利模式创新、体制机制创新、文化创意创新、运营模式创新。高校也要充分利用互联网的思维，开发创新型教育，为学生们提供更多、更全面的教育资源，尤其是各个专业的前沿知识和技术，使大学生在学校可以学习到最前沿的专业知识，并实现专业知识和前沿知识的有机结合，不断启发大学生的创新思维，为大学生参与创造性劳动打下良好的基础。大学生也要主动学习，紧跟时代发展的步伐，关注专业相关的科技发展和产业变革信息，掌握新知识、新技术、新工艺、新方法，把握数智化时代脉搏，不断提升自身的创造性劳动能力。

## 3. 培养创造性劳动实践能力

实践是人类物质的生产活动，也是检验真理的唯一标准，大学生要想提高自身的创造性劳动能力，就必须经过反复的实践，在实践中总结、反思、提高。积极开展实践教学是提升大学生创造性劳动能力的有力抓手。高校教育中的实践教学环节，通常包括专业实验、专业实习和综合实训等环节，是培养大学生创造性劳动能力的重要渠道。实践教学，包括专业实验、实习、综合实训等，都是深化课堂教学的重要环节，是获取、掌握知识的重要途径。实验教学作为课堂理论教学的辅助，通过实验可以加深对课堂上所学理论知识的理解，实现实践知识与理论知识的融会贯通；实习是理解专业知识、熟悉专业设备和掌握操作技能的必要实践环节，有助于大学生了解本专业所对应的岗位内容和基本要求；综合实训是对专业应用能力的训练，属于应用型实践教学，通过实训可以掌握从事专业领域实际工作的基本操作技能和基本技术应用能力。大学生的创造性劳动能力要在参与专业实验、专业实习和综合实训中不断锤炼出来。

高校应重视对大学生创造性劳动实践能力的培养，搭建丰富的实践志愿平台，为大学生开展实践锻炼、提高创造性劳动能力提供保障。鼓励大学生在实践中做好反思和总结，做到知行合一。通过深化产教融合，为大学生提供到真实岗位上实践学习的机会，引导大学生自愿参与创造性劳动，在创造性劳动中获得成就感和自信心，培养其成为高素质的创造性劳动者。

## （三）在创新创业中提升创造性劳动能力

创造性劳动能力的培养与应用是劳动教育与创新创业教育共同的内容指向。创新是民族进步的灵魂，是国家兴旺发达的不竭动力。创造性劳动的主体是拥有无穷创造活力的创新型劳动者们，他们在劳动实践的过程中生产出创造性的劳动产品，实现物质财富和精神财富的创造与积累。劳动教育和创新创业教育具有相似性，在创新创业中提升大学生创造性劳动能力是非常有必要的。

大学生是中华民族伟大复兴的生力军，肩负着国家和民族的希望。习近平总书记指出："全社会都要重视和支持青年创新创业，为其提供更有利的条件，搭建更广阔的舞台，让广大青年在创新创业中焕发出更加夺目的青春光彩。"大学生已经走向社会发展与进步的大舞台，成为实施创新驱动发展战略和推进大众创业、万众创新中的生力军。大学生应充分利用好学校提供的创新创业平台，在创新创业中培养创造性劳动意识，掌握创造性劳动思维方式，将创造性劳动知识运用到创新创业实践中，并在实践中尝试不同的创造性劳动方法，最终培育和提升自身的创造性劳动能力。

在大学生创新创业教育过程中必须明确创造性劳动的范畴，不能简单地认为成功的创业才是创造性劳动，使创造性劳动蒙上功利性的阴影。创新创业教育的目的在于培养大学生的创新意识、创新思维和创新能力，是对大学生积极思考、勇于探索、敢于质疑精神的培育。创新精神体现在科学、文化、生活的方方面面的创新创造中，而不仅仅是创办公司产生经济价值。创业教育是培养大学生对于社会经济，尤其是对新产业、新业态、新技术发展、新商业模式的认知能力，使其能够敏锐地捕捉商业机遇，从而将学到的知识应用到社会的生产发展实践当中去，推动产业升级和经济社会发展。对大学生进行创新创业教育，不是为了让每个大学都成为创业者，而是要培养大学生的创造性劳动意识，让大学生掌握创造性劳动知识，熟练地运用创造性劳动方法，提升其创造性劳动能力，让其在能够解决在新时代不断产生的新问题。创造性劳动不分高低贵贱，创新创造的意义在于对现状的突破和对环境的改造，不论是新产品的创造、新技术的突破、新模式的建立、新观念的形成的，都是创新创造价值的体现。

高校开展创新创业教育要完善现有的创新创业课程体系，丰富教学实践内容，构建良好的育人体系，在开设普及性课程的同时，针对专业课程的特点提供有针对性的创新创业培训资源。同时，要配备专业的创新创业师资团队，引进优质的校外创新创业实践资源，使同学们接触到最前沿、最先进、最有价值的创新创业知识，提升大学生的创新创业意识和创新创业技能，最终在不断地创新创业实践中提高大学生的创造性劳动意识和能力。

## 复习思考

1. 请你谈一谈创造性劳动的类型有哪些。
2. 请你谈一谈什么是创造性劳动思维。
3. 作为一名大学生，你都参加过哪些创造性劳动？结合实际谈一谈，你认为应该如何提高自身的创造性劳动能力。

## 实践活动

为促进大学生了解我国大学生创造性劳动的开展情况，请以小组（5人左右）为单位，组织一次针对大学生创新创业参与情况的调研实践活动。

<活动记录表>

| 活动计划 |
|---|
|  |
| 活动难点及解决办法 |
|  |
| 心得体会 |
|  |
| 教师评语 |
|  |

## 参考文献

[1] 赵鑫全，张勇. 新时代大学生劳动教育[M]. 北京：机械工业出版社，2020.
[2] 刘晓滨. 关于创造性劳动的哲学思考[C]. 理论导刊，学习"十六大精神"哲学思考研讨会论文

集，2003：76-77.

[3] 赵明霏. 从劳动创造性到创造性劳动：新时代高校劳动教育的价值目标[J]. 山东工会论坛，2021，27(5)：1-8.
[4] 任保平. 论创造性劳动[J]. 唐都学刊，2003(2)：147-150.
[5] 曾广波. 马克思的人力资本思想及其当代价值研究[D]. 长沙：湖南大学，2016.
[6] 莫玲玲，杜峰，夏小惠. 大学生劳动教育[M]. 北京：中国人民大学出版社，2022.
[7] 史钟锋，董爱芹，张艳霞. 新时代大学生劳动教育[M]. 北京：清华大学出版社，2022.
[8] 王皓. 新时代大学生创造性劳动观念培育研究[D]. 长春：东北师范大学，2022.
[9] 邓洪玲. 新时代高职院校学生创造性劳动能力的培养探索[J]. 经济研究导刊，2021(8)：91-95.
[10] 张培卫. 新时代高校劳动教育与创新创业教育协同育人路径探索[J]. 贵州师范学院学报，2020，36(4)：24-30.

# 第六章

# 大学生劳动权益与安全保障

## 引导案例

**"996""007"被两大部门一锤定音:"福报"成"违法"**

2019年,阿里巴巴创始人在其公司内部交流的文章流出,引发轩然大波,其原话如下:"关于'996',这样一个热门话题是很多企业都在讨论的。在我个人看来,一个人的工作达到'996',算是一种巨大的福气。其实这个时代飞速发展,很多公司、很多人都想'996',但还都没有机会。因为时代的需要才是你能'996'的机会。如果一个人年轻的时候不'996',那么请问你什么时候可以'996'呢?如果一个人一辈子都没有'996'过,是不是你自己就觉得很值得骄傲呢?在这个竞争激烈的世界上,我相信每一个人都渴望成功,都希望可以过美好的生活,都希望自己的工作和生活能够被他人所尊重。那么我请问大家,如果你不付出超出常人、超越别人的努力和时间,终其一生,你到底怎么才能够实现你所谓的,你想要的成功呢?"

早上九点上班,晚上九点下班,一周连续上班六天,简称"996"。"007"则更加严苛,是指每天零点上班零点下班,一周连续工作七天,在这种工作制度下,员工除法定节假日可以休息之外,每天每分每秒都在工作。《中华人民共和国劳动法》有明确规定,劳动者每日的工作时间不能超过八小时,平均每周的工作时间不能超过四十四小时。2021年8月,最高人民法院及中华人民共和国人力资源和社会保障部共同发表了相关声明,正式对外宣布:"996""007"等类似的工作模式,属于严重违反法律规定。

想象一下一个经常"996"的员工真实生存状况。请问你如何看待"996"和"007"这样的工作模式?

## 第一节 大学生劳动权益内容

维护劳动者的合法权益有利于社会主义市场经济劳动制度的建立和维护、有利于经济发展和社会进步、有利于社会公平正义及和谐社会构建。党的二十大报告提出,健全劳动法律法规、完善劳动关系协商协调机制、完善劳动者权益保障制度、加强灵活就业和新就业形态劳动者权益保障，这些重要表述无不展现出国家保护劳动者权益和着力改善民生的决心。

## 一、劳动者权益的内涵与分类

劳动者权益是指劳动者作为人力资源的所有者，在劳动关系中，凭借从事劳动或从事过劳动这一客观存在获得的应享有的权益，包括平等就业和自主择业的权益、取得劳动报酬的权益、休息休假的权益、获得劳动安全卫生保护的权益、接受职业技能培训的权益、享受社会保险和福利的权益、提请劳动争议处理的权益及法律规定的其他劳动权益等。根据劳动者权益内容及实现方式的不同，可以分为个别劳动者权益和集体劳动者权益。

### （一）个别劳动者权益

个别劳动者权益体现了个别劳动者与劳动力使用者之间的法律关系。个别劳权指由劳动者个人享有和行使的与劳动有关的权利，其内容主要涉及的是劳动者的就业条件和劳动条件，这一权利与劳动者的切身利益紧密相关。具体来看，个别劳动者权益的范畴主要来自《中华人民共和国劳动法》（以下简称《劳动法》）第三条规定，劳动者享有平等就业和选择职业的权利、取得劳动报酬的权利、休息休假的权利、获得劳动安全卫生保护的权利、接受职工技能培训的权利、享受社会保险和福利的权利、提请劳动争议处理的权利及法律规定的其他劳动权利共七项。

1. 平等就业和自主择业的权益

凡是有劳动能力的公民，均应当获得参加社会劳动的权利，并能够不受歧视地自主选择相应的职业。平等就业权益是指劳动者平等地获得就业机会的权益，即在就业机会的获得方面，劳动者不因性别、年龄、种族等人的自然差别而受歧视，就业机会面前一律平等。《劳动法》第十二条明确规定了国家实行平等就业的方针，并在第十三条规定："妇女享有与男子平等的就业权利。在录用职工时，除国家规定的不适合妇女的工种或者岗位外，不得以性别为由拒绝录用妇女或者提高妇女的录用标准。"《女职工劳动保护规定》第三条也强调，凡适合妇女从事劳动的单位，不得拒绝招收女职工。赋予劳动者平等就业权，有利于促进劳动者之间的平等竞争和社会公正的实现。自主择业权是指劳动者可以自主选择职业的权利，包括是否从事职业劳动、从事何种职业劳动、何时从事职业劳动、进入哪一个用人单位工作等方面的选择权。劳动者享有自主择业权是劳动者人格独立和意志自由的法律表现。劳动者自主择业，有利于充分发挥劳动者的聪明才智和劳动热情，有利于提高劳动效率，有利于建立新型、稳定的劳动关系。

2. 获得劳动报酬的权益

依法获得劳动报酬权益是劳动者在劳动关系中享有的基本的、核心的权利。它有两项法律特点：一是它在劳动关系中具有债权性质，也就是说雇主必须支付给劳动者以工资报酬。二是它是劳动者生存权的基本内容之一，因而它具有特别重要的意义。劳动者在依法履行劳动义务之后，有权获得与其劳动价值对等的报酬。

### 3. 依法休息休假的权益

实质上该项权益属于劳动者的健康权和生命权的范畴，其关系到劳动者本人及生命延续的基本人权。劳动者生存的物质前提是健康和生命，为了保证劳动者的健康和生命，就必须对劳动者的劳动时间和劳动强度有所限制，过度劳动或透支式劳动都不利于劳动者身心健康，对可持续劳动过程会带来负面影响，因而依照法律相关规定，劳动者享有休息的权利，包括法定节假日、病假、产假等。

### 4. 获得劳动安全卫生保护的权益

劳动者在劳动过程中为保证自己的生命和身心健康获得在工作场所的职业安全和卫生保护的权利。无论劳动安全还是卫生权都是关系到劳动者生命健康的一项重要人权。劳动者有权获得安全的工作环境及必要的劳动和卫生保护用品，以保障本人的安全和健康，某些特殊的工种还应当配备专门的防护设备。

### 5. 获得社会保险和福利的权益

社会保险权是公民社会保障权的一部分，它主要是指劳动者由于年老、疾病、失业、伤残、生育等原因失去劳动能力或劳动机会，因而丧失正常收入来源。劳动者通过国家社会保险制度获得物质帮助的权利，主要包括失业保险权、养老保险权、工伤保险权、疾病保险权和生育保险权等。用工单位和劳动者必须依法参加社会保险并按时缴纳社会保险费，劳动者在满足相应条件后即拥有获得社会福利的权利。

### 6. 接受职业技能培训的权益

社会劳动关系中的劳动者享有在准备就业和实现就业过程中，为提高个人的技术技能而参加国家和企业举办的各种职业培训的权利。它是由国家保障并由政府有关部门和雇主共同承担并实施的劳动基本权利。从事技术工种的劳动者在上岗前必须经过培训，这既是满足某项工作的具体需要，也是保护劳动者身心健康和安全的需要。

### 7. 劳动争议提请处理的权益

劳动者在遇到劳动争议时为保障自己的合法权益依法享有向行政部门、劳动争议处理部门和司法部门提出和申请的权利，依照法定程序公正处理的权利，也是在劳动者权利受到侵害后为请求公权力救济而行使的一种请求权。

## （二）集体劳动者权益

所谓集体劳动者权益是指劳动者集体的权益。集体劳动者权益由劳动者集体享有并由劳动者的组织（工会）来代表劳动者具体行使。集体劳动者权益所涉及的主要是劳动者如何通过有组织的行动来维护和保障特别劳权的程序性的权利。因此，集体劳动者权益是个别劳权的程序保障。个别劳权是集体劳权的直接目标。而且，集体劳动者权益的存在和行使可以形成一种机制，这一机制能使劳动关系的运行获得长期动态平衡。集体劳动者权益的范畴在《劳动法》中同样有相关规定。《劳动法》第七条规定，劳动者有权依法参加和组织工会，工会代表和维护劳动者的合法权益，依法独立自主地开展活动。第八条规定，劳动者依照法律规定，通过职工大会、职工代表大会或者其他形式参与民主管理，或者就保护劳动者合法权益与用人单位进行平等协商。同时，第三十三条规定企业职工一方与企业可以就劳动报酬、工作时间、休息休假、劳动安全卫生、保险福利等事项签订集体合同。通过法律的这几项规定来看，集体劳动者权益包括四个方面的内容。

1. 团结权

劳动者组织工会并参加其活动的权利。首先，就其性质而言，团结权是一种特定的解释权，主体的特定职能是社会劳动关系中的劳动者。其次，就其目的的特定职能而言，团结权是为了改善劳动者的劳动待遇和社会经济地位而产生的权利。最后，是组织形式的特定，只能是工会成为这里的组织。

2. 集体谈判权

劳动者集体为保障自己的利益，通过工会或其代表与雇主就劳动条件和就业条件进行协商谈判，并签订集体合同的权利。它是关于劳资关系的自治权。

3. 民主参与权

劳动者参与企业和社会管理的权利。参与权是对管理权的一种分享，更加注重劳资双方的共同利益和劳资合作。

4. 集体争议权

主要是指在劳资双方中劳动者为实现自己的主张和要求，依法采用罢工或闭场等阻碍企业正常运营手段集体对抗行为的一项权利。在劳动法律规定中主要是指劳动者一方的争议权，最基本的手段就是罢工。我国目前的法律对于罢工权还没有做出明确的规定，既没有明确规定工人和工会享有罢工权，同时也没有明确规定禁止其罢工行为。

扩展阅读 6-1

## 二、大学生劳动权益内涵

目前大学生在校期间兼职、勤工俭学及毕业前实习的情况很常见，在不影响正常学业的同时，他们主动且有计划地为他人或机构提供有价值的劳动，既能够提升其综合素质、增强就业竞争力，也能在一定程度上增加自身的收入。然而，大学生兼职或实习与正规的劳动就业存在不同之处，这使得在劳动关系中对大学生劳动者身份的界定存在不同认识，增加了大学生在兼职与实习过程中劳动权益界定的困难程度。

要客观看待大学生劳动权益，需要从劳动关系中的"劳动者"身份说起。首先分析劳动者就业年龄，我国法律规定的国内劳动者最低就业年龄为16周岁，但一般来说在校大学生平均年龄超过18周岁，在法定年龄上已达到法律对劳动者初始年龄的具体要求。其次从智力和技能水平方面，目前大学生兼职或实习阶段大部分参与的都是低附加值的基础性劳动，相对于其学历和知识水平完全能够支撑兼职或实习任务。最后从精神面貌方面，大学生普遍积极乐观的态度也适合参与具体劳动。

根据资料显示，随着大学生对兼职的兴趣越来越浓厚和其对兼职的认识越来越深入，兼职已经和在校大学生的日常生活密不可分，在校大学生参与兼职的比例也在逐年提高。

综合分析表明，大学生的确适合且参与了与普通劳动者类似的劳动，应该享有对等的劳动权益。但鉴于大学生劳动者身份的特殊性，在实际劳动活动中，其在劳动形式、劳动时间、劳动合同签订等方面与一般劳动者存在不同，尤其是兼职劳动在法律层面上很难对其进行准确界定，因而劳动报酬被压低、休息保障不充分、其他福利待遇难于兑现等合法权益被侵害现象经常发生，增加了大学生劳动权益保护的难度。

扩展阅读6-2

## 三、大学生劳动权益保护的特殊性

### （一）学术领域视域下兼职的在校大学生劳动主体身份认定存疑

目前我国的法律法规对大学生劳动者主体身份还未给出一个清晰的界定，学术界对待大学生的身份地位是否是劳动者这一问题存在意见不统一。

1. 主张兼职大学生不具有劳动者身份

大学生的校外兼职行为并不是劳动法层面上的就业行为，由于在校大学生仍然在读且还未毕业，利用课余时间或假期的兼职行为不是真正意义上的就业行为，从劳动目的上看只是为了加强个人实践能力、丰富社会阅历或得到劳动收入，此外绝大部分在校大学生从事兼职的劳动收入不足以覆盖生活全部开销，生活费用来源主要依靠父母，所以兼职大学生不符合劳动法对就业目的和主要生活来源的两个条件。

鉴于在校大学生还未毕业，依然需要遵从学校规章制度，个人档案也由学校档案馆代为保存和管理，不同于用人单位的其他正式职员，不具备完全的行为自由和自由时间，用人单位无法对在校大学生进行正常管理。

兼职的在校大学生不适用劳动法中部分劳动权益，如生育保险、失业保险、医疗保险、养老保险、住房公积金等相关规定。因此即便在校大学生因被辞退而"失业"，但仍不属于失业的劳动者范畴，并不能领取失业保险，同理可得，其他几项劳动权益同样与在校大学生无缘。总之，兼职的在校大学生缺乏构成劳动者主体的要件，不能认定为劳动法层面上的普通劳动者。

2. 主张兼职大学生具有劳动者身份

宪法赋予所有公民平等的劳动权，因此不能仅仅因为学历背景的差异而受到区别对待。劳动法层面上的广义劳动者即为具备劳动能力的人，劳动能力由劳动权利能力和劳动行为能力组成。劳动权利能力是劳动者依据宪法与劳动法所享有的劳动权利和承担劳动义务的资格。劳动行为能力需要具备以下四个条件：①年龄条件。步入高校的大学生基本符合劳动者年龄底线的要求，年满16周岁；②健康条件。劳动者从事相关的职业需具备一定的健康标准，大学生在通常情况下，其健康条件良好符合职业要求；③智力条件。智力标准是指劳动者精神要健全。在校大学生精神状况、文化知识水平等是符合职业要求的；④行为自由。即可以自由支配自己人身自由的行为，不受他人的约束。大学生在遵守校规校纪基础上可以自由支配自己的课余时间或假期，其行为自由并不受限制。因此虽然大学生还未毕业，其主体身份还是学生，但仍拥有劳动者的主体身份。

## （二）现实中兼职在校大学生在劳动权益保护中存在的问题

与一般意义上的劳动者相比，从事兼职或实习活动的大学生身兼"在校学生"与"劳动者"双重身份，很难与用人单位形成持久而稳固的劳动关系，这既是一些用人单位逃避相关责任的借口，也是大学生自身维权意识不足的重要原因。

通常在校大学生只能边上学边参加劳动，必然导致劳动的非持续性和不稳定性，这增加了劳动合同签订的难度，即使签订劳动合同，其条款往往也无法和普通员工一样详尽，大学生在劳动权益上很难得到有效保障，加之用人单位相对强势，而大学生通常处于弱势地位，很多大学生不敢主张自己的合法权益，当权益被侵害时也不懂得通过法律途径进行维护。最常见的合法权益被侵害现象就是用人单位利用自身的绝对优势，不与大学生签订书面的兼职协议且在大学生兼职结束之后，拖欠克扣兼职工资，侵犯大学生在兼职过程中本应享有的劳动报酬权。值得注意的是，也存在一部分大学生因为法律意识淡薄，肆意违约损害用人单位利益。因此，要培养大学生合法劳动意识，其既要积极学习相关法律知识，熟悉自身劳动义务，还要懂得运用正当法律手段保护自己的合法权益。

扩展阅读 6-3

用人单位对于兼职大学生未来的劳动或就业预期信心不足，不愿意为大学生在劳动培训或保障上追加投入，也不愿意对大学生委以重任，大部分大学生在兼职或实习中只能被当作廉价劳动力使用。此外，同样是出于节约成本考虑，极少有用人单位为兼职大学生缴纳相关保险。更有甚者，部分用人单位为了节约用工成本，将尚未按照生产的流程进行培训的兼职大学生安排在生产加工的机器设备旁观摩，或在其还未熟练掌握生产技能时安排上岗，这都容易导致安全事故的发生。还有些用人单位的安全卫生状况恶劣，严重影响大学生劳动者的身心健康和劳动安全。

## 四、国内外大学生劳动权益保护概况

### （一）国内大学生劳动权益保护

当前，虽然我国的劳动法律规范尚未对大学生的兼职行为予以明确的规定，如《劳动法》《劳动合同法》均未明确将大学生的兼职行为纳入其保护范围，但在已有法律法规中已体现出对大学生群体合法劳动权益的重视。《中华人民共和国劳动合同法实施条例（2008年9月颁布）》、2016年教育部等五部门联合印发的《职业学校学生实习管理规定》及2019年教育部印发的《关于加强和规范普通本科高校实习管理工作的意见》对职业院校、普通高校学生实习期间工作时间和休息休假权、获得实习报酬权及对实习过程中发生疾病、伤亡等情况的处理等都作了规定与说明，如"接收学生顶岗实习的实习单位，应参考本单位相同岗位的报酬标准和顶岗实习学生的工作量、工作强度、工作时间等因素，合理确定顶岗实习报酬，原则上不低于本单位相同岗位试用期工资标准的80%，并按照实习协议约定，以货币形式及时、足额支付给学生。"

### （二）美国大学生劳动权益保护规定

美国大学生从事兼职劳动的现象非常普遍且具有较长历史，法律层面认可大学生的劳动者身份，在校大学生可以被法律规定的各行各业（零售业、餐饮服务等商业机构、农业部门或其他专业性更强的机构）雇佣，只要能独立完成普通雇员的工作内容，受雇主的"控制"（雇员在工作上听从雇主的指挥与管理），获取劳动报酬就可以拥有雇员的主体资格，但不包括根据学校教学内容的安排到雇主那里接受职业培训的大学生。

美国的《公平劳动标准法案》（*fair labor standards act*，FLSA）是1938年美国罗斯福政府通过的改善劳资关系的法律。该法律又称《工资时数法》，对"凡是受雇于他人、从事体力或脑力劳动并从中获取经济报酬的人"的工资规定了详细的标准，全日制学生群体同样受到该法案保护，这为兼职大学生的工资权提供了法律依据。其具体的规定如下：工资收入不得低于同行业最低工资标准的85%，不得随意克扣全日制大学生的工资，此外20岁以上的大学生还规定了最低工资标准，在2012年是每小时7.25美元。雇主雇佣全日制大学生需要经过相关程序的审批获得特许，雇佣期限不得超过一年，每周的工作时间不得超过20小时，并对大学生的兼职总小时数有所限制。美国《公平劳动标准法案》规定大学生在课余时间或假期兼职同样拥有劳动安全卫生的权利，为兼职大学生提供符合法律要求的劳动生产环境。兼职的大学生拥有商业保险与医疗保险保障，美国部分大学规定学生开学后必须办理健康保险，为自身的身体健康提供保障。[①]

### （三）法国大学生劳动权益保护规定

法国政府允许大学生在校期间从事类型多样的兼职活动，政府和地方高校为大学生兼职提供条件并重视保障大学生在兼职与实习过程中的权益，该国大学生兼职的工作时间、时薪、期间享有的休假权的最低标准都作了明确规定。

法国政府一直鼓励大学生从事兼职，并未限制大学生必须在周末或是寒暑假打工，但对兼职的总时长有所限制——不得超过《法国劳动法典》规定工作时间总时长的1/2。对于打半工的大学生，每周累计兼职时长在20小时之内，每年累计兼职时间需在964小时之内；在寒暑假打全工的大学生，每周累计兼职时间需在35小时之内，每年最多只能工作3个月，对于兼职满一个月的大学生，雇主必须为其缴纳一定额度的社会保险。2018年，法国大学生的兼职报酬规定（SMIC——最低法定薪资）：兼职按时计算的工资每小时税前9.88欧元，税后每小时7.61欧元，雇主一般按月发放工资。法国法律规定，雇主应为即将上岗的大学生员工提供免费的就业指导和岗前培训，帮助大学在兼职期间更好更安全地工作。对于大学生兼职期间与雇主之间的劳资纠纷，设立有专门的机构（劳工视察组织、工会）提供建议和帮助，大学生兼职期间的劳动权益能够得到有效保障。[②]

### （四）德国大学生劳动权益保护规定

德国学术领域和劳动力市场的共同认知是当大学生能够独立完成实习或兼职要求的工作内容并符合用人单位的用工条件时，就应当从法律上认定双方的劳动法律关系。劳动法律关系一旦认定，全日制大学生与一般劳动者之间不存在差异，其劳动者身份受法律保护。德国对大学生采取"双轨"教育体制，重视实践教育与理论知识的结合，倡导

---

[①] 美国历史百科辞典，《公平劳动标准法》https://mall.cnki.net/Reference/ref_readerItem.aspx?bid=R201109331&recid=R2011093310000398

[②]《法国劳动法典》https://xuewen.cnki.net/R2007010240008158.html.

大学生在课余时间从事社会实践和实习活动，认定劳动关系的实习生与一般劳动者享有同等的工伤事故保险待遇，实习单位有责任为实习的大学生缴纳工伤保险费用。

### （五）日本大学生劳动权益保护规定

日本更加注重不同身份劳动者劳动权益的平等保护，日本大学生在符合"成为被使用的人"和"成为被支付工资的人"两个要件，即可成为劳动者，且《劳动基准法》规定雇主不得以身份差异区别对待劳动者，因此，大学生从事兼职劳动也受到日本劳动法律的保护。其《最低工资法》对大学生兼职的工资权益作出明确的规定，保障全日制大学生的劳动权益不受侵犯。

近年来，由于在餐饮业、零售业等行业兼职的大学生人数持续增加，日本对某些可能有害于大学生身心健康发展的兼职场所进行了严格禁止，如赌博类场所和风俗类场所。日本对大学生日常的兼职时间与寒暑假的兼职时间也有不同的规定：本科生、研究生的打工时数一周不可超过28小时，寒、暑假等长期休假1天不可超过8小时；旁听生、听讲生一周打工时长不超过14小时，寒、暑假等长期休假1天不可超过8小时。日本政府对大学生的兼职时薪也予以规定，通常每小时不低于800日元，在日本经济发达的城市（东京）每小时不得低于1000日元，但其所获取的兼职报酬必须自己使用，不得用来补贴家用，若大学生将自己的兼职报酬寄回补贴家用被他人举报，那么该兼职大学生将受到严厉惩罚。若大学生在兼职过程中劳动权益受到侵害，可以到地方劳动基准局寻求帮助，该部门的工作人员会及时了解相应的情况并采取相应的法律措施给予保护。

## 第二节　合法劳动意识的培育

党的二十大报告指出，要"深入开展法治宣传教育，增强全民法治观念""努力使尊法、学法、守法、用法在全社会蔚然成风"。大学生作为社会主义建设中的主力军，培养其合法劳动意识尤为重要，对于构建和谐劳动关系具有无可替代的现实意义。

## 一、劳动法律的基本原理

### （一）劳动法律的含义与内容

扩展阅读6-4

劳动法是调整劳动关系及与劳动关系有密切联系的其他社会关系的法律规范的总称。各国劳动法的表现形式不尽相同，但基本涵盖以下基本内容：劳动就业法、劳动合同法、工作时间和休息时间制度、劳动报酬、劳动安全与卫生、女工与未成年工的特殊保护制度、劳动纪律与奖惩制度、社会保险与劳动保险制度、职工培训制度、工会和职工参加民主管理制度、劳动争议处理程序及对执行劳动法的监督和检查制度等。

1. 劳动法律的主体——劳动者和用人单位

劳动法律关系的主体是指依据劳动法律的规定，享有权利、承担义务的劳动法律关系的参与者，包括企业、个体经济组织、国家机关、事业组织、社会团体等用人单位和与之建立劳动关系的劳动者，即雇主与雇员。依据我国劳动法的规定，工会是团体劳动法律关系的形式主体，劳动者成为劳动法律关系主体的前提条件是必须具有劳动权利能力和行为能力，所谓劳动权利能力是劳动法律关系主体依法享有劳动权利和承担劳动义务的资格。（1）劳动者。广义的劳动者指具有劳动能力的所有公民。狭义的劳动者仅指在法定劳动年龄内具有劳动能力的所有公民。从适用对象来看，公务员和参照公务员管理的人员、农村劳动者（乡镇企业职工和进城务工、经商的农民除外）、现役军人、家庭直接雇用的保姆及已享受基本养老保险待遇或领取退休金的人员等不适用劳动法和劳动合同法。《劳动法》中所指的劳动者，一般将其理解为狭义的职工，即"具有劳动权利能力和劳动行为能力，并且已依法参与劳动法律关系的公民。"作为特定的自然人，劳动者必须具备相应的基本条件。①年龄条件。《劳动法》第十五条规定：禁止用人单位招用未满16周岁的未成年人。文艺、体育和特种工艺单位招用未满十六周岁的未成年人，必须依照国家有关规定，履行审批手续，并保障其接受义务教育的权利。对可能危及未成年人健康及安全的工作，最低就业年龄不得低于18周岁，如《劳动法》禁止用人单位雇佣不满18周岁的劳动者从事过重、有毒、有害的劳动或者危险作业。②劳动能力条件。由于劳动者进行劳动只能由劳动者亲自进行，因此要求劳动者必须具有劳动能力。而且，对于一些特定的行业，劳动者的劳动能力还必须满足该行业的特殊要求。从更广泛的意义上来说，劳动者的劳动能力还应当包括劳动者必须具备的行为自由。因为有劳动能力的公民还需要具有行为自由，才能以自己的行为意愿去参加劳动。所以，被依法剥夺人身自由的公民，如被劳动教养或判处有期徒刑的人，不能与用人单位建立劳动关系。（2）用人单位。用人单位是指具有用人权利能力和用人行为能力，运用劳动力组织生产劳动，且向劳动者支付工资等劳动报酬的单位。包括企业、个体经济组织、民办非企业单位、国家机关、事业组织、社会团体。从概念来看，我国《劳动合同法》规定的用人单位主体不包括个人和家庭。即个人、家庭不能成为用人单位。从现实生活中来看，用人单位常常被称为雇主、企业主、资方等，但在我国法律上统一称为"用人单位"。

2. 劳动法律的客体——劳动行为

劳动行为是指劳动者为实现一定的生产或服务目标而进行的具体行动过程。通过实施劳动行为从而完成劳动任务是劳动者的首要义务。劳动行为由劳动者的需要及目的动机引起，并受劳动者自身状况和客观环境的制约。通常双方在劳动关系建立后，劳动者必须加入用人单位的生产和工作中去，用人单位作为生产经营活动的组织管理者，必须为劳动者完成劳动行为提供条件，包括生产场所、机器设备、劳动工具等。

## （二）劳动法律的调整对象

劳动法律的调整对象包括两个方面。一方面是劳动关系，劳动力所有者与劳动力使用者之间在劳动过程中发生的社会关系；另一方面是与劳动关系密切相关的其他社会关系，包括劳动行政关系、社会保险关系、劳动市场服务关系、劳动团体关系、劳动争议处理关系。

扩展阅读 6-5

### （三）劳动法律中劳动者与用人单位的权利与义务

1. 劳动者的权利与义务

根据我国劳动法律规定，劳动者享有平等就业的权利、选择职业的权利、取得劳动薪酬的权利、获得劳动安全卫生保护的权利、享有休息的权利、享有社会保险的福利的权利、接受职业技能培训的权利、提请劳动争议处理的权利、法律规定的其他权利。在享有劳动权利同时，劳动者也需要履行相应的义务，即完成劳动任务、提高职业技能水平、执行规章制度和遵守职业道德。

2. 用人单位的权利与义务

根据现行劳动法律规定，用人单位享有依法建立和完善规章制度的权利、根据实际情况制定合理劳动定额的权利、对劳动者进行职业技能考核的权利、制定劳动安全操作规程的权利、制定合法作息时间的权利、制定劳动纪律和职业道德标准的权利和其他权利。可以看出，用人单位的权利对应劳动者的义务，同理用人单位的义务也同样对应劳动者的权利。

扩展阅读 6-6

## 二、劳动法律简介

我国已形成一整套保护劳动者的法律法规体系，包括劳动者的权利和义务、社会保障等方面，本节对部分重要劳动法规进行简要梳理。

### （一）《中华人民共和国宪法》《中华人民共和国劳动法》中关于劳动者权利和义务规定

1. 劳动者享有的权利

①劳动者享有平等就业和选择职业的权利。《中华人民共和国宪法》（以下简称《宪法》）第四十二条规定，中华人民共和国公民有劳动的权利和义务。国家通过各种途径，创造劳动就业条件，加强劳动保护，改善劳动条件，并在发展生产的基础上，提高劳动报酬和福利待遇。《劳动法》第三条规定，劳动者享有平等就业和自主择业的权利。第十二条规定，劳动者就业，不因民族、种族、性别、宗教信仰不同而受歧视。第十三条规定，妇女享有与男子平等的就业权利。②劳动者享有取得劳动报酬的权利。《宪法》第四十二条第二款规定，国家通过各种途径，创造劳动就业条件，加强劳动保护，改善劳动条件，并在发展生产的基础上，提高劳动报酬和福利待遇。《劳动法》第三条规定，劳动者享有取得劳动报酬的权利。第四十六条规定，工资分配应当遵循按劳分配原则，实行同工同酬。第五十一条规定，劳动者在法定休假日和婚丧假期间以及依法参加社会活动期间，用人单位应当依法支付工资。③劳动者享有休息休假的权利。《宪法》第四十三条规定，中华人民共和国劳动者有休息的权利。国家采取各项措施发展劳动者休息和休养的设施，规定职工的工作时间和休假制度。劳动法对日工作时间、周工作时间、一周休息时间、公休日、法定节假日及年休假、婚丧假等作了规定。例如，《劳动法》第三条规

定，劳动者享有休息休假的权利。第三十六条规定，国家实行劳动者每日工作时间不超过八小时、平均每周工作时间不超过四十四小时的工时制度。第三十七条规定，对实行计件工作的劳动者，用人单位应当根据本法第三十六条规定的工时制度合理确定其劳动定额和计件报酬标准。第三十八条规定，用人单位应当保证劳动者每周至少休息一日。第四十条规定，用人单位在下列节日期间应当依法安排劳动者休假：元旦；春节；国际劳动节；国庆节；法律、法规规定的其他休假节日。第四十五条规定，国家实行带薪年休假制度。④劳动者享有获得劳动安全卫生保护的权利。《宪法》第四十二条第二款规定，国家通过各种途径，创造劳动就业条件，加强劳动保护，改善劳动条件，并在发展生产的基础上，提高劳动报酬和福利待遇。《劳动法》第三条规定，劳动者享有获得劳动安全卫生保护的权利。第五十二条规定，用人单位必须建立、健全劳动安全卫生制度，严格执行国家劳动安全卫生规程和标准，对劳动者进行劳动安全卫生教育，防止劳动过程中的事故，减少职业危害。第五十四条规定，用人单位必须为劳动者提供符合国家规定的劳动安全卫生条件和必要的劳动防护用品，对从事有职业危害作业的劳动者应当定期进行健康检查。⑤劳动者享有接受职业技能培训的权利。《宪法》第四十二条第四款规定，国家对就业前的公民进行必要的劳动就业训练。《劳动法》第三条规定，劳动者享有接受职业技能培训的权利。第六十六条规定，国家通过各种途径，采取各种措施，发展职业培训事业，开发劳动者的职业技能，提高劳动者素质，增强劳动者的就业能力和工作能力。第六十八条规定，用人单位应当建立职业培训制度，按照国家规定提取和使用职业培训经费，根据本单位实际，有计划地对劳动者进行职业培训。从事技术工种的劳动者，上岗前必须经过培训。⑥劳动者享有享受社会保险和福利的权利。《宪法》第四十四条规定，国家依照法律规定实行企业事业组织的职工和国家机关工作人员的退休制度。退休人员的生活受到国家和社会的保障。第四十五条规定，中华人民共和国公民在年老、疾病或者丧失劳动能力的情况下，有从国家和社会获得物质帮助的权利。国家发展为公民享受这些权利所需要的社会保险、社会救济和医疗卫生事业。《劳动法》第七十条规定，国家发展社会保险事业，建立社会保险制度，设立社会保险基金，使劳动者在年老、患病、工伤、失业、生育等情况下获得帮助和补偿。第七十六条规定，国家发展社会福利事业，兴建公共福利设施，为劳动者休息、休养和疗养提供条件。用人单位应当创造条件，改善集体福利，提高劳动者的福利待遇。⑦劳动者享有提请劳动争议处理的权利。《劳动法》第三条规定，劳动者享有提请劳动争议处理的权利。第七十七条规定，用人单位与劳动者发生劳动争议，当事人可以依法申请调解、仲裁、提起诉讼，也可以协商解决。第七十八条规定，解决劳动争议，应当根据合法、公正、及时处理的原则，依法维护劳动争议当事人的合法权益。⑧劳动者享有法律规定的其他劳动权利。

2. 劳动者需履行的义务

《宪法》第四十二条第一款规定，中华人民共和国公民有劳动的权利和义务。第四十二条第三款规定，劳动是一切有劳动能力的公民的光荣职责。国有企业和城乡集体经济组织的劳动者都应当以国家主人翁的态度对待自己的劳动。国家提倡社会主义劳动竞赛，奖励劳动模范和先进工作者。国家提倡公民从事义务劳动。《劳动法》第三条第二款规定，劳动者应当完成劳动任务，提高职业技能，执行劳动安全卫生规程，遵守劳动纪律和职业道德。

### （二）《中华人民共和国劳动合同法》

《中华人民共和国劳动合同法》（以下简称《劳动合同法》）于2008年1月1日实施，全国人民代表大会常务委员会于2012年对该法案进行修改，并于2013年7月1日起实施。《劳动合同法》共分八章九十八条，包括：总则、劳动合同的订立、劳动合同的履行和变更、劳动合同的解除和终止、特别规定、监督检查、法律责任和附则。《劳动合同法》是规范劳动关系的一部重要法律，其突出了以下内容：一是立法宗旨非常明确，就是为了保护劳动者的合法权益，强化劳动关系，构建和发展和谐稳定的劳动关系；二是解决了用人单位与劳动者订立劳动合同的问题；三是解决合同短期化问题。

《劳动合同法》是比较完整的保护劳动者合法权益的法律，在涉及劳动关系双方基本权利方面都给予了充分保障，保障劳动关系双方都有一个基本权利。劳动者在就业方面有一个自由流动、自主选择的权利，而用人单位有一个用人用工的自主权，不允许对劳动者的流动加以特别限制。劳动者解除劳动合同，最基本的原则是提前告知。

### （三）《中华人民共和国劳动争议调解仲裁法》

《中华人民共和国劳动争议调解仲裁法》（以下简称《劳动争议调解仲裁法》）由中华人民共和国第十届全国人民代表大会常务委员会第三十一次会议于2007年12月29日通过，自2008年5月1日起施行。以下为第一章总则的条款。

第一条　为了公正及时解决劳动争议，保护当事人合法权益，促进劳动关系和谐稳定，制定本法。

第二条　中华人民共和国境内的用人单位与劳动者发生的下列劳动争议，适用本法：①因确认劳动关系发生的争议；②因订立、履行、变更、解除和终止劳动合同发生的争议；③因除名、辞退和辞职、离职发生的争议；④因工作时间、休息休假、社会保险、福利、培训以及劳动保护发生的争议；⑤因劳动报酬、工伤医疗费、经济补偿或者赔偿金等发生的争议；⑥法律、法规规定的其他劳动争议。

第三条　解决劳动争议，应当根据事实，遵循合法、公正、及时、着重调解的原则，依法保护当事人的合法权益。

第四条　发生劳动争议，劳动者可以与用人单位协商，也可以请工会或者第三方共同与用人单位协商，达成和解协议。

第五条　发生劳动争议，当事人不愿协商、协商不成或者达成和解协议后不履行的，可以向调解组织申请调解；不愿调解、调解不成或者达成调解协议后不履行的，可以向劳动争议仲裁委员会申请仲裁；对仲裁裁决不服的，除本法另有规定的外，可以向人民法院提起诉讼。

第六条　发生劳动争议，当事人对自己提出的主张，有责任提供证据。与争议事项有关的证据属于用人单位掌握管理的，用人单位应当提供；用人单位不提供的，应当承担不利后果。

第七条　发生劳动争议的劳动者一方在十人以上，并有共同请求的，可以推举代表参加调解、仲裁或者诉讼活动。

第八条　县级以上人民政府劳动行政部门会同工会和企业方面代表建立协调劳动关系三方机制，共同研究解决劳动争议的重大问题。

第九条　用人单位违反国家规定，拖欠或者未足额支付劳动报酬，或者拖欠工伤医疗费、经济补偿或者赔偿金的，劳动者可以向劳动行政部门投诉，劳动行政部门应当依法处理。

### （四）《中华人民共和国民法典》中关于劳动权益保护的规定

2020年5月28日，十三届全国人大三次会议表决通过了《中华人民共和国民法典》（以下简称《民法典》），宣告中国"民法典时代"正式到来，2021年1月1日民法典已正式生效实施。《民法典》共七编、一千二百六十条，各编依次为总则、物权、合同、人格权、婚姻家庭、继承、侵权责任，以及附则。民法典中与劳动者、提供劳务者保护的相关内容有以下几条。

《民法典》第一千一百九十二条　个人之间形成劳务关系，提供劳务一方因劳务造成他人损害的，由接受劳务一方承担侵权责任。接受劳务一方承担侵权责任后，可以向有故意或者重大过失地提供劳务一方追偿。提供劳务一方因劳务受到损害的，根据双方各自的过错承担相应的责任。提供劳务期间，因第三人的行为造成提供劳务一方损害的，提供劳务一方有权请求第三人承担侵权责任，也有权请求接受劳务一方给予补偿。接受劳务一方补偿后，可以向第三人追偿。

《民法典》第一千一百九十一条第一款　用人单位的工作人员因执行工作任务造成他人损害的，由用人单位承担侵权责任。用人单位承担侵权责任后，可以向有故意或者重大过失的工作人员追偿。

《民法典》第一千零一十条　违背他人意愿，以言语、文字、图像、肢体行为等方式对他人实施性骚扰的，受害人有权依法请求行为人承担民事责任。机关、企业、学校等单位应当采取合理的预防、受理投诉、调查处置等措施，防止和制止利用职权、从属关系等实施性骚扰。

《民法典》第一百零九条　自然人的人身自由、人格尊严受法律保护。

《民法典》第一百一十条　自然人享有生命权、身体权、健康权、姓名权、肖像权、名誉权、荣誉权、隐私权、婚姻自主权等权利。

扩展阅读6-7

### （五）《中华人民共和国就业促进法》

《中华人民共和国就业促进法》（以下简称《就业促进法》）是我国在就业领域颁布的第一部基本法律，《就业促进法》共计九章六十九条，于2008年1月1日起施行。它的颁布施行，标志着我国在建设以《宪法》为依据、以《劳动法》为基础、以《就业促进法》《劳动合同法》《社会保险法》为主干、以相关法律法规为配套的劳动保障法律体系方面，又向前迈进了至关重要的一步。实现了就业工作有法可依、依法办事、依法执政的新局面。《就业促进法》的颁布，使劳动就业工作在法律规范上出现了一系列新的亮点与突破，最重要的有以下一些规定。

1. 明确政府职能

规定"县级以上人民政府把扩大就业作为经济和社会发展的重要目标，纳入国民经济和社会发展规划，并制定促进就业的中长期规划和年度工作计划"。此外，还分别规定了各级政府有关劳动就业工作的职责，这为推行劳动就业提供了保障。

2. 强化财政支持

规定"国家实行有利于促进就业的财政政策，加大资金投入，改善就业环境，扩大就业。"为了落实这一要求，还具体规定县级以上人民政府应在财政预算中安排就业专项资金用于促进就业工作，从而为开展劳动就业工作创造了物质条件。

3. 促进公平就业

明确了"劳动者就业，不因民族、种族、性别、宗教信仰、年龄、身体残疾等因素而受歧视。"详细规定了对妇女就业权利的保护，各民族劳动者享有平等的劳动权利，国家保障残疾人的劳动权利，用人单位招用人员不得以劳动者是传染病原携带者为由拒绝录用，不得对农村劳动者进城就业设置歧视性限制。这些规定很有针对性，为针砭时弊提供了法律保障，为推行平等就业提供了法律武器。

4. 推进公共服务

规定县级以上人民政府应设立公共就业服务机构，免费为劳动者提供下列服务：就业政策法规咨询；职业供求信息、市场工资指导价位信息和职业培训信息发布；职业指导和职业介绍；对就业困难人员实施就业援助；办理就业登记、失业登记等事务；其他公共就业服务。

5. 加强中介管理

规定了职业中介机构应当具备的条件，"设立职业中介机构，应当依法办理行政许可，经许可的职业中介机构，应当向工商行政部门办理登记"。并明确规定了职业中介机构不得出现的违法行为。这对整顿职业中介机构提供了法律根据。

6. 设立预警制度

规定"县级以上人民政府建立失业预警制度，对可能出现的较大规模的失业，实施预防、调节和控制"。与此相联系的是应建立失业登记制度，进行失业调查和统计，根据掌握的情况以找到相应对策。

7. 提高就业能力

规定了有关职业教育和职业培训的标准，要求企业应提供职工教育经费，职业院校、职业技能培训机构应与企业密切联系，培养实用人才和熟练劳动者。

8. 实施就业援助

规定"各级人民政府建立健全就业援助制度，采取税费减免、贷款贴息、社会保险补贴、岗位补贴等办法，通过公益性岗位安置等途径，对就业困难人员实行优先扶持和重点帮助。"所谓就业困难人员，是指因身体状况、技能水平、家庭因素、失去土地等原因难以实现就业，以及连续失业一定时间内仍未能实现就业的人员。[①]

## 三、劳动合同

### （一）劳动合同的概念、特征与类型

1. 劳动合同的概念

劳动合同也称劳动契约或劳动协议，是劳动者与用人单位确立劳动关系、明确双方权利和义务的协议。

2. 劳动合同的特征

劳动合同的主体具有特定性，合同的一方为劳动者，也就是拥有劳动权利能力和劳动行为能力的中国人、外国人或无国籍人士；另一方为用人单位，也就是拥有使用劳动能力的权利能力和行为能力的企业个体经济组织、事业组织、国家机关、社会团体等。劳动合同的内容要受法律、法规和集体合同的约束。劳动合同不同于民事合同，当事人自由协商的内容较少。劳动合同的内容要受法律法规的约束，不得违反国家的强制性规定。劳动合同双方主体地位既平等又有隶属关系。在签订劳动合同后，劳动者需要服从用人单位的行政管理。

3. 劳动合同的类型

固定期限劳动合同，是指用人单位与劳动者签订的劳动合同，约定有合同的终止时间。无固定期限劳动合同，是指用人单位与劳动者约定无确定终止时间的劳动合同。

### （二）劳动合同的内容

劳动合同的内容是指当事人双方达成的关于劳动权利和义务的具体规定。劳动合同应当以书面形式订立，并具备以下条款：①用人单位的名称、住所和法定代表人或者主要负责人；②劳动者的姓名、住址和居民身份证或者其他有效身份证件号码；③劳动合同期限；④工作内容和工作地点；⑤工作时间和休息休假；⑥劳动报酬；⑦社会保险；⑧劳动保护、劳动条件和职业危害防护；⑨法律、法规规定应当纳入劳动合同的其他事项。劳动合同除上述各款规定的必备条款外，用人单位与劳动者可以约定试用期、培训、保守秘密、补充保险和福利待遇等其他事项。

### （三）劳动合同的订立、履行与变更

1. 劳动合同的订立

劳动合同的订立是指劳动者与用人单位之间为确立劳动关系，依法就双方的权利与义务协商一致，签订劳动合同的法律行为。

依据我国劳动合同法，劳动合同的订立须遵循以下原则：①合法原则。所谓合法就是劳动合同的形式和内容必须符合法律法规的规定。首先，劳动合同的形式要合法，如除非全日制用工外，劳动合同需要以书面形式订立，这是本法对劳动合同形式的要求。

---

① 中华人民共和国中央人民政府官网：《中国就业促进法》http://www.gov.cn/guoqing/2021-10/29/content_5647636.htm。

如果是订立口头合同，那么当双方发生争议时，法律不承认其效力，用人单位要承担不签订书面合同的法律后果。其次，劳动合同的内容要合法。如果劳动合同的内容违法，如欺诈、胁迫签订的合同，责任自负的生死合同等都属于无效的劳动合同，此类劳动合同不仅不受法律保护，当事人还要承担相应的法律责任。②公平原则。公平原则是指劳动合同的内容应当公平、合理。即在符合法律规定的前提下，劳动合同双方公正、合理的确立双方的权利和义务。用人单位不得滥用优势地位，迫使劳动者订立不公平的合同。公平原则是社会道德的体现，将公平原则作为劳动合同订立的原则，可以防止用人单位损害劳动者的权利，有利于平衡劳动合同双方当事人的利益，有利于建立和谐稳定的劳动关系。③平等自愿原则。劳动者和用人单位在订立劳动合同时在法律地位是平等的，没有高低、从属之分，不存在命令和服从、管理和被管理关系。只有地位平等，双方才能自由表达真实的意思。用人单位不得利用优势地位，在订立劳动合同时附加不平等的条件。④协商一致原则。用人单位和劳动者对合同的内容达成一致意见。合同是双方意思表示一致的结果，劳动合同也是一种合同，也需要劳动者和用人单位双方协商一致，达成合意。订立劳动合同时，用人单位和劳动者都要仔细研究合同的每项内容，进行充分的沟通和协商，解决分歧，达成一致意见。⑤诚实信用原则。订立劳动合同时要诚实，讲信用，双方都不得有欺诈行为。用人单位招用劳动者时，应当如实告知劳动者工作内容、工作条件、工作地点、职业危害、安全生产状况、劳动报酬，以及劳动者要求了解的其他情况；用人单位有权了解劳动者与劳动合同直接相关的基本情况，劳动者应当如实说明。双方都不得隐瞒真实情况。①

扩展阅读 6-8

2. 劳动合同的履行

劳动合同履行是指劳动合同双方当事人按照合同的约定完成各自义务的行为。《劳动合同法》第二十九条规定，用人单位与劳动者应当按照劳动合同的约定，全面履行各自的义务。当事人双方按照劳动合同规定的条件，履行自己所应承担义务的行为。

劳动合同履行应当遵循的原则有：①亲自履行原则。劳动合同是特定人之间的合同，即用人单位与劳动者之间签订的劳动合同，它必须由劳动合同明确规定的当事人来履行，劳动合同的双方当事人也有责任履行劳动合同规定的义务，不允许当事人以外的其他人代替履行。②实际履行原则。即除了法律和劳动合同另有规定或者客观上已不能履行的以外，当事人要按照劳动合同的规定完成义务，不能用完成别的义务来代替劳动合同约定的义务。③全面履行原则。即当劳动合同生效后，当事人双方除按照劳动合同规定的义务履行外，还要按照劳动合同规定的时间、地点、方式，保质保量地履行全部义务。④协作履行原则。即劳动合同的双方当事人在履行劳动合同的过程中，有互相协作、共同完成劳动合同规定的义务，任何一方当事人在履行劳动合同遇到困难时，他方都应该在法律允许的范围，尽力给予帮助，以便双方尽可能地全面履行劳动合同。

---

① 国家法律法规数据库：《中华人民共和国劳动合同法》https://flk.npc.gov.cn/detail2.html?MmM5MDlmZGQ2NzhiZjE3OTAxNjc4YmY3NGQ3MTA2YjM.

3. 劳动合同的变更

劳动合同的变更是指劳动合同依法订立后，在合同尚未履行或者尚未履行完毕之前，经用人单位和劳动者双方当事人协商同意，对劳动合同内容作部分修改、补充或者删减的法律行为。《劳动法》第三十五条规定，在一般情况下只要用人单位与劳动者协商达成一致，即可变更劳动合同约定的内容。需要注意的是劳动合同变更后，原劳动合同没有变更的部分依然有效。

### （四）劳动合同的解除

劳动合同的解除是指当事人双方提前终止劳动合同的法律效力，解除双方的权利义务关系。在工作实务中劳动合同的解除常常伴有纠纷和争议，因此劳动者需要更好地了解劳动合同解除的法律规定，有助于更好地保护自身权益。

1. 劳动者解除劳动合同

《劳动合同法》规定劳动者如需解除劳动合同必须提前三十日以书面形式通知用人单位；处于试用期内的劳动者如果要解除劳动合同也需要提前三日告知用人单位。符合下列情形的，劳动者可以解除劳动合同：①未按照劳动合同约定提供劳动保护或者劳动条件的；②未及时足额支付劳动报酬的；③未依法为劳动者缴纳社会保险费的；④用人单位的规章制度违反法律、法规的规定，损害劳动者权益的；⑤因本法第二十六条第一款规定的情形致使劳动合同无效的；⑥法律、行政法规规定劳动者可以解除劳动合同的其他情形。

对于用人单位威胁或者暴力手段强迫劳动者劳动的，或者用人单位强迫劳动者参与冒险作业危及劳动者人身安全的，劳动者可以立刻解除劳动合同，无需提前通知用人单位。

2. 用人单位单方解除劳动合同

劳动者符合下列情形的，用人单位可以解除劳动合同：①在试用期间被证明不符合录用条件的；②严重违反用人单位的规章制度的；③严重失职，营私舞弊，给用人单位造成重大损害的；④劳动者同时与其他用人单位建立劳动关系，对完成本单位的工作任务造成严重影响，或者经用人单位提出，拒不改正的；⑤因本法第二十六条第一款第一项规定的情形致使劳动合同无效的；⑥被依法追究刑事责任的。

3. 符合下列情形的，用人单位提前三十日以书面形式通知劳动者本人或者支付劳动者一个月工资后，即可解除劳动合同

①劳动者患病或者非因工负伤，在规定的医疗期满后不能从事原工作，也不能从事由用人单位另行安排的工作的；②劳动者不能胜任工作，经过培训或者调整工作岗位，仍不能胜任工作的；③劳动合同订立时所依据的客观情况发生重大变化，致使劳动合同无法履行，经用人单位与劳动者协商，未能就变更劳动合同内容达成协议的。

4. 符合下列情形的，裁减人员二十人以上或者裁减不足二十人但占企业职工总数 10% 以上的，用人单位提前三十日向工会或者全体职工说明情况，听取工会或者职工的意见后，裁减人员方案经向劳动行政部门报告，可以裁减人员

①依照企业破产法规定进行重整的；②生产经营发生严重困难的；③企业转产、重大技术革新或者经营方式调整，经变更劳动合同后，仍需裁减人员的；④其他因劳动合

同订立时所依据的客观经济情况发生重大变化，致使劳动合同无法履行的；⑤因经济性裁员而解除劳动合同：用人单位濒临破产，进行法定整顿期间或生产经营状况发生严重困难，确需裁减人员的。

5. 用人单位不得解除劳动合同的情形

①从事接触职业病危害作业的劳动者未进行离岗前职业健康检查，或者疑似职业病病人在诊断或者医学观察期间的；②在本单位患职业病或者因工负伤并被确认丧失或者部分丧失劳动能力的；③患病或者非因工负伤，在规定的医疗期内的；④女职工在孕期、产期、哺乳期的；⑤在本单位连续工作满十五年，且距法定退休年龄不足五年的；⑥法律、行政法规规定的其他情形。

### （五）劳动合同的终止

劳动合同的终止是指终止劳动合同的法律效力，双方不再履行。《劳动法》第二十三条规定，劳动合同期满或者当事人约定的劳动合同终止条件出现，劳动合同即行终止。

根据《劳动合同法》第四十四条，有下列情形的劳动合同终止：①劳动合同期满的；②劳动者开始依法享受基本养老保险待遇的；③劳动者死亡，或者被人民法院宣告死亡或者宣告失踪的；④用人单位被依法宣告破产的；⑤用人单位被吊销营业执照、责令关闭、撤销或者用人单位决定提前解散的；⑥法律、行政法规规定的其他情形。

## 四、劳动争议处理

### （一）概念及特征

劳动争议是指劳动关系双方当事人因实现劳动权利和履行劳动义务而发生的纠纷，又称劳动纠纷，是指用人单位与劳动者之间因实现或履行《劳动法》确定的劳动权利义务产生分歧而引起的争议。我国劳动关系的特点决定了劳动争议具有如下特征：①劳动争议是劳动关系当事人之间的争议；②劳动争议主体之间必须存在劳动关系；③劳动争议是在劳动关系存续期间发生的；④劳动纠纷既可以表现为非对抗性矛盾，也可以表现为对抗性矛盾，而且两者在一定条件下可以相互转化；⑤劳动争议的内容涉及劳动权利和劳动义务，是为实现劳动关系而产生的争议。

### （二）劳动争议范围

劳动争议的范围在不同的国家规定有所不同。《劳动争议调解仲裁法》第二条规定，劳动争议的范围包括：①因确认劳动关系发生的争议；②因订立、履行、变更、解除和终止劳动合同发生的争议；③因除名、辞退和辞职、离职发生的争议；④因工作时间、休息休假、社会保险、福利、培训以及劳动保护发生的争议；⑤因劳动报酬、工伤医疗费、经济补偿或者赔偿金等发生的争议；⑥劳动者与用人单位在履行劳动合同过程中发生的纠纷；⑦劳动者与用人单位之间没有订立书面劳动合同，但已形成劳动关系后发生的纠纷；⑧劳动者在退休后，与尚未参加社会保险统筹的原用人单位因追索养老金、医疗费、工伤保险待遇和其他社会保险而发生的纠纷；⑨法律、法规规定的其他劳动争议。

### （三）劳动争议的处理方式

根据我国《劳动法》和《劳动争议调解仲裁法》的规定，劳动争议处理的方式分为协商、调解、仲裁和诉讼四种。

1. 协商程序

协商是指劳动者与用人单位就争议的问题自行协商，达成纠纷解决的具体协议。协商和解的特征是没有固定程序，由于纠纷双方彼此熟悉，产生纠纷后最好先进行协商，通过沟通达成协议来解决纠纷。现实中劳动者与用人单位通过协商的方式取得一致意见进而解决纠纷的案例很多。需要注意的是，协商程序并非劳动争议处理的必要程序，同时协商程序必须完全由双方自愿进行。

2. 申请调解

发生劳动纠纷后如果双方当事人不愿协商或者协商后难以达成和解协议，则需要进入调解程序。调解程序是指劳动纠纷的一方当事人就已经发生的劳动纠纷向劳动争议调解委员会申请调解的程序。根据《劳动法》的规定：在用人单位内，可以设立劳动争议调解委员会，成员由用人单位代表和员工代表或工会组成，负责调解本单位的劳动争议。劳动争议调解贯穿整个劳动争议纠纷解决的过程，在劳动争议仲裁阶段，劳动争议的当事人可以在仲裁员的主持下进行调解。在诉讼阶段，无论是一审还是二审，双方当事人都可以在法官的主持下进行调解。依据《劳动人事争议仲裁办案规则》，一方当事人通过协商、申请调解等方式向对方当事人主张权利的，仲裁时效中断，从中断时起，仲裁时效期间重新计算。

经过调解达成协议后，双方当事人签订调解协议书，再由调解员签名并盖章后生效。需要注意的是，与协商程序一样，调解必须在双方平等自愿的基础上达成协议，不能通过勉强或胁迫的方式，否则调解无效，且调解协议也不具有强制执行力，如果一方反悔，同样可以向仲裁机构申请仲裁。调解作为一种劳动争议处理方式，比仲裁和诉讼更为省时省力。若用人单位和劳动者能尽量调整心态，在专业人士的指导下可以更有利地维护自身的合法权益。

扩展阅读 6-11

3. 仲裁程序

仲裁程序是指劳动争议委员会依法对争议双方当事人的争议案件进行居中公断的执法行为。该程序既具有劳动争议调解灵活、快捷的特点，又具有强制执行的效力，是解决劳动纠纷的重要手段。劳动争议仲裁委员会是国家授权、依法独立处理劳动争议案件的专门机构。申请劳动仲裁是解决劳动争议的选择程序之一，也是提起诉讼的前置程序，即如果想提起诉讼打劳动官司，必须经过仲裁程序，不能直接向人民法院起诉。劳动仲裁通常有案件受理、调查取证、调解、裁决和执行五个阶段。仲裁调解书送达当事人之日起生效，当事人对裁决不

扩展阅读 6-12

服的可以向法院起诉。需要特别注意点是，劳动仲裁具有时间限制，不是任何时间都可以处理劳动争议。对于劳动者而言在遇到劳动争议时要有勇气面对，不要一拖再拖，否则只会让自己本身的合法权益得不到保护。

4. 诉讼程序

劳动争议诉讼是人民法院按照民事诉讼法规的程序，依照劳动法规，对劳动争议案件审理的活动。根据《劳动法》第八十三条规定："劳动争议当事人对仲裁裁决不服的，可以自收到仲裁裁决书之日起十五日内向人民法院提起诉讼。一方当事人在法定期限内不起诉，又不履行仲裁裁决的，另一方当事人可以申请人民法院强制执行。"诉讼程序的启动是由不服劳动争议仲裁委员会裁决的一方当事人向人民法院提起诉讼后启动的程序。诉讼程序具有较强的法律性、程序性，作出的判决也具有强制执行力。劳动争议的诉讼是解决劳动争议的最终程序。劳动争议诉讼制度，通过司法程序保证劳动争议的最终解决，将劳动争议处理纳入法治轨道。

## 第三节　劳动安全保障

### 一、劳动安全概述

#### （一）劳动安全的含义

扩展阅读 6-13

劳动安全，又称职业安全，是劳动者享有的在职业劳动中人身安全获得保障、免受职业伤害的权利。劳动安全包括人身安全和健康两部分。

对于劳动安全问题，一旦疏于防范，就会发生安全事故，造成难以挽回的人员和财产损失。因此，对于每名劳动者尤其是未来的劳动者——大学生都应熟悉劳动安全知识。

#### （二）劳动安全的重要性

劳动安全关系到劳动者的生命和健康，人民利益是国家的最高利益，在各种生产活动中，必须把保证人民的生存和健康放在首要位置，一旦在生产中劳动者发生伤亡，其后果是无法弥补和挽回的。此外，劳动安全是国民经济健康发展的重要保证，安全事故造成人员伤亡和重大经济损失，对经济发展短期和长期的消极作用是难以估量的，保障国民经济的持续、健康发展，需要在安全生产的环境下进行。安全的生产条件可以调动广大劳动者的生产热情和积极性，劳动者在生产中感到安全有保障，就会发挥主人翁的精神，提高劳动效率，使企业取得良好效益。

### 二、劳动安全隐患

#### （一）劳动安全隐患的概念

劳动安全隐患是指在生产劳动过程中，生产经营单位违反安全生产法律、法规、规章、标准、规程、安全生产管理制度的规定，或者其他因素在生产经营活动中存在的可能导致不安全事件或事故发生的物的危险状态、人的不安全行为和管理上的缺陷。从性质上分为一般安全隐患和重大安全隐患。

### （二）导致劳动安全隐患的常见情况

1. 不安全的人为因素

在生产劳动过程中，人的不规范动作或错误操作可能导致危险的发生进而造成自身或他人身体健康的伤害。

2. 有害的环境因素

某些复杂的劳动环境具有潜在危险性，尤其是长期在该环境中工作容易产生劳动安全事故或职业病。因此在这样的工作环境中，必须提前做好专业防护工作并熟知防护守则，切勿在准备不补充的情况下进行劳动。

3. 管理制度漏洞

完善的安全管理制度和监督制度是预防劳动安全事故发生的关键点，但现实中监管部门和企业只要有一方掉以轻心或者监督管理不到位，如事前没有进行必要的、细心的安全检查，生产安全隐患未及时采取措施进行整治和消除，就可能发生劳动安全事故甚至重大、特大安全责任事故。

### （三）劳动安全隐患防范

1. 劳动安全隐患排查

劳动安全隐患常常存在于人们不易察觉的角落，但想要发现所有的安全隐患比较困难，因此只有掌握正确的方法才能及时高效地发现隐患。①依照规章制度检查。制定规范化的规章制度范本并根据其进行逐条执行，全面检查，对于违反规章制度条例的操作或行为予以制止并纠正，同时建立生产安全事故责任追究制度，一旦发现因玩忽职守出现工作纰漏，追究相关责任人的责任。②依照过往经验检查。吸收自身以往发生的事故教训，总结经验查找容易发生事故的隐患，做到防患于未然。企业也可以将真实事故做成培训课中的案例，在日常会议和培训中反复提醒员工，避免重蹈覆辙。此外，对照别的企业发生的事故和隐患，查找自己是否存在类似的问题。

2. 安全生产事故应急预案

在《生产经营单位生产安全事故应急预案编制导则》中对安全事故应急预案的定义是：为有效预防和控制可能发生的事故，最大程度减少事故及其造成损害而预先制定的工作方案。简单来说，应急预案是为应对突发事件而预先制定的工作方案。生产安全事故应急预案通过事前合理规划、准备应急物资，落实各部门职责，最终建立起一套高效应急处理机制。

安全生产事故应急预案的编制要求。在编制应急预案前，编制单位应当进行事故风险辨识、评估和应急资源调查。事故风险辨识、评估是指针对不同事故种类及特点识别存在的危险因素，分析事故可能产生的直接后果及次生、衍生后果，评估各种后果的危害程度和影响范围，提出防范和控制事故风险措施的过程。应急资源调查，是指全面调查本地区、本单位在第一时间可以调用的应急资源状况和合作区域内可以请求援助的应急资源状况，并结合事故风险辨识评估结论制定应急措施的过程。对于应急预案的编制，根据《生产安全事故应急预案管理办法》第二章第八条的规定，应急预案的编制应符合以下几点基本要求：①有关法律、法规、规章和标准的规定；②本地区、本部门、本单位的安全生产实际情况；③本地区、本部门、本单位的危险性分析情况；④应急组织和人员的职责分工明确，并有具体的落实措施；⑤有明确、具体的应急程序和处置措施，并与其应急能力相适应；⑥有明确的应急保障措施，满足本地区、本部门、本单位的应急工作需要；⑦应急预案基本要素齐全、完整，应急预案附件提供的信息准确；⑧应急预案内容与相关应急预案相互衔接。

安全生产事故应急预案的实施。根据《生产安全事故应急预案管理办法》第四章规定，应急预案的实施需要遵循以下环节：①生产经营单位应当制定本单位的应急预案演练计划，根据本单位的事故风险特点，每年至少组织一次综合应急预案演练或者专项应急预案演练，每半年至少组织一次现场处置方案演练；②应急预案演练结束后，应急预案演练组织单位应对应急预案演练效果进行评估，撰写应急预案演练评估报告，分析在预案演练中存在的问题，并对应急预案提出修订意见；③应急预案编制单位应当建立应急预案定期评估制度，对预案内容的针对性和实用性进行分析，并对应急预案是否需要修订做出结论；④应急预案修订涉及组织指挥体系与职责、应急处置程序、主要处置措施、应急响应分级等内容变更的，修订工作应当参照本办法规定的应急预案编制程序进行，并按照有关应急预案报备程序重新备案；⑤生产经营单位应当按照应急预案的规定，落实应急指挥体系、应急救援队伍、应急物资及装备，建立应急物资、装备配备及其使用档案，并对应急物资、装备进行定期检测和维护，使其处于适用状态；⑥当生产经营单位发生事故时，应在第一时间启动应急响应，组织有关力量进行救援，并按照规定将事故信息及应急响应启动情况报告给事故发生地县级以上人民政府应急管理部门和其他负有安全生产监督管理职责的部门；⑦待生产安全事故应急处置和应急救援结束后，事故发生单位应当对应急预案实施情况进行总结评估。

## 三、劳动安全事故

### （一）劳动安全事故的概念

安全事故是指生产经营单位在生产经营活动（包括与生产经营有关的活动）中突然发生的，伤害人身安全和健康，或者损坏设备设施，或者造成经济损失，导致原生产经营活动终止的意外事件。

### （二）劳动安全事故的类型与等级

根据《企业职工伤亡事故分类标准》关于生产安全事故造成的人员伤亡或者直接经济损失规模大小，事故等级划分如下：①特别重大事故。造成30人以上（含30人）死亡，或者 100 人以上（含 100 人）(包括急性工业中毒，下同)，或者 1 亿元以上直接经济损失的事故；②重大事故。造成 10 人以上（含 10 人）30 人以下死亡，或者 50 人（含 50 人）以上 100 人以下重伤，或者 5000 万元以上（含 5000 万元）1 亿元以下直接经济损失的事故；③较大事故。造成 3 人以上（含 3 人）10 人以下死亡，或者 10 人（含 10 人）以上 50 人以下重伤，或者 1000 万元以上（含 1000 万元）5000 万元以下直接经济损失的事故；④一般事故。造成 3 人以下死亡，或者 10 人以下重伤，或者 1000 万元以下直接经济损失的事故。

### （三）劳动安全事故的处理

安全生产事故的发生，与企业的安全生产措施不到位有着直接的关系，生产经营单位发生安全生产事故时，单位的主要负责人应当立即向安全生产监督管理部门报告，并组织抢救，但很多企业在发生安全生产事故后，为了避免处罚，经常采取瞒报的方式。为了避免事故被掩盖，工伤职工在因安全生产事故受伤时，应当积极向安全生产监督管理部门报案，由安全生产监督管理部门对事故现场进行调查，并形成书面的调查报告。工伤职工在申请工伤认定时，安全生产监督管理部门的调查报告，一方面可以作为事实劳动关系存在的证据，另一方面可以直接证明伤害事故的发生，是一举而多得的行为。

依据《生产安全事故报告和调查处理条例》劳动安全事故具体处理流程如下：①报告受理。事故发生后企业首先应当立即启动应急预案并对伤者进行医治，然后单位负责人应当于 1 小时内向事故发生地县级以上人民政府安全生产监督管理部门和负有安全生产监督管理职责的有关部门报告，安全生产监督管理部门和负有安全生产监督管理职责的有关部门逐级上报事故情况，每级上报的时间不得超过 2 小时。报告内容应包括：事故企业概况、事故发生的时间、地点、现场情况、人员受伤（或中毒）程度、事故简要经过和已经采取的措施等。②事故调查。特别重大事故由国务院或者国务院授权有关部门组织事故调查组进行调查。重大事故、较大事故、一般事故分别由事故发生地省级人民政府、设区的市级人民政府、县级人民政府负责调查。省级人民政府、设区的市级人民政府、县级人民政府可以直接组织事故调查组进行调查，也可以授权或者委托有关部门组织事故调查组进行调查。③事故调解。对未造成伤残等轻微工伤事故，经过当事双方协商一致，安监部门予以调解处理、签字备案，减少诉讼程序。④事故处理。重大事故、较大事故、一般事故，负责事故调查的人民政府应当自收到事故调查报告之日起十五日内做出批复；特别重大事故，三十日内做出批复，特殊情况下，批复时间可以适当延长，但延长的时间最长不超过三十日。具体来看，安监部门根据调查结果，对事故单位做出行政处罚决定，送达并执行。关于处理瞒报，事故发生后，事故单位未及时上报，经查实，由区安监部门会同相关部门依法追究瞒报责任。事故结案后，将事故报告书等材料移交劳动仲裁机关。同时将处理结果告知举报者。对主动上报工伤事故并积极配合调查的单位，从轻处罚，对瞒报、未通报事故的单位，对阻碍、干涉事故调查工作的单位，从重处罚，如构成犯罪的，则依法追究刑事责任。[1]

---

[1] 国家法律法规数据库《生产安全事故报告和调查处理条例》https://flk.npc.gov.cn/detail2.html?ZmY4MDgwODE2ZjNlOThiZDAxNmY0MWY1YjI2ODAyM2Y%3D.

## 四、劳动保护概述

劳动保护是国家和单位为保护劳动者在劳动生产过程中的安全和健康所采取的立法、组织和技术措施的总称。它是指根据国家法律、法规，依靠技术进步和科学管理，采取组织措施和技术措施，消除危及人身安全健康的不良条件和行为，防止事故和职业病，保护劳动者在劳动过程中的安全与健康。

### （一）劳动安全保护

为了保护劳动者的劳动安全，防止和消除劳动者在劳动和生产过程中的伤亡事故，以及防止生产设备遭到破坏，我国《劳动法》和其他相关法律、法规制定了劳动安全技术规程。安全技术规程的要求包括：机器设备的安全；电气设备的安全；锅炉、压力的容器的安全；建筑工程的安全；交通道路的安全。企业必须按照这些安全技术规程使各种生产设备达到安全标准，切实保护劳动者的劳动安全。此外劳动者也需要掌握安全常识和规范操作方法，确保自身及他人安全。

### （二）劳动卫生保护

劳动卫生是指用人单位应保证劳动场所没有损害劳动者身体健康的慢性职业疾病发生。为了保护劳动者在劳动生产过程中的身体健康，避免有毒、有害物质的侵害，防止、消除职业中毒和职业病的发生，我国制定了有关劳动卫生方面的法律、法规：《劳动法》《环境保护法》《工厂安全卫生规程》《国务院关于加强防尘防毒工作的规定》《关于防止厂矿企业中粉尘危害的决定》《工业企业设计卫生标准》《工业企业噪声卫生标准》《防暑降温暂行办法》《中华人民共和国关于防治尘肺病条例》等。这些法律、法规都制定了相应的劳动卫生规程，主要包括以下内容：防止粉尘危害；防止有毒、有害物质的危害；防止噪声和强光的刺激；防暑降温和防冻取暖；通风和照明；个人保护用品的供给。劳动安全与劳动卫生均存在于劳动生产活动中，相互联系又彼此独立，共同组成劳动者劳动保护的屏障。

扩展阅读 6-17

### （三）女工保护

虽然从人权角度来看男女平等，但是在现实生活中相较于男性，特别是面对安全卫生风险时，女性常处于弱势地位。一是由于女性的生理特点，决定了女性不适合参与重体力劳动；女性生理机能决定了女性经期、孕期、产期、哺乳期（简称"四期"）的生理变化，在此期间需要进行特殊关怀和保护。二是由于女性除参与社会化生产外还承担着来自家庭的生活压力。三是职场上还存在性别歧视，女性权益被侵害的现象时有发生。

新中国成立以来，党和国家为了维护女工权益，制定了一系列保护性的法律规范，主要包括：1949 年 9 月通过的《共同纲领》；1951 年颁布的《劳动保险条例》；1953 年颁布的《劳动保险条例实施细则修正案》；1955 年 4 月颁布的《关于女工作人员生产假期的通知》；1956 年 5 月通过的《工厂安全卫生规程》；1979 年批准实行的《工业企业设计卫生标准》；1988 年 7 月颁布的《女职工劳动保护规定》（简称《规定》），为配合《规定》的贯彻落实，劳动部与有关部门还颁发了《关于女职工生育待遇若干问题的通知》《女职工劳动保护问题解答》和《关于纺织工业贯彻国务院〈女职工劳动保护规定〉意见的通知》三个配套文件；1990年颁布的《女职工禁忌劳动范围的规定》；1993年颁布的《女职工保健工作规定》；1995年开始实施的《劳动法》；1995年试行的《企业职工生育保险试行办法》；1995年实施的《中华人民共和国母婴保健法》；2005年新修改的《妇女权益保障法》；2012年颁布的《女职工劳动保护特别规定》等。

1. 工种保护

①禁止安排女职工从事矿山井下、国家规定的第四级体力劳动强度的劳动和其他女职工禁忌从事的劳动。②女职工在经期禁忌从事的劳动范围：冷水作业分级标准中规定的第二级、第三级、第四级冷水作业；低温作业分级标准中规定的第二级、第三级、第四级低温作业；体力劳动强度分级标准中规定的第三级、第四级体力劳动强度的作业；高处作业分级标准中规定的第三级、第四级高处作业。③女职工在孕期禁忌从事的劳动范围：作业场所空气中铅及其化合物、汞及其化合物、苯、一氧化碳、甲醛等有毒物质浓度超过国家职业卫生标准的作业；从事抗癌药物、己烯雌酚生产，接触麻醉剂气体等的作业；非密封源放射性物质的操作，核事故与放射事故的应急处置；在密闭空间、高压室作业或者潜水作业，伴有强烈振动的作业，或者需要频繁弯腰、攀高、下蹲地作业。④女职工在哺乳期禁忌从事的劳动范围：孕期禁忌从事的劳动范围的第一项、第三项、第九项；作业场所空气中有毒物质浓度超过国家职业卫生标准的作业。

2. 四期保护

①不得在女职工怀孕期、产期、哺乳期降低其基本工资，或者解除劳动合同。②女职工在月经期间，所在单位不得安排其从事高空、低温、冷水和国家规定的第三级体力劳动强度的劳动。③女职工在怀孕期间，所在单位不得安排其从事国家规定的第三级体力劳动强度的劳动和孕期禁忌从事的劳动，不得在正常劳动日以外延长劳动时间；怀孕7个月以上（含7个月）的女职工，一般不得安排其从事夜班劳动。④女职工生育享受98天产假，其中产前可以休假15天；难产的，增加产假15天；生育多胞胎的，每多生育1个婴儿，增加产假15天。⑤有不满1周岁婴儿的女职工，其所在单位应当在每班劳动时间内给予其两次哺乳（含人工喂养）时间，每次30分钟。多胞胎生育的，每多哺乳一个婴儿，每次哺乳时间增加30分钟。女职工每班劳动时间内的两次哺乳时间，可以合并使用。哺乳时间和在本单位内哺乳往返途中的时间，算作劳动时间。女职工在哺乳期内，所在单位不得安排其从事国家规定第三级体力劳动强度的劳动和哺乳期禁忌从事的劳动，不得延长其劳动时间，一般不得安排其从事夜班劳动。①

3.《女职工劳动保护特别规定》最新修订内容

①扩大了适用范围，覆盖了所有用人单位及女职工，包含女农民工。②调整了女职工禁忌从事的劳动范围并纳入《女职工劳动保护特别规定》，在附录中加以列示。③完善了保护标准，延长了产假时间，明确了流产休假假期，增加了预防和制止在工作场所对

---

① 国家法律法规数据库《女职工劳动保护特别规定》 https://flk.npc.gov.cn/index.html.

女职工性骚扰的内容。④实现与生育保险制度的衔接，对女职工产假工资和生育、流产医疗费用的支付标准、支付单位作出了明确规定。⑤调整了监督管理体制。⑥强化了责任义务，明确了对违反女职工劳动保护相关法律法规的用人单位的处罚规定。

扩展阅读 6-18

### （四）未成年工保护

所谓未成年工保护是指国家通过法律形式针对未成年工的身体状况和接受教育的需要而采取的一系列劳动保护措施和安排。根据《劳动法》的规定，未成年工是指已满十六周岁未满十八周岁的劳动者。由于未成年工处于特殊的生长发育年龄，身体还处于成长发育的时期，同时也正是学习文化接受知识的黄金年龄，缺乏从事某些工作所需的体力和心理素质，在从事劳动时面临较大的安全卫生风险，如强度过高的劳动、低温等不良的工作环境、不合适的劳动工具等因素都可能影响未成年工的健康，因此，法律对未成年工的特殊保护非常有必要。

对于未成年工的劳动范围有明确的法律界定，《劳动法》第六十四条规定，不得安排未成年工从事矿山井下、有毒有害、国家规定的第四级体力劳动强度的劳动和其他禁忌从事的劳动。《未成年工特殊保护规定》第三条规定：用人单位不得安排未成年工从事以下范围的劳动：《生产性粉尘作业危害分级》国家标准中第一级以上的接尘作业；《有毒作业分级》国家标准中第一级以上的有毒作业；《高处作业分级》国家标准中第二级以上的高处作业。此外我国法律还关注到未成年工的健康问题，《劳动法》第六十五条规定：用人单位应当对未成年工定期进行健康检查。《未成年工特殊保护规定》规定：用人单位应按下列要求对未成年工进行定期健康检查：①安排工作岗位之前；②工作满 1 年；③年满 18 周岁，距前次的体检时间已超过半年。虽然我国法律对未成年工的保护比较完善，但在我国一些偏远地区，未成年工劳动权益受到侵犯的现象仍时有发生，尤其是在私人煤矿。

扩展阅读 6-19

### （五）工作时间与休假制度

工作时间又称劳动时间，是指法律规定的劳动者在一个昼夜和一周内从事劳动的时间。工作时间的长度由法律直接规定，或由集体合同或劳动合同直接规定。劳动者或用人单位不遵守工作时间的规定或约定，要承担相应的法律责任。

休假制度是为保障职工享有休息权而实行的定期休假的制度。我国法律规定的休假制度有：公休假日、法定节日、探亲假、年休假及其他特殊规定的休假。

扩展阅读 6-20

## 五、劳动防护用品概述

劳动防护用品是指在劳动生产过程中，为了保护工人的安全和

扩展阅读 6-21

健康，避免或减轻事故伤害和职业危害，由劳动组织者发给劳动者个人使用的防护用品。用于防护有灼伤、烫伤或者容易发生机械外伤等危险的操作，在强烈辐射热或者低温条件下的操作，散放毒性、刺激性、感染性物质或者大量粉尘的操作及经常使衣服腐蚀、潮湿或者特别肮脏的操作等。根据具体操作过程中的不同需要，应供给劳动工人的防护用品主要包括：工作服、工作帽、围裙、口罩、手套护腿、防毒面具、防护眼镜、防护药膏、防寒用品、防晒防雨用品等。防护用品的保管和发放由用人单位加以规定。

### （一）劳动防护用品的分类

1. 按防护部位划分

①头部护具类。是用于保护头部，防撞击、防挤压伤害、防物料喷溅、防粉尘等的护具。主要有玻璃钢、塑料、橡胶、玻璃、胶纸、防寒和竹藤安全帽及防尘帽、防冲击面罩等。②呼吸护具类。是预防尘肺和职业病的重要护品。③眼防护具。用以保护作业人员的眼睛、面部，防止外来伤害。分为焊接用眼防护具、炉窑用眼防护具、防冲击眼护具、微波防护具、激光防护镜以及防X射线、防化学、防尘等眼护具。④听力护具。长期在90分贝以上或短期在115分贝以上环境中工作时应使用听力护具。听力保护具有耳塞、耳罩和帽盔三类。⑤防护鞋，防止足部伤害，有防滑鞋、防滑鞋套、防静电安全鞋、钢头防砸鞋等。⑥防护手套。用于手部保护，主要有耐酸碱手套、电工绝缘手套、电焊手套、防X射线手套、石棉手套、丁腈手套等。⑦防护服。用于保护职工免受劳动环境中的物理、化学因素的伤害。防护服分为特殊防护服和一般作业服两类。⑧防坠落护具。用于防止坠落事故发生，主要有安全带、安全绳和安全网。⑨护肤用品。用于外露皮肤的保护，分为护肤膏和洗涤剂。[①]

2. 按防护用途划分

按照防护用途不同具体分为防尘用品、防毒用品、防酸碱制品、耐油制品、绝缘用品、耐高温辐射用品、防噪声用品、防冲击用品、防放射性用品、防水用品、涉水作业用品、高处作业用品、防微波和激光辐射用品、防机械外伤和脏污用品、防寒用品和农业作业用品等。

### （二）劳动防护用品的具体介绍

1. 安全帽类

头部防护系列产品主要有：矿工用安全帽、ABS W 型安全帽、透气性安全帽、ABS V 型透气安全帽、V 型安全帽（图 6-1）、大卫头盔冬装、作训帽、安吉安透气安全帽、隆达 901 钢盔等。

图 6-1　V 型安全帽

2. 呼吸护具

呼吸护具是防御缺氧空气和尘毒等有害物质吸入呼吸道的防护具。按用途分为防尘、防毒、供氧三类，按作用原理分为过滤式、隔绝式两类。

---

① 劳动防护用品 https://baike.baidu.com/item/%E5%8A%B3%E5%8A%A8%E9%98%B2%E6%8A%A4%E7%94%A8%E5%93%81/4601594?fr=aladdin.

呼吸护具的类别有：净气式呼吸护具、自吸过滤式防尘口罩（图6-2）、简易防尘口罩、复式防尘口罩、矿用压缩氧自救器（图6-3）、过滤式防毒面具、导管式防毒面具、直接式防毒面具、电动送风呼吸护具、隔绝式呼吸护具、供气式呼吸护具、携气式呼吸防护器、氧气呼吸器、空气呼吸器、生氧面具、隔绝式自救器、密合型半面罩、密合型全面罩、滤尘器件、生氧罐、滤毒罐等。

图6-2　矿用自吸过滤式防尘口罩

图6-3　矿用压缩氧自救器

### 3. 眼防护具

眼防护具用以保护作业人员的眼睛、面部，防止外来伤害。分为焊接用防护眼镜、炉窑用防护眼镜、防冲击防护眼镜、微波防护眼镜、激光防护镜及防X射线、防化学、防尘等防护眼镜。

### 4. 防护鞋

防护鞋用于保护足部安全。主要类型包括防砸、绝缘、防静电、耐酸碱、耐油、防滑鞋、防滑鞋套等。具体来看，防油防护鞋用于地面积油或溅油的场所；防水防护鞋用于地面积水或溅水的作业场所；防寒防护鞋用于低温作业人员的足部保护，以免被冻伤；防刺穿防护鞋用于足底保护，防止被各种坚硬物件刺伤；防砸防护鞋的主要功能是防坠落物砸伤脚部，防护鞋的前包头有抗冲击材料；炼钢防护鞋主要功能是防烧烫、刺割，能承受一定静压力和耐一定温度、不易燃，这类防护鞋适用于冶炼、炉前、铸铁等工作场景。

### 5. 防护手套

防护手套用于工作中的手部保护。主要类型包括耐酸碱手套、电工绝缘手套、电焊手套、防X射线手套、石棉手套、耐高温手套、防割手套等。在实际工作中手部受伤的风险最大，具体来看，手部受伤可以分为下列情况：割伤和刺伤、磨损、烫伤和冻伤、接触化学品、触电、皮肤感染等，为了保护双手应选择合适的防护手套，避免在工作时遭受伤害。

### 6. 防护服

防护服用于保护职工免受劳动环境中的物理、化学因素的伤害。防护服种类包括消防防护服、工业用防护服、医疗款防护服、军用防护服和特殊人群使用防护服。防护服主要应用于消防、军工、船舶、石油、化工、喷漆、清洗消毒、实验室等行业与部门。防护服种类繁多，如有的国家还专门制作用于防治各种昆虫对人体侵害的防护服，在海湾战争中多国部队曾穿过一种具有杀虫功能的军服，它能有效防止各类以吸血为生的昆虫对人体的袭扰。据称，这种军服是采用一种被称作"里贝根"的杀虫剂，以一定的比例配水稀释后进行浸泡处理，蚊虫落在上面时很快就会死去，而对人体无害。

7. 防坠落护具

防坠落护具用于防止坠落事故发生。防坠落护具主要有安全带、安全绳和安全网。劳动者在作业时，常发生坠落事故，其对人体的伤害随坠落距离的高低而异，轻则伤残、断筋折骨，重则死亡。防坠落用品就是预防人体坠落伤亡的防护用品。

### （三）劳动防护用品使用的注意事项

劳动者在进入工作场所前必须按照要求正确佩戴劳动防护用品。劳动防护用品是用人单位根据实际工作需要发给个人的，劳动者在生产工作中都需要合理使用它，以达到预防事故、保障个人安全的目的。使用劳动防护用品要注意的事项有：①选择防护用品应针对防护目的，正确选择符合要求的用品，绝不能选错或将就使用，以免发生事故。②对使用防护用品的人员应进行教育和培训，使其能充分了解使用目的和意义，并正确使用。对于结构和使用方法较为复杂的用品，如呼吸防护器，应进行反复训练，使人员能熟练使用。用于紧急救灾的呼吸器，要定期严格检验，并妥善存放在可能发生事故的地点附近，方便取用。例如，ZYX45压缩氧气自救器是在矿井下发生爆炸产生有毒气体和烟雾时，劳动者使用的一次性紧急呼吸保护装置。工人在下矿井之前需要接受该防护用品的使用培训，确保发生事故时能够使用其进行自救。③妥善维护保养防护用品，不但能延长其使用期限，更重要的是能保证用品的防护效果。例如，过滤式呼吸防护器的滤料要定期更换，以防失效；防止皮肤污染的工作服用后应集中清洗。④防护用品应有专人管理，负责维护保养，保证劳动防护用品充分发挥其作用。例如，矿工升井后，矿灯交给专人进行检查、保养和修理，检查过程中一旦发现电池老化、灯泡损坏、灯锁开关失效、密封不严等情况，都不允许工人继续使用。

## 六、大学生劳动安全保障

### （一）学习劳动安全防范知识

大学生在学习劳动安全防范知识时，首先，要了解和熟悉《劳动法》《安全生产法》等法律法规，建立法律思维，在实践中能够使用法律武器保护自己。其次，大学生需要学习劳动卫生知识，特别是大学生在参与实习和劳动实践的过程中尤其要关注劳动环境的卫生状况，提高自我保护的意识和能力。此外，学生也应关注自身的心理健康状况，避免因过度疲劳和焦虑而导致心理健康问题。最后，学习和掌握一些急救常识和办法以防在突发事故情况下可以进行自救或者救治他人。

### (二)掌握急救处理措施

**1. 心搏骤停**

心搏骤停后,应尽快对其进行心肺复苏,在最佳抢救时间"黄金四分钟"内实施心肺复苏,能让心搏骤停者增加2~3倍的生存机会。我们可以通过心脏按压、气道开放、人工呼吸等方式进行心肺复苏。

急救步骤:①拍伤病员双肩,对其双耳各呼喊一次,喊的声音要大,拍的力度要轻;②找旁边的人尽快拨120急救电话;③先让伤病员躺在硬板床或平整的地上,解开其上衣,抢救者将一只手的掌根置于其胸骨下三分之一的位置,另一只手重叠压在手背上。抢救者两臂保持垂直,以上身的重量连续向下按压,频率为每分钟70次左右。按压时,用力要适中,以每次按压使胸骨下陷3~5厘米为度。注意,手掌始终不要脱离按压部位;④让伤病员仰卧,将其头后仰,确保呼吸道畅通。若其口内有血块、呕吐物、假牙等异物时,应尽快取出。随后做人工呼吸:抢救者先深吸一口气,然后捏住患者的鼻子,口对口像吹气球样为其送气,注意不要漏气。每隔5秒吹一次气,反复进行。遇到嘴张不开或口腔内有严重外伤者时,可从其鼻孔送气做人工呼吸。

**2. 骨折**

骨折处肿胀疼痛,还可能出现瘀血和青紫色瘀斑。用手摸会感到凹凸不平,按压则产生剧烈疼痛。

急救步骤:①不要移动身体,尽快把伤到的肢体用夹板固定住;②夹板可用木片或折叠起来的报纸或杂志制成,放在受伤的肢体下面或侧面,用三角形绷带、皮带或领带缠住夹板和受伤的肢体;③不要缠太用力,不要用纱布或细绳子,这些都可能阻碍血液循环。

**3. 异物卡喉**

当异物卡喉时,可采取海姆立克急救法为患者抢救。

急救步骤:①施救者站在窒息者身后,将窒息者双腿分开形成一个三脚架形;②从背后环住窒息者,手放在窒息者的腹部(胸骨以下、肚脐以上);③双手握拳,拳心向内向上挤压窒息者的腹部。注意挤压要快速有力,可以迅速挤压5次看窒息者的反应。如果急救有效的话,窒息者会咳出气道中的阻塞物。

**4. 触电**

当发现有人触电时,尽快找到电闸,切断电源是当务之急。如果暂时找不到电源,可就近找一件绝缘的东西,如木棍或塑料管子,挑开触电者与电源的接触,然后检查触电者的反应。如果发现其已经没有了心跳和呼吸,应立即就地对其进行人工呼吸和胸外按压,同时让他人拨打急救电话。

### (三)树立劳动安全防范意识

大学生可以通过参加劳动活动和劳动教育课程培训感受劳动安全保护的重要性。首先,在劳动教育课程中观看曾经发生过的安全生产事故视频,教师组织研讨,总结经验教训,提醒学生树立劳动安全意识。其次,邀请政府和企业负责安全生产工作的相关人员

扩展阅读6-22

走进校园为学生们现身说法，以血的惨痛教训提醒学生安全生产无小事，时刻要敲响劳动安全的警钟。最后，组织学生到学校的实训基地和合作企业去实地参与劳动安全演练活动，如试穿安全工作服、使用安全防护用品、学习安全操作流程等，进一步增强大学生劳动安全防范意识。

## 复习思考

1. 谈谈你对大学生特殊劳动者身份的理解。
2. 当你的劳动权益受到侵害时，你会怎么做？
3. 大学生在劳动实践中应如何做好劳动保护？

## 实践活动

### 普 法 活 动

为促进大学生对于劳动法律的认知，树立大学生的法律意识，以班级为单位，组织一次《劳动法》知识竞赛。

<活动记录表>

| 活动计划 | |
|---|---|
| 活动难点及解决办法 | |
| 心得体会 | |
| 教师评语 | |

## 参考文献

[1] 史钟锋，董爱芹，张艳霞. 新时代大学生劳动教育[M]. 北京：清华大学出版社，2022.
[2] 赵鑫全，张勇. 新时代大学生劳动教育[M]. 北京：机械工业出版社，2020.
[3] 丁晓昌，顾建军. 新时代大学生劳动教育[M]. 上海：上海交通大学出版社，2021.
[4] 吴盼. 大学生校外兼职劳动权益的法律保障[D]. 桂林：广西师范大学，2020.
[5] 王一涛，杨海华，赵阳，等. 大学生劳动教育与实践[M]. 苏州：苏州大学出版社，2021.

# 第七章

# 大学生与未来劳动

### 导入案例一

近年来,随着自动驾驶技术的快速发展,其商业化的应用也正在不断落地。目前,重庆、武汉两地率先发布了自动驾驶全无人商业化试点政策,从 2022 年 8 月 8 日开始,在武汉市经开区和重庆市永川区的特定区域内,就可以打到全无人的自动驾驶出租车。

无人驾驶出租车的主驾和副驾驶位置,都没有驾驶员、安全员,也就是说,这是一辆"纯无人"的自动驾驶出租车。在乘车人点击触发的按钮后,车就开始启动了。在主驾和副驾驶座椅后各有一个屏幕,并显示行驶速度、剩余行驶里程、到达时间等信息。因基本道路的限速是在每小时 60 千米,无人驾驶出租车也进行了每小时 40 千米的限速,使整个行驶过程比较平稳。在价格方面,纯无人驾驶出租车计价跟网约车价格差不多,因为现在当地有优惠活动,因此,整个七八分钟车程仅花了两元左右。

有业内人士指出,中国在无人驾驶技术研发和应用方面均位居世界前列。与此同时,自动驾驶领域的竞争异常激烈,武汉、重庆两地在国内率先启动全无人的商业化示范运营服务,非常具有开创性和引领性,将为我国无人驾驶政策创新、技术进步和广泛应用起示范带动作用。

目前,智能网联汽车是全球汽车产业转型升级的共识,各国正加速布局,自动驾驶技术成为角力的主要抓手。在产业各方的共同努力下,中国智能网联汽车目前已处于全球领跑水平。

### 导入案例二

2022 年 10 月 1 日上午,特斯拉于加州帕罗奥图举办 2022 AI Day 活动。其中,最受关注的就是特斯拉人形机器人"擎天柱"Optimus 原型机。根据特斯拉首席执行官埃隆·马斯克介绍,未来,擎天柱的生产规模可达几百万台,售价可低于两万美元。预计三年到五年之间,即可量产上市。

擎天柱有哪些使用场景?在办公室内,它能灵活地提起水壶浇花、双手搬运物料至目标位置、准确定位周围人员并主动避让;在特斯拉弗里蒙特工厂中,擎天柱已经开始投入简单工作,工程师为其规划了相应行动路线。

行走,对于人类来说可能是再简单不过的日常动作,但机器人要实现稳定行走则充满巨大挑战。"我们一直在从生物学中汲取更多灵感。"特斯拉工程师表示:"在运动、规划和控制性上,我们在汽车领域已经积累了充分经验,并在机器人上得以活用。"目前,擎天柱已经可以完成行走、上楼梯、下蹲、拿取物体等动作,也能在少量外部干扰的情况下依旧保持平衡。现场视频中,特斯拉还展示了擎天柱被工作人员用木棍戳刺上半身,但并未摔倒或长时间摇晃,仅稍微前倾后便稳住姿态,出色地应对了挑战。

"机器人需要有'大脑',也就是人工智能。"马斯克说。在设计、训练与制造擎天柱的过程中,特斯拉大量应用了人工智能技术,并在现场介绍了擎天柱的中央计算机。"其实,特斯拉车辆已经安装了完全自动驾驶(full self-drive,FSD)电脑,我们希望可以将自动驾驶经验与人形平台相结合。"特斯拉工程师表示:"但机器人在实际需求和形式上都与汽车存在差异,所以我们还需要适当调整。"同时,擎天柱也通过动作捕捉"学习"人类。以搬运物品为例,特斯拉工作人员通过穿戴式设备输入动作,机器人通过神经网络学习,从在同一地点完成相同的动作,到进化推演出在其他场景下的方案,从而学会在不同环境中搬运不同的物品。

"谈到机器人就会想到经济发展。经济发展的根本要素是劳动力,如果我们可以使用机器人来实现更低的劳动力成本,终将会带来更快速的经济发展。"马斯克表示:"将来在机器人的参与下,人们可以自由选择工作,其中简单的重复性工作可交由机器人完成,这类工作对于人类而言将成为一种选择,而不是必须。"

# 第一节　人工智能的前世今生

人工智能是指人类制造出的智能,即代理者(机器、算法、系统等)模仿人类智能行为的能力,表现为具有智能行为的机器智能,具体包括没有物质形态的基于结构和功能上的模拟及有物质形态的基于行为上的模拟。就其本质而言,人工智能是人类科学技术发展到较高水平后,在与行业的深度融合过程中具体表现出各种有形(机器人)和无形(算法、系统等)的技术创新。

2018年,世界人工智能大会在上海开幕,习近平总书记提到,新一代人工智能正在全球范围内蓬勃兴起,为经济社会发展注入了新动能,正在深刻改变人们的生产生活方式。习近平总书记强调,中国正致力于实现高质量发展,人工智能发展应用将有力提高经济社会发展智能化水平,有效增强公共服务和城市管理能力。

## 一、人工智能的发展历史

19世纪20年代,英国科学家巴贝奇设计了人类历史上第一台"计算机器",被认为是人工智能硬件的前身。英国数学家、逻辑学家艾伦·图灵在1950年发表了一篇划时代的论文《计算机器和智能》(*Computing Machinery and Intelligence*),提出了"机器会思考吗?"经典一问。同年,著名的图灵测试诞生,按照"人工智能之父"艾伦·图灵的定义:如果一台机器能够与人类对话(通过电传设备)而不被辨别出其机器的身份,那么,这台机器便具有智能的特征。1943年,Pitts提出神经元逻辑模型,意味着人工智能在人类历史上正式诞生。1956年8月，为解决人工神经网络"结构复杂"问题，麦卡锡、马文·明斯基等从事数学、心理学、计算机科学、信息论和神经学研究的年轻学者们在美国达特茅斯学院发起并组织夏季研讨会，探讨"如何用机器模仿人类智能"问题，并在会议上第一次使用了"人工智能"（artificial intelligence，AI）这一概念，因此，这一年被视为人工智能的元年。同时也开启了各国政府、研究机构、军方对人工智能投资和研究的第一波热潮。此后人工智能的发展曲折起伏，先后经历了五个阶段。

扩展阅读 7-1

### （一）人工智能黄金时代（1956年—20世纪70年代初）

人工智能概念在达特茅斯会议上被提出后，相继取得了一批令人瞩目的研究成果。1960年，美国的麦卡锡发明了人工智能程序设计语言 Lisp 语言，用于对符号表达式进行加工和处理，该语言至今仍在人工智能领域广泛应用。1963年，纽厄尔发布了问题求解程序，首次将问题的领域知识与求解方法分离开来，标志着人类走上了以计算机程序模拟人类思维的道路。1965年，鲁宾逊提出了归结原理，实现了自动定理证明的重大突破。1968年，奎利恩指出，记忆是基于概念之间的相互联系来实现的。1966年到1972年期间，美国斯坦福国际研究所研制出机器人 Shakey，这是首台采用人工智能的移动机器人。1966年，美国麻省理工学院的约瑟夫·魏泽鲍姆发布了世界上第一个聊天机器人 ELIZA，ELIZA 的智能之处在于它能通过脚本理解简单的自然语言，并能产生类似人类的互动。1968年12月9日，美国加州斯坦福研究所的道格·恩格勒巴特发明计算机鼠标，构想出了超文本链接概念，它在几十年后成了现代互联网的根基。

### （二）人工智能第一次低谷（20世纪70年代—20世纪80年代初）

20世纪70年代，人工智能遭遇了发展瓶颈。当时的计算机有限的内存容量和处理速度，不足以解决任何实际的人工智能问题。要求程序认知世界级的数据，研究者们很快发现这个要求太高了，1970年，没人能够做出如此巨大的数据库，也没人知道一个程序怎样才能学到如此丰富的信息。由于缺乏进展，对人工智能提供资助的机构（如英国政府、美国国防部高级研究计划局和美国国家科学委员会）对无方向的人工智能研究逐渐停止了资助。美国国家科学委员会（NRC）在拨款二千万美元后停止资助。甚至，英国学者莱特希尔在1973年发布的研究报告《人工智能：一般性的考察》中指出，人工智能项目就是浪费钱，迄今为止该领域没有哪个部分能做出像之前承诺的那样的发明。

### （三）人工智能大繁荣（20世纪80年代初—1987年）

这一时期，人工智能学者们对过去的研究经验及教训进行了反思，继续展开研究，终于迎来了人工智能蓬勃发展新时期。1980年，卡耐基梅隆大学设计出了第一套专家系统 XCON，该系统拥有强大的知识库和推理能力，可以模拟人类专家来解决特定领域问题，实现了人工智能从理论研究走向实际应用、从一般推理策略探讨转向运用专门知识的重大突破。1981年，日本经济产业省拨款 8.5 亿美元用以研发第五代计算机项目，在当时被叫作人工智能计算机。随后，英国、美国纷纷响应，开始向信息技术领域的研究提供大量资金。1982年，J. Hoplield 构建了一种新的全互联的神经元网络模型，并在1985年，顺利解决了"旅行商（TSP）"问题。1984年，在美国人道格拉斯·莱纳特的带领下，启动了大百科全书（Cyc）项目，其目标是使人工智能的应用能够以类似人类推理的方式工作。1986年，美国发明家查尔斯·赫尔制造出人类历史上首个3D打印机。

### （四）人工智能寒冬（1987—1993年）

"AI（人工智能）之冬"一词由经历过1974年经费削减的研究者们创造出来。他们注意到了对专家系统的狂热追捧，预计不久后人们将转向失望。事实情况也被他们不幸言中，专家系统的实用性仅仅局限于某些特定情景，在面对复杂问题时却显得束手无策，尤其是当数据量积累到一定程度后，有些结果就难以实现改进，极大地限制了人工智能的实际应用价值。到了20世纪80年代晚期，美国国防部高级研究计划局（DARPA）的新任领导认为人工智能并非"下一个浪潮"，于是拨款将倾向于那些看起来更容易出成果的项目上。人工智能再次陷入短暂的发展低潮期。

### （五）人工智能之春（1993年至今）

自20世纪90年代中期开始，机器学习和人工神经网络的研发工作加速推进，人工智能实现了巨大的突破。1997年5月11日，国际商业机器（IBM）公司制造的计算机"深蓝"战胜了国际象棋世界冠军卡斯帕罗夫，成为首个在标准比赛时限内击败国际象棋世界冠军的计算机系统，重新点燃了人们对人工智能的希望。2004年，日本率先研制出了人形机器人阿西莫（Asimo）。2006年，深度学习取得了重大突破，图形处理器（GPU）、现场可编程门阵列（FPGA）异构计算芯片及云计算等计算机硬件设施不断取得突破性进展，为人工智能提供了足够的运算能力，能够运行复杂算法；2011年，沃森（Watson）作为IBM公司开发的使用自然语言回答问题的人工智能程序参加美国智力问答节目，打败两位人类冠军，赢得了100万美元的奖金。2012年，加拿大神经学家团队创造了一个具备简单认知能力、有250万个模拟"神经元"的虚拟大脑，命名为"Spaun"，并通过了最基本的智商测试。2013年，脸书人工智能实验室成立，探索深度学习领域，借此为脸书用户提供更智能化的产品体验；谷歌收购了语音和图像识别公司DNNResearch，推广深度学习平台；百度创立了深度学习研究院等。2015年，是人工智能突破之年，谷歌开源了利用大量数据直接就能训练计算机来完成任务的第二代机器学习平台 Tensor Flow；剑桥大学建立人工智能研究所等。2016年3月15日，谷歌人工智能 Alpha Go 与围棋世界冠军李世石的人机大战最后一场落下了帷幕。人机大战第五场经过长达5个小时的搏杀，最终李世石与 Alpha Go 总比分定格在1比4，以李世石认输结束比赛。这一次的人机对弈让人工智能正式被世人所熟知，整个人工智能市场也像是被引燃了导火线，开始了新一轮爆发。世界主要经济大国加快布局人工智能，加大对人工智能产业的投入，出台各项鼓励人工智能发展的政策。2017年，Alpha Go Zero 通过深度学习实现了自我更新升级战胜 Alpha Go，同年，微软公司的机器人小冰，自学了自1920年以来的519位诗人的现代诗，并在网络上发表自己的创作，且并未被发现是机器人所作。此外，人工智能在交通、教育、金融

扩展阅读7-2

等领域也展示出巨大的应用前景。

## 二、世界主要经济体人工智能的发展现状

近年来，各国持续加强人工智能战略布局，以人工智能为核心的集成化技术创新成为重点，人工智能相关技术产业化和商业化进程不断提速，据相关数据显示，全球人工智能产业规模从 2017 年 6900 亿美元，增长至 2021 年的 3 万亿美元，人工智能产业规模正在以超 30% 的复合增长率快速增长，并将有望在 2025 年突破 6 万亿美元的大关。

从全球人工智能产业格局来看，美国处于全球人工智能的领导位置，中国紧随其后，之后是欧盟和日韩等国家和地区。

从人工智能产业的专利数量来看，截至 2018 年，主要经济体中人工智能专利数量超过 100 件的国家如下：中国人工智能专利申请量为 5407 件，位居全球第一，美国位居第二，为 4476 件，韩国和日本分别为 1304 件和 842 件，欧盟为 863 件，加拿大为 164 件。

从人工智能产业相关企业数量来看，据《全球人工智能发展报告（2018）》数据显示，截至 2018 年，全球人工智能领域相关公司有 15916 家，美国位居第一，为 4567 家、中国位居第二，为 3341 家，英国位居第三，为 868 家。

从人工智能产业的整体融资规模分析，截至 2018 年，全球人工智能企业整体融资规模为 784.8 亿美元，美国位居第一，为 373.6 亿美元；中国第二，为 276.3 亿美元，英国第三，为 35.6 亿美元。值得注意的是，2017 年中国人工智能初创企业融资规模首次超过美国，占全球人工智能初创企业融资数额的 48%。

从人工智能产业的关注内容分析，美国人工智能产业侧重研究基础理论、技术和应用，特别是在算法、芯片和数据等产业核心领域，具备强大的创新优势，在全球处于领先位置。中国人工智能产业侧重技术应用领域，对于技术研发难度大、投资回报周期长的基础研究领域投入较少。据《2017 年中美人工智能创投现状与趋势研究报告》显示，从事人工智能相关基础（例如处理器和芯片）的企业数量来看，中国有 14 家，美国为 33 家；从事人工智能相关技术（例如自然语言处理和计算机视觉与图像）的企业数量来看，中国有 273 家，美国为 586 家；从事人工智能相关应用（例如智能无人机、智能机器人、智能汽车自动驾驶辅助驾驶、语音识别等）的企业数量来看，中国有 304 家，美国为 488 家。

## 三、人工智能的发展类型

从发展程度角度人工智能可划分为弱人工智能、强人工智能与超强人工智能。目前人工智能处于弱人工智能阶段，即 AI 并不具备类似人类思考与联想的能力。未来人工智能可能发展到强人工智能与超强人工智能阶段，这个阶段的 AI 将具备类似人类思考与联想的能力，可以在更多领域代替人类完成工作。

### （一）弱人工智能

弱人工智能（artificial narrow intelligence，ANI）是指不能制造出真正的推理（reasoning）和解决问题（problem solving）的智能机器，这些机器只不过看起来像是智

能的，但是并不真正拥有智能，也不会有自主意识。由于弱人工智能处理的问题较为单一，且发展程度并没有达到模拟人脑思维的程度，所以弱人智能仍然属于"工具"的范畴，与传统的产品在本质上并无区别，它们只是在某些方面能协助或替代人类进行工作的机器智能。例如，预约烧饭的电饭煲、会聊天的机器人、自动加油的机器人加油员、智能扫地机器人等都属于此列。看起来弱人工智能在行为上似乎表现出"具有人类智力"的特点，但它实现功能时，依靠的还是提前编写好的运算程序，因此只能按部就班地工作。

## （二）强人工智能

强人工智能（artificial general intelligence，ACI）观点认为有可能制造出真正能推理（reasoning）和解决问题（problem solving）的智能机器，这样的机器将会是有知觉的，拥有自我意识的。它们可以独立思考问题并制定解决问题的最优方案，有自己的价值观和世界观体系。有和普通生物一样的各种本能，如生存和安全需求。在某种意义上可以将其看作一种新的文明。

在这一阶段，人工智能将拥有同人类一样的学习和理解知识的能力，能够像人一样具有自主思维并对复杂理念进行分析和思考，人工智能表现为在各个方面都能与人类相媲美的机器智能。因此，人类劳动力面临的大部分工作任务，强人工智能都能够自主完成，也就是说，强人工智能不仅能够替代人类的体力劳动，还能替代脑力劳动，这必将给人类社会带来严重的劳动替代问题。在全球最聪明的科学家眼中，强人工智能的出现已经不再是会不会的问题，而是什么时候的问题。2013 年，有一个由数百位人工智能专家参与的调查"你预测人类级别的强人工智能什么时候会实现？"超过 2/3 的科学家认为 2050 年前强人工智能就会实现，而只有 2%的人认为它永远不会实现。

## （三）超人工智能

超级人工智能是指基于海量的数据整合和高度的自我学习能力，使人工智能远超人类智慧，这一阶段的人工智能几乎在任何领域都比人类聪明，这也意味着以人类为代表的生物形态智慧将不再是地球上唯一的、最高的智慧形态。在这一阶段人工智能已经跨过"奇点"，其计算和思维能力已经远超人脑，其所观察和思考的内容人脑已经很难理解，最终人工智能将形成一个新的社会，人类届时将扮演什么角色我们不得而知。在影视作品中超人工智能经常出现，如《复仇者联盟》中的奥创、《终结者》中的天网系统都属于超人工智能。

扩展阅读 7-3

# 四、人工智能的发展趋势

人工智能已成为人类有史以来最具革命性的技术之一。"人工智能是我们作为人类正在研究的最重要的技术之一。它对人类文明的影响将比火或电更深刻。"2020 年 1 月，谷歌公司首席执行官桑达尔·皮查伊在瑞士达沃斯世界经济论坛上接受采访时如是说。

## （一）加速与其他学科领域交叉渗透

人工智能是一门综合性前沿学科和高度交叉的复合型学科，它的研发涉及数学、计算机科学、电子信息、网络工程、生物医学等多门学科，它的应用范围也非常广泛，能够应用于科学研究、服务行业、生产行业、航海技术等多领域。随着各行各业对人工智能的需求越来越大，人工智能也会加速与这些行业融合。例如，人工智能强大的计算能力可以协助科学家解决数学难题，随着人工智能自主系统的升级，可以帮助人类到深海海底、宇宙空间站进行工作，人工智能与大数据、云计算等学科结合可以帮助人类进行政策制定等社会管理工作，此外，人工智能也会促进脑科学、认知科学、生命科学甚至化学物理、天文学等传统科学的发展。

### （二）人工智能产业将蓬勃发展

未来伴随着人工智能技术的不断发展，人工智能应用的云端化趋势将不断加速，形成从宏观到微观各领域的智能化新需求，产生一批新技术、新产品、新产业、新业态、新模式，经济结构将产生重大变革，全球人工智能产业规模在未来十年将进入高速增长期。例如，2016年9月，咨询公司埃森哲发布报告指出，人工智能技术的应用为经济发展注入新动力，可在现有基础上将劳动生产率提高40%，到2035年，美、日、英、德、法等十二个发达国家的年均经济增长率可以翻一番。2018年麦肯锡公司的研究报告预测，到2030年，约70%的公司将采用至少一种形式的人工智能，人工智能产业经济规模将达到13万亿美元。

### （三）成为国际竞争的新焦点

当前，人工智能领域的国际竞赛已经拉开帷幕，世界主要发达国家和发展中国家均把发展人工智能作为提升国家竞争力、维护国家安全的重大战略，力图在新一轮科技竞争中占据有利位置，可以预见到这轮竞争必将日趋白热化。2018年4月，欧盟委员会计划2018—2020年期间在人工智能领域投资240亿美元；法国总统在2018年5月发布《法国人工智能战略》报告，目的是加快法国人工智能产业发展，使法国成为人工智能强国；2018年6月，日本发布的《未来投资战略2018》重点推动物联网建设和人工智能的应用；美国特朗普政府发布的首份《国防战略》报告即谋求通人工智能等技术创新保持军事优势，确保美国打赢未来战争；俄罗斯于2017年提出军工拥抱"智能化"，让导弹和无人机这样的"传统"兵器威力倍增；我国对人工智能的发展也同样越来越重视，2017年7月，国务院发布《新一代人工智能发展规划》，将人工智能发展放在国家战略层面，全面规划了未来我国人工智能发展路线。

## 第二节　人工智能与未来劳动

### 一、人工智能与未来生产

#### （一）生产过程

福特的流水线作业使生产过程中的每个环节变得标准化，提升了生产效率，但从另外一个方面看，这种简单重复的工作模式会使人觉得枯燥乏味，并不利于创新生产。具有人工智能的机器人可以更多承担重复枯燥的工作，帮助人类从繁杂工作中解放，获得更多从事创造性工作的机会。工厂不必担心人的工作失误延误生产，也不用考虑人在做重复劳动时效率降低的问题，可以最大化地提升生产效率，从长远角度来看，这样的方式无疑更符合生产的需求，也更符合社会的需求。人工智能机器人由于具有较高水平智慧，拥有近似人类的感知、理解、行动和学习的能力，可以自主调整、优化和修正工作流程，排除故障。此外人工智能机器人还可以代替人类在危险的环境中工作或承担一些具有危险性的生产任务。

扩展阅读 7-4

### （二）产品质量

在产品质量方面，人工智能主要通过装备智能化支撑生产智能化和管理智能化来影响产品质量，并在生产过程中实现精准品控、故障处理、高效配置生产要素以达到提升产品质量和生产效率、降低生产成本的目标。由于人自身的心理情绪和身体状态始终是无法完全控制的，加之人劳动的精细化程度和耐力水平也是有限的，而人工智能机器完全不存在情绪和疲劳等问题，能够完美解决这一问题。因此，通过使用人工智能机器设备可以有效提高产品质量。

### （三）人机协作

传统的"自动化"追求的是机器自动生产，本质是由机器代替人，而现代制造业的"智能化"发展进程，则更多是追求机器的柔性生产，其本质属于人机协作。以机器人手臂为例，机器人的动作快速有力，可以高效地完成工作任务，但由于其只是单纯的机器，不会主动观察和避让，在运行中可能对工人造成危险，因此，经常被放置在防护罩中使用。当机器人增加激光传感器和人工智能系统后，不仅使机器人像人一样主动识别各类物体并避免伤害到旁边工作的人员，机器人还能通过自主学习任务操作，在工作中更好地配合工人，变成工人的助手，实现机器人与人类协同工作。比如，电影《钢铁侠》里托尼·斯塔克的人工智能助手贾维斯和《流浪地球》里的人工智能机器人 MOSS。

## 二、人工智能与未来管理

### （一）人力资源管理

企业在招聘时，人工智能通过大数据系统调取应聘者过往表现和能力信息进行分析，再结合岗位需要组建智能题库，开展针对性面试，帮助企业选择适合的人选。在员工培训环节，人工智能针对每一位员工的具体情况（例如优势和不足）进行分析，找到员工的真实培训需求，有针对性地设置培训规划。在员工薪酬评定和绩效考核方面，人工智能根据企业所在城市薪酬水平、GDP 增速、就业率、失业率及员工日常表现等数据，通过人工智能分析，计算出合理的薪酬标准。

### （二）财务管理

1. 提高融资需求预测的准确性

资金融通是企业财务管理的核心业务，需要合理安排资金需求（例如融资规模、利率结构、期限结构等），保障企业的有序运营。人工智能财务系统在接管处理资金需求后，智能系统将利用其强大的数据整合、分析能力，结合经济模型和企业相关财务数据进行合理财务规划，针对相关的会计数据进行逻辑推理，用最优的算法做出会计估计、判断和计量，最终获得准确的资金缺口报表，以此作为企业的融资的依据，为企业决策者提供科学建议。

扩展阅读 7-5

2. 智能专家系统进行财务管理

智能专家系统使人工智能和大数据信息处理技术相结合，能够更有效对各项财务指标及外部因素展开分析，并快速找到企业财务问题。在当前的财务管理领域当中，专家系统能够及时地对企业财务管理当中所发生的各类问题做出快速的反应。

## 三、人工智能与基础科研

人工智能技术推动基础科研工作的发展，人工智能正在成为基础学科及多学科交叉领域发展的新范式。

### （一）人工智能与数学

①人工智能的突破需要数学理论持续发展。②函数逼近论帮助探索神经网络的可解释性。③优化理论可解决人工智能参数估计的非凸性和非光滑性。

### （二）人工智能与医学

①人工智能促进医学诊疗手段创新。②人工智能加快创新药物研发。③人工智能与可穿戴设备结合帮助慢性病患者进行健康管理。

### （三）人工智能与生命科学

①类脑智能技术成为人工智能主要的发展方向。②Primate AI 是一个深度神经网络，根据从人类和动物身上收集的数十万个基因变体进行训练，旨在预测哪些基因变异会导致疾病，未来可能成为预测癌症驱动基因突变的最佳选择。③Alpha Fold 是英国深度思考公司的一个人工智能程序，用于蛋白质结构预测，未来准确率会进一步提升。④人工智能重塑现代农业，借助人工智能技术推进新产品研发，为现代农业提供了更高精度的方案。

### （四）人工智能与物理学

①人工智能在极小微观世界中有所发现，在极大宏观世界的探索中大展身手。②利用人工智能来模拟粒子和核物理理论的各个方面，使其产生更快的算法，因此，在理论物理中也可以更快地发现它，换言之，人工智能正在加速粒子的模拟和鉴别。③人工智能将加速全球对热等离子体不稳定性的探索，有可能实现可控核聚变，并最终提供一种可持续、无碳能源的能量来源。④人工智能在凝聚态物理方面发挥重要作用。例如，字节跳动人工智能实验室研究团

扩展阅读 7-6

队联合北京大学物理学院陈基课题组设计了适用于固体系统的周期性神经网络波函数，并与量子蒙特卡洛方法结合，实现了对于固体系统的第一性原理计算。

### （五）人工智能与化学

①人工智能正在实现化学研究的智能化、标准化和自动化。比如，通过人工智能来实现实验室自动化、优化反应条件及预测新药的生物活性等，帮助科研人员简化实验设计、缩短实验时间。②人工智能让精确而成本低廉的量子化学模拟成为可能。③人工智能使得化合物的自动化设计与合成成为可能，解放化学家的双手，告别"劳动密集型"工作。④人工智能加速高效催化剂设计和开发。

## 四、人工智能与未来营销

人工智能营销的本质是通过机器学习、自然语言处理及知识图谱等相关技术，对数据处理、内容投放及效果监测等营销关键环节进行科技赋能，优化投放策略、增强投放针对性。人工智能在营销方面可以更深入地洞察客户需求，精确地捕捉用户的需求场景，有效地与客户沟通，实现更精确、更及时的营销，帮助营销行业主体节约成本、提高效率、挖掘更多营销渠道。

营销与人工智能的结合能够增加用户参与性和互动性，为客户提供更好的个性化服务。传统的线下营销传播范围小、传播速度慢，并且缺乏个性化互动的可能。在移动互联网时代背景下，人人都拥有自己的手机和购物软件，但大部分人很少有时间对企业营销的真实效果作出评价，同时，还缺乏购物中"货比三家"的时间和精力，而借助人工智能的手段则可以获取大部分网民的消费信息。例如，购物记录、刷卡记录，更全面地了解客户需求和偏好。人工智能技术还可以运用算法挖掘出信息背后的内容，锁定潜在消费者并对其进行详细分类，针对不同的目标用户制定出个性化的营销方案，形成差异化吸引力。例如，针对不同收入人群，推送匹配其消费水平的产品并进行精准投送。需要注意的是，人工智能这种"暗中观察"客户轨迹的行为虽然方便了人们的生活，增加了企业营销的收益，但也带来了各种各样涉及个人隐私安全的问题。

扩展阅读 7-7

## 第三节　人工智能与未来劳动者

近年来，随着人工智能应用范围不断扩展、落地更加成熟，对劳动者的影响也越来越明显，未来劳动者角色恐将被重新界定。在人机协作的未来社会，繁重的体力劳动一去不返，劳力伤神的烦琐工作多被替代，如在产品制造领域，以流水线生产模式为代表的机械化生产正在被智能制造模式所替代，自动化、计算机化设备的广泛应用使得生产线和供应链被拆解和再造，工业机器人将大规模替代装配线工人。人工智能将会以各种方式重塑劳动力市场，人工智能的应用在创造新的工作岗位的同时，也对未来劳动者工作技能提出了新的需求。

## 一、从人机对立到人机协作

19世纪初英国国内发生了一场声势浩大的工人起义,失业的工人纠集成伙,有组织焚烧、砸毁机器,通过暴力的方式迫使雇主让步。这场工人起义被命名为"卢德运动"。相传,莱斯特郡一个名为卢德的工人,为抗议工厂主的压迫,第一个捣毁织袜机。工业革命时期,大批手工业者破产,工人失业,工资下跌。当时工人把机器视为贫困的根源,用捣毁机器的方式来反对企业主,争取改善劳动条件的手段,但禁止对人身使用暴力。英国政府拿出了强硬的措施对起义的工人进行镇压和屠杀,扑灭了工人运动的熊熊烈火,并且推出了一系列专利法、发明法等政策,来鼓励创造高效率的机器来替代人工。第二次工业革命之后,随着工人阶级的活跃,欧美国家陆续出台了许多失业工人的保障法案,包括8小时工作制度、辞退补贴、失业补贴、专业技能培训等的公共服务,帮助那些在新技术的冲击之下失业的工人重新找到工作,使得"卢德运动"这样的非理智、暴力运动在历史上慢慢销声匿迹。需要注意的是,历史经验表明,技术的迭代升级一方面使机器取代了人工,但另一方面,也会催生新行业、新领域、新岗位。技术进步会对就业产生两种截然不同的影响:首先,是打击劳动力市场,技术进步必然会使机器取代部分人类劳动,导致部分劳动力失业;其次,则是劳动力市场的再造,技术进步引发对新商品和新服务需求的增加,从而催生全新的职业和岗位,甚至造就出全新的部门和行业,使得劳动力市场重新找到新的平衡。

扩展阅读 7-8

人工智能的发展是大势所趋,人们对于机器的接受度和认知能力的不断提高,在工作过程中人机协作越来越普及,操控者(人)和使用的智能设备(机器)互相配合,从而提升工作效率、推进工作进度。例如,它可以是现代家庭经常会使用的智能家居系统,也可以是工业生产中复杂的数控机床,还可以是科研环节中各式各样的尖端仪器。因此,人机协作可以说是人类在掌握"工具"这项能力上的一种提升,目前来看,人机协作已经是世界科技进步中的必经之路,但显然并不是终点。

## 二、人工智能对未来劳动者的技能需求

随着机械化生产向人工智能时代过渡,对于劳动者而言,重要的是使能力结构升级以符合技术发展需要,不仅认知能力要达到新水平,还要与工作方式变化相匹配,而且与人工智能技术互补的社会情感能力也要同步发展。从劳动者的视角出发,只有拥有符合人工智能时代所需要的能力,才能使自己的劳动付出变得更有价值;从企业的视角出发,只有符合人工智能时代能力的员工,才是创造价值必需的人力资源,需要重点培养。对于未来劳动者尤其是大学生群体来说,尽快提高自身能力以符合智能化时代发展的要求显得尤为重要。

### (一)人工智能相关知识与技能

由于劳动者要在人工智能技术条件下工作,人工智能的基础知识和相关技能是必不

可少的，劳动者一旦能够使用、掌握程序语言后，利用既成模块，编制、操作或使用具有简单的感应、解析、反馈等智慧行为的自动化装备。这是以往时代所没有涉及的全新能力。所谓的人工智能知识，首先是计算机知识和技能，是通过使用计算机以收集、解析数据的技能，需要有数理知识和计算机语言知识并懂得计算机操作。其次是数学知识，因为数理模型在人工智能中使用广泛，主要包括概率论、统计学、线性代数、高等数学等内容。目前国内大部分本科院校均开设有计算机语言和高数等课程，对于未来的劳动者——大学生来说，具有得天独厚的优势，大学生需要给予足够重视并熟练掌握。

### （二）人际沟通能力

在未来很长一段时间内，人与人之间在生活上或工作中的沟通仍然是智能计算机难以替代的。即使人工智能仍在快速发展，但其在理解人类世界与人类心思上仍然有较大的差距，因而不可能完全取代人际沟通。要想跟得上智能时代的发展，与人沟通社交的能力变得越来越重要。需要注意的是，随着智能手机的全面普及，大学生的人际沟通能力在逐年下降，声称自己有"社交恐惧症"的大学生人数越来越多，他们可以在各种类型的社交软件上和新认识的朋友侃侃而谈，但在现实生活中却难以和亲人、朋友做到有效沟通，个别人甚至觉得只有在网络中能够找到自我、有人懂我，症状如同自闭症，社交能力和社交意愿严重不足。究其原因，主要是因为当代大学生使用智能手机的时间过长。例如，网络社交 app、短视频 app、购物 app、影视 app 及各种手机网络游戏，最终在虚拟的网络世界中迷失自我。大学生身处人生的黄金时代，在心理、生理和社会化方面正逐步走向成熟，学会与他人良性互动是人工智能时代必备的能力之一，具体来看，大学生需要在以下几个方面着重提升：沟通交际能力、沟通协调能力、社会交往能力和语言理解表达能力。

### （三）独立思考能力

德国著名哲学家叔本华说："独立思考比读书更重要。""学会独立思考和独立判断比获得知识更重要。"爱因斯坦说："发展独立思考和独立判断的一般能力，应当始终放在首位，而不应当把获得专业知识放在首位。"目前，在移动互联网时代，大学生可以使用各类搜索引擎轻松、快捷地获取知识和想要的答案，独立思考的能力越来越差。古人已经告诉我们解决方式：知是行之始，行是知之成，阅读再多不善于思考，就无法对信息进行加工，形成独特见解。在人工智能时代，知识是开放的且易于查询的，与之相比，大学生更应该学习如何从已有的知识中凝练出新想法、新见解，这需要大学生逐步养成对事物的内涵本质和底层逻辑进行深度思考与独立判断的习惯，只有这样才能更好地适应人工智能时代对劳动者的要求。

### （四）创新能力

两千多年前，老子就在《道德经》中提出"天下万物生于有，有生于无"的创造思想；孔子提出要"因材施教"及"不愤不启，不悱不发。举一隅不以三隅反，则不复也。"的思想。1919年，我国著名教育家陶行知先生将"创造"和教育结合在一起，他在《第一流教育家》一文中提出要培养具有"创造精神"和"开辟精神"的人才，培养学生的创新能力对国家富强和民族兴亡有重要意义。事实证明，人类的记忆、信息搜索和加工能力很难达到经过深度学习而产生的人工智能水平。例如，人工智能 Alpha Go，它在经过前期的全盘探索和在过程中对最佳落子的不断揣摩后，Alpha Go 的搜索算法就能在其计算能力之上加入近似人类的直觉判断，进而做出最佳判断。但是，当人类采用某种之前从未有过的新方法时，人工智能就会感到困惑。因此，劳动者的创新能力将成为人工智能时代最有价值的资源，与此相关的质疑、批判、想象、假设等思维能力将都显得尤为重要，这需要大学生夯实基础知识和不断更新、外延知识，此外，兴趣是最好的老师，如何千方百计、想方设法地去调动和激发学生的学习兴趣，进而实现大学生创新能力的提升，是高校和教师在教学中着重要解决的问题。

### （五）终身学习能力

通过一个不断支持的过程来发挥人类的潜能，它激励并使人们有权力去获得他们终身所需要的全部知识、价值、技能与理解，并在任何任务、情况和环境中都有信心、有创造性和愉快地应用它们，从而保证职业能力适应性的才能，即终身学习能力。人工智能时代加速了知识的无障碍共享与实时更新，学习者与研究者可以借助人机交流的学习方式，同步了解专业领域最新的科研发现、科研成果。随着社会的发展和科技的进步，新生事物的不断产生，固步自封很容易被时代所淘汰，当代大学生要将终身学习的理念植入心中，保持对知识的渴望，坚持自主学习，以适应人工智能时代的到来。

## 三、人工智能时代大学生的劳动价值观念培养

大学生要正确理解人工智能对劳动所带来的影响，明确劳动育人的精神理念，树立正确的劳动价值观念，明晰在劳动生产中人始终占主体地位，技术仅作为辅助手段为人的生产生活带来服务。科技进步使生产力各要素发生很多新变化，但是并没有改变劳动创造价值的本质，创造价值的社会生产过程仍然是劳动者、劳动资料、劳动对象三要素结合并发生作用的过程。我们生活在智能科技带来的便利生活中，并不能完全摆脱技术对人的影响，但要认清智能技术与人之间的关系，通过不断学习劳动教育来提高应用智能工具的能力，使自己成为适应社会的创新型、技术型、智慧型的新时代劳动工作者。此外，大学生还应该积极参与各种劳动实践活动，在真实劳动过程中体会劳动的艰辛和快乐，领悟劳动的意义和价值。

## 四、高等学校人工智能创新行动计划

2018 年 4 月，中华人民共和国教育部印发《高等学校人工智能创新行动计划》[1]，明确提出要"引导高校瞄准世界科技前沿，强化基础研究，实现前瞻性基础研究和引领性原创成果的重大突破，进一步提升高校人工智能领域科技创新、人才培养和服务国家需求的能力。"以下为对该文件的重点内容进行的摘录。

---

[1] 教育部《高等学校人工智能创新行动计划》，教技〔2018〕3 号 http://www.moe.gov.cn/srcsite/A16/s7062/201804/t20180410_332722.html.

## （一）指导思想

全面贯彻党的十九大精神，以习近平新时代中国特色社会主义思想为指导，贯彻创新、协调、绿色、开放、共享的新发展理念，围绕科教兴国、人才强国、创新驱动发展、军民融合等战略实施，加快构建高校新一代人工智能领域人才培养体系和科技创新体系，全面提升高校人工智能领域人才培养、科学研究、社会服务、文化传承创新、国际交流合作的能力，推动人工智能学科建设、人才培养、理论创新、技术突破和应用示范全方位发展，为我国构筑人工智能发展先发优势和建设教育强国、科技强国、智能社会提供战略支撑。

## （二）基本原则

坚持创新引领。把创新引领摆在高校人工智能发展的核心位置，准确把握全球人工智能发展态势，进一步优化高校人工智能领域科技创新体系，把高校建设成为全球人工智能科技创新的重要策源地。

坚持科教融合。全面落实立德树人根本任务，牢牢抓住提高人才培养能力这个核心点，推动人才培养、学科建设、科学研究相互融合；发挥科研育人在高等教育内涵式发展和高质量人才培养中的重要作用，并通过创新型人才的培养不断提升国家自主创新水平，构筑持续创新发展的优势。

坚持服务需求。深化体制机制改革，强化高校与地方政府、企业、科研院所之间的合作，加快人工智能领域科技成果在重点行业与区域的转化应用，提升高校服务国家重大战略、服务区域创新发展、服务经济转型升级、服务保障民生的能力。

坚持军民融合。准确把握军民融合深度发展方向、发展规律和发展重点，发挥高校在基础研究、人才培养上的优势和学科综合的特点，主动融入国家军民融合体系，不断推进军民技术双向转移和转化应用。

## （三）主要目标

到2020年，基本完成适应新一代人工智能发展的高校科技创新体系和学科体系的优化布局，使高校在新一代人工智能基础理论和关键技术研究等方面取得新突破，人才培养和科学研究的优势进一步提升，并推动人工智能技术广泛应用。

到2025年，高校在新一代人工智能领域科技创新能力和人才培养质量得到显著提升，取得一批具有国际重要影响的原创成果，部分理论研究、创新技术与应用示范达到世界领先水平，有效支撑我国产业升级、经济转型和智能社会建设。

到2030年，高校成为建设世界主要人工智能创新中心的核心力量和引领新一代人工智能发展的人才高地，为我国跻身创新型国家前列提供科技支撑和人才保障。

## （四）重点任务

1. 优化高校人工智能领域科技创新体系

（1）加强新一代人工智能基础理论研究。聚焦人工智能重大科学前沿问题，促进人工智能、脑科学、认知科学和心理学等领域深度交叉融合，重点推进大数据智能、跨媒体感知计算、混合增强智能、群体智能、自主协同控制与优化决策、高级机器学习、类脑智能计算和量子智能计算等基础理论研究，为人工智能范式变革提供理论支撑，为新一代人工智能重大理论创新打下坚实基础。

（2）推动新一代人工智能核心关键技术创新。围绕新一代人工智能关键算法、硬件和系统等，加快机器学习、计算机视觉、知识计算、深度推理、群智计算、混合智能、无人系统、虚拟现实、自然语言理解、智能芯片等核心关键技术研究，在类脑智能、自主智能、混合智能和群体智能等领域取得重大突破，形成新一代人工智能技术体系；在核心算法和数据、硬件基础上，以提升跨媒体推理能力、群智智能分析能力、混合智能增强能力、自主运动体执行能力、人机交互能力为重点，构建算法和芯片协同、软件和硬件协同、终端和云端协同的人工智能标准化、开源化和成熟化的服务支撑能力。

（3）加快建设人工智能科技创新基地。围绕人工智能领域基础理论、核心关键共性技术和公共支撑平台等方面需求，加快建设教育部前沿科学中心、教育部重点实验室、教育部工程研究中心等创新基地；以交叉前沿突破和国家区域发展等重大需求为导向，促进高校、科研院所和企业等创新主体协同互动，建设协同创新中心；加快国家实验室、国家重点实验室、国家技术创新中心、国家工程研究中心、国家重大科技基础设施等各类国家级创新基地培育；鼓励高校建设新型科研组织机构，开展跨学科研究。

（4）加快建设一流人才队伍和高水平创新团队。支持高校承担国家重大科技任务，培养、造就一批具有国际声誉的战略科技人才、科技领军人才；支持高校组建一批人工智能、脑科学和认知科学等跨学科、综合交叉的创新团队和创新研究群体；支持高校依托国家"千人计划""万人计划"和"长江学者奖励计划"等大力培养引进优秀青年骨干人才；加强对从事基础性研究、公益性研究的拔尖人才和优秀创新团队的稳定支持。

（5）加强高水平科技智库建设。鼓励、支持高校牵头或参与建设人工智能领域战略研究基地，围绕人工智能发展对教育、经济、就业、法律、国家安全等重大、热点、前瞻性问题开展战略研究与政策研究，形成若干高水平新型科技智库。

（6）加大国际学术交流与合作力度。支持高校新建一批人工智能领域"111 引智基地"和国际合作联合实验室，培育国际大科学计划和大科学工程，加快引进国际知名学者参与学科建设和科学研究；支持举办高层次人工智能国际学术会议，推动我国学者担任相关国际学术组织重要职务，提升国际影响力；支持我国学者积极参与人工智能相关国际规则制定，适时提出"中国倡议"和"中国标准"。

2. 完善人工智能领域人才培养体系

（1）完善学科布局。加强人工智能与计算机、控制、量子、神经和认知科学及数学、心理学、经济学、法学、社会学等相关学科的交叉融合。支持高校在计算机科学与技术学科设置人工智能学科方向，推进人工智能领域一级学科建设，完善人工智能基础理论、计算机视觉与模式识别、数据分析与机器学习、自然语言处理、知识工程、智能系统等相关方向建设。支持高校在"双一流"建设中，加大对人工智能领域相关学科的投入，促进相关交叉学科发展。

（2）加强专业建设。加快实施"卓越工程师教育培养计划"2.0 版，推进一流专业、一流本科、一流人才建设。根据人工智能理论和技术具有普适性、迁移性和渗透性的特点，主动结合学生的学习兴趣和社会需求，积极开展"新工科"研究与实践，重视人工智能与计算机、控制、数学、统计学、物理学、生物学、心理学、社会学、法学等学科专业教育的交叉融合,探索"人工智能+X"的人才培养模式。鼓励对计算机专业类的智能科学与技术、数据科学与大数据技术等专业进行调整和整合,对照国家和区域产业需求布点人工智能相关专业。

（3）加强教材建设。加快人工智能领域科技成果和资源向教育教学转化,推动人工智能重要方向的教材和在线开放课程建设,特别是人工智能基础、机器学习、神经网络、模式识别、计算机视觉、知识工程、自然语言处理等主干课程的建设,推动编写一批具有国际一流水平的本科生、研究生教材和国家级精品在线开放课程；将人工智能纳入大学计算机基础教学内容。

（4）加大人才培养力度。完善人工智能领域多主体协同育人机制。深化产学合作协同育人,推广实施人工智能领域产学合作协同育人项目,以产业和技术发展的最新成果推动人才培养改革。支持建立人工智能领域"新工科"建设产学研联盟,建设一批集教育、培训及研究于一体的区域共享型人才培养实践平台；积极搭建人工智能领域教师挂职锻炼、产学研合作等工程能力训练平台。推动高校教师与行业人才双向交流机制。鼓励有条件的高校建立人工智能学院、人工智能研究院或人工智能交叉研究中心,推动科教结合、产教融合协同育人的模式创新,多渠道培养人工智能领域创新创业人才；引导高校通过增量支持和存量调整,稳步增加相关学科专业招生规模、合理确定层次结构,加大人工智能领域人才培养力度。

（5）支持创新创业。鼓励国家大学科技园、创新创业基地等开展人工智能领域创新创业项目；认定一批高等学校双创示范园,支持高校师生开展人工智能领域创新创业活动；在中国"互联网+"大学生创新创业大赛中设立人工智能方面的赛项,积极推动全国青少年科技创新大赛、挑战杯全国大学生课外学术科技作品竞赛等开展多层次、多类型的人工智能科技竞赛活动。

（6）加强国际交流与合作。在"丝绸之路"中国政府奖学金中支持人工智能领域来华留学人才培养,为沿线国家培养行业领军人才和优秀技能人才；鼓励和支持国内学生赴人工智能领域优势国家留学,加大对人工智能领域留学的支持力度,多方式、多渠道利用国际优质教育资源；依托"联合国教科文组织中国创业教育联盟",加大和促进人工智能创新创业的国际交流与合作。

扩展阅读 7-9

## 复习思考

1. 如何看待人与智能机器的关系？
2. 人工智能对未来的就业市场会产生哪些影响？你认为应从哪方面出发来提高自身竞争力？你打算怎么做？

## 实践活动

为促进大学生对于人工智能的了解,感受人工智能带来的乐趣,以小组（5人左右）

为单位，组织一次简易人工智能产品制作的实践活动。

<活动记录表>

| 活动计划 |
|---|
|  |
| 活动难点及解决办法 |
|  |
| 心得体会 |
|  |
| 教师评语 |
|  |

## 参考文献

[1] 库兹韦尔. 奇点临近：当计算机智能超越人类[M]. 北京：机械工业出版社，2011: 1.
[2] 赵鑫全，张勇. 新时代大学生劳动教育[M]. 北京：机械工业出版社，2020.
[3] 张万民，王振友. 计算机导论[M]. 北京：北京理工大学出版社，2016.
[4] 万赟. 从图灵测试到深度学习：人工智能 60 年[J]. 科技导报，2016, 34(7): 26-33.
[5] 李克红. 人工智能视阈下财务管理挑战与创新[J]. 研究创新，2020(10).
[6] 丁合蓉. 抖音短视频智能算法机制及问题研究[J]. 新媒体研究，2021(10).
[7] 艾伦·图灵. 计算机器与智能[J]. 牛津大学出版社代表心灵协会，1950.

# 教师服务

感谢您选用清华大学出版社的教材！为了更好地服务教学，我们为授课教师提供本书的教学辅助资源，以及本学科重点教材信息。请您扫码获取。

## ▶▶ 教辅获取

本书教辅资源，授课教师扫码获取

## ▶▶ 样书赠送

**公共基础课类**重点教材，教师扫码获取样书

清华大学出版社

E-mail: tupfuwu@163.com
电话: 010-83470332 / 83470142
地址: 北京市海淀区双清路学研大厦 B 座 509

网址: https://www.tup.com.cn/
传真: 8610-83470107
邮编: 100084